THE

BOOKS：

LEVEL READING

OF

SCIENCE

POPULARIZATION

科普分级阅读书系

刘兵◎编

真/实/的/科/学/家

并没有一种唯一的科学家的类型，
而是有着多种多样的科学家，
从不同的视角观察，
甚至在科学家身上也会看到不同的侧面。

长江出版传媒
Changjiang Publishing & Media
湖北科学技术出版社
HUBEI SCIENCE & TECHNOLOGY PRESS

图书在版编目（CIP）数据

真实的科学家 / 刘兵编 . -- 武汉：湖北科学技术出版社，2017.11 （2024.4 重印）
（科普分级阅读书系）
ISBN 978-7-5352-9489-0

Ⅰ . ①真… Ⅱ . ①刘… Ⅲ . ①科学家—生平事迹—世界—青少年读物 Ⅳ . ① K816.1-49

中国版本图书馆 CIP 数据核字 (2017) 第 162887 号

执行策划 刘 辉 高 然
责任编辑 刘 辉
整体设计 喻 杨

出版发行 湖北科学技术出版社
地　　址 武汉市雄楚大街 268 号
（湖北出版文化城 B 座 13-14 层）
邮　　编 430070
电　　话 027-87679468
网　　址 http://www.hbstp.com.cn
印　　刷 湖北画中画印刷有限公司　　邮编 441300
开　　本 787×1092　1/16　14.25 印张
版　　次 2017 年 11 月第 1 版
2024 年 4 月第 3 次印刷
字　　数 233 千字
定　　价 39.80 元

总序

科普，其重要性似乎已经无须再多说了，但关于如何进行有效的科普，特别是如何有针对性地对特定的人群进行有意义的科普，却还是值得讨论的问题。在传统中，科普强调的是对具体的、经典的和前沿的科学知识的介绍，但我们也看到了传统科普存在的问题，如并不为更多的受众所欢迎，影响力不够，没有达到其应有的教育效果，甚至于成为为某种“政绩”服务的表面化、形式化宣传。

在一些新的科普理念中，其实也并不完全否认普及科学知识的重要性，毕竟科学知识是作为理解科学的某种不可缺少的基础和载体。但除了科学知识以外，关于科学的理念，关于科学是如何运行的，关于科学家是什么样的人，关于科学家应承担什么样的责任，关于科学和技术的应用的社会影响是什么，等等，在新的科普理念中也同样被认为是重要的科普内容。尤其是，科普在非正规教育的意义上，与在学校学习的正规教育又有所不同（尽管这两者间有着密切的关联），绝大多数受众并非是以成为科学家来当作其人生发展的目标的。在这样的考虑下，那些既与科学密切相关又不属于具体的科学知识的内容，有时会显得更为重要。

学生时代，是科普学习的最好阶段，因而，有针对性地为青年学生选编一套科普阅读材料，是非常必要的。其实，在我们求学的阶段，学校的科学教育已经教授了很多具体的科学知识，虽然这些知识也还远远不够充分，但毕竟已经是很重要的基础了。而且，在以往的教育目标中，也还是同时强调知识与技能、过程与方法，以及情感、态度与价值观这三个不同维度的。由于种种原因，包括应试教育的影响，这三个维度的目标并未理想地同时被重视。而在目前的科学教育改革中，人们所强调的核心素养，其实也是更关注于受教育者的必备品格和关键能力，而这也同样不是仅仅靠对具体科学知识的学习就可以获得的。因而，在选编这套科普分级阅读丛书时，我们其实是有多种考虑的。

其一，是可以与在校的科学教育相结合，以强调对核心素养的培养为重点，补充一些大学与中学的正规科学教育中有所缺失或体现得不充分的内容。

其二，是考虑到现有的传统科普所具有的局限性，让我们选择的主题和内容有别于传统科普。这五本读本的主题和内容的选择鲜明地体现出了这一点，以介绍一些更新的科普理念。

其三，编者注意到，以往在我们的科普中，尤其是在针对青年学生的科普中，往往有些低估了年轻人的水准，使得一些科普读物偏于幼稚化。所以，我们这几本读本的一部分内容会偏深一些，篇幅会偏长一些，虽然这样读起来有时会遇到一时不是很懂的困难，但这种留下部分问题，并注意在阅读过程中的挑战和思考，恰恰是编者设定的目标之一。

希望以这种方式选编的读本能够激发起青年学生读者的阅读兴趣和对于有关科学问题的思考。

2017年8月18日

本册导读

与传统中科普只关注具体科学知识的传播不同，一种新的科普理念，要求科普同时注重科学精神、科学文化、科学方法和科学思想。其实，科学本身，正是由一个个具体的科学家所研究和发展的。这样，对于科学家的关注，也自然是科普的重要内容。

关注科学家，又可以有许多的方式，包括理解作为科学家的标准，理解科学家使用的科学方法，理解科学家的思维方式，以及通过传记等方式理解科学家是如何在具体的社会背景下生活、工作和思考。本册书也正是出于这种考虑，力图通过有限的选文，向读者展示真正的科学家究竟是什么样的。当然，说“真实”，其实又是相当困难的，因为对于这些内容的描述，本身也会受到作者的社会文化背景的影响，而且，尤其需要强调的是，其实并没有一种唯一的科学家的类型，而是有着多种多样的科学家，从不同的视角观察，甚至在一位科学家身上也会看到不同的侧面。

但是，这样的努力仍然是有意义的。当我们力图去认识、去了解真正的科学家，并认识到在科学家身上折射出来的科学的多样性，这就已经是一个比较理想的科普的目标了。

目录

第一编　何为科学家

第二编　科学家的思考

第三编　科学家传记

第一编

何为科学家

何为科学家①

任鸿隽

任鸿隽，中国著名文学家、教育家、中国科学社和《科学》月刊的创始人之一。作为中国近代科学的奠基人之一，他为促进中国现代科学技术的发展做出了重要贡献。任鸿隽先生一生发表论文、专著和译著多种，涉及化学、物理、生物、教育、政治、文学、科学思想、科学组织管理和科学技术史等多方面。在此文中，任鸿隽就他所理解的何为科学和科学家做了精彩的阐述。这种朴素的理解，也是社会上对何为科学家比较有共性的理解。

我同几位朋友，从美国回到上海的第二天，就看见了几家报纸在本埠新闻栏中，大书特书道："科学家回沪"。我看了这个题目，就非常地惶惑起来。你道为什么缘故呢？因为我离中国久了，不晓得我们国人的思想学问，造到了什么程度。这"科学家"三个字，若是认真说起来，我是不敢当的；若是照旁的意思讲起来，我是不愿意承受的，所以我今天倒得同大家讲讲。

我所说的旁的意思，大约有三种。一种是说科学这东西，是一种玩把戏，变戏法，无中可以生有，不可能的变为可能，讲起来是五花八门，但是于我们生活上面，是没有关系的。有的说，你们天天讲空气是生活上一刻不可少的，为什么我没看见什么空气，也活了这么大年纪呢？有的说，用了机械，就会起机心；我们还是抱瓮灌园，何必去用桔槔呢？有的说，用化学精制过的盐和糖，倒没有那未经精制过的咸甜得有味。有的说"不干不净，吃了不生毛病"，何必讲求什么给水工程，考验水中的微生物呢？总而言之，这种见解，看得科学既是神秘莫测，又是了无实用；所以他们也就用了一个"敬鬼神而远之"的态度；拿来当把戏看还可以，要当一件正经事情去做，就怕有点不稳当。这种人

① 任鸿隽.科学救国之梦：任鸿隽文存[M].上海：上海科技教育出版社，2002.

心中的科学，既是如此；他们心中的科学家，也就和上海新世界的卓别林、北京新世界的左天胜差不多。这种科学家，我们自然是没有本领敢冒充的。

第二种是说科学这个东西，是一个文章上的特别题目，没有什么实际作用。这话说来也有来历。诸君年长一点的，大约还记得科举时代，我们全国的读书人，一天埋头用功的，就是那"代圣贤立言"的八股。那时候我们所用的书，自然是那《四书味根录》《五经备旨》等等了。过了几年，八股废了，改为考试策论经义。于是我们所用的书，除了四书五经之外，再添上几部《通鉴辑览》《三通考辑要》和《西学大成》《时务通考》等。那能使用《西学大成》《时务通考》中间的事实或字句的，不是叫作"讲实学、通时务"吗？那《西学大成》《时务通考》里面，不是也讲得有重学、力学以及声、光、电、化种种学问吗？现在科学家所讲的，还是重学、力学以及声、光、电、化这等玩意——只少了四书五经、《通鉴辑览》《三通考辑要》等书。所以他们想想，二五还是一十，你们讲科学的，就和从前讲实学的是一样，不过做起文章来，拿那化学、物理中的名词公式，去代那子曰、诗云、张良、韩信等字眼罢了。这种人的意思，是把科学家仍旧当成一种文章(学)家，只会抄后改袭，就不会发明：只会拿笔，就不会拿试验管。这是他们由历史传下来的一种误会，我们自然也是不能承认的。

第三种是说科学这个东西，就是物质主义，就是功利主义。所以要讲究兴实业的，不可不讲求科学。你看现在的大实业，如轮船、铁路、电车、电灯、电报、电话、机械制造、化学工业，哪一样不靠科学呢？要讲究强兵的，也不可不讲求科学，你看军事上用的大炮、毒气、潜水艇、飞行机，哪一样不是科学发明的？但是这物质主义、功利主义太发达了，也有点不好。如像我们乘用的代步，到了摩托车，可比人力车快上十倍，好上十倍了。但是"这摩托车不过供给那些总长、督军们出来，在大街上耀武扬威，横冲直撞罢了，其正能够享受他们的好处的，有几个呢？所以这物质的进步，到了现在，简直要停止一停止才是"。再说"那科学的发达，和那武器的完备，如现在的德国，可谓登峰造极了；但是终不免于一败。所以那功利主义，也不可过于发达。现在德国的失败，就是科学要倒霉的征兆"。照这种人的意思，科学既是物质功利主义，那科学家也不过是一种贪财好利，争权徇名的人物。这种见解的错处，是由于但看见科学的末流，不曾看见科学的根源；但看见科学的应用，不曾看见科学的本体。他们看见的科学既错了，自然他们意想的科学家，也是没有不错的。

现在我们要晓得科学家是个什么人物，须先晓得科学是个什么东西。

第一，我们要晓得科学是学问，不是一种艺术。这学术两个字，今人拿来混用，其实是有分别的。古人云，“不学无术”，可见学是根本，术是学的应用。我们中国人，听惯了那“形而上”“形而下”的话头，只说外国人晓得的，都是一点艺术。我们虽然形而下的艺术赶不上他们，这形而上的学问是我们独有的，未尝不可抗衡西方，毫无愧色。我现在要大家看清楚的，就是我们所谓形下的艺术，都是科学的应用，并非科学的本体；科学的本体，还是和那形上的学同出一源的。

这个话我不详细解释解释，诸君大约还有一点不大明白。诸君晓得哲学上有个大问题，就是我们人类的智识，是从什么地方得来的？对于这个问题，各哲学家的见解不同，所以他们的学派就指不胜屈了。其中有两派绝对不相容的，一个是理性派。这派人说，我们的智识，全是由心中的推理得来，譬如那算术和几何，都是由心里生出来的条理，但是他们的公理定例皆是正确切实，可以说是亘古不变的。至于靠耳目五官来求智识，那就有些靠不住了。例如我们看见的电影，居然是人物风景，活动如生，其实还是一张一张的相片在那里替换。又如在山前放一个炮仗，我们就听得一阵雷声，其实还是那个炮仗的回响。所以要靠耳目五官去求真智识，就每每被他们骗了。

还有一个是实验派。这派人的主张说，天地间有两种学问：一种是推理得出的，一种是推理不出的。譬如上面所说算术和几何，是推理得出的。设如我们要晓得水热到一百度，是个什么情形；冷到零度，又是个什么情形？那就凭你什么天纵之圣，也推理不出来了。要得这种智识，只有一个法子：就是把水拿来实实在在地热到了一百度，或冷到零度，举眼一看，就立见分晓。所以这实验派的人的主张，要讲求自然界的道理，非从实验入手不行。这种从实验入手的办法，就是科学的起点（算学几何也是科学的一部分，但是若无实验学派，断无现今的科学）。

我现在讲的是科学，却把哲学的派别叙了一大篇，意思是要大家晓得这理性派的主张，就成了现今的玄学，或形而上学（玄学也是哲学的一部分）。实验派的主张就成了现今的科学。它们两个正如两兄弟，虽然形象不同，却是同出一父。现在硬要把大哥叫作“形而上的”，把小弟叫作“形而下的”；意存轻重，显生分别。在一家里，就要起阋墙之争；在学术上，就不免偏枯之虑。所以我要大家注意这一点，不要把科学看得太轻太易了。

第二，我们要晓得科学的本质，是事实不是文字。这个话看似平常，实在非常重要。有人说，近世文明的特点，就是这事实之学战胜文字之学。据我看来，我们东方的文化所以不及西方的所在，也是因为一个在文字上做功夫，一个在事实上做功夫的缘故。诸君想想，我们旧时的学者，从少至老，哪一天不是在故纸堆中讨生活呢？小的时候，读那四书五经子史古文等书，不消说了。就是到了那学有心得、闭户著书的时候，也不过把古人的书拿来重新解释一遍，或把古人的解释来重新解释一遍。倒过去一桶水，倒过来一桶水，倒过去倒过来，终是那一桶水，何尝有一点新物质加进去呢？既没有新物质加进去，请问这学术的进步从何处得来？这科学所研究的，既是自然界的现象，他们就有两个大前提。第一，他们以为自然界的现象是无穷的，天地间的真理也是无穷的，所以只管拼命地向前去钻研，发明那未发明的事实与秘藏。第二，他们所注意的是未发明的事实，自然不仅仅读古人书，知道古人的发明，便以为满足。所以他们的功夫，都由研究文字移到研究事实上去了。唯其要研究事实，所以科学家要讲究观察和实验，要成年累月地，在那天文台上、农田里边、轰声震耳的机械工场和那奇臭扑鼻的化学试验室里面做功夫。那惊天动地，使现今的世界，非复三百年前的世界的各样大发明，也是由研究事实这几个字生出来的。就是我们现在办学校的，也得设几个实验室，买点物理化学的仪器，才算得一个近世的学校。要是专靠文字，就可以算科学，我们只要买几本书就够了，又何必费许多事呢？

进了这两层，我们可以晓得科学大概是个什么东西了。晓得科学是个什么东西，我们可以晓得科学家是个什么人物。照上面的话讲起来，我们可以说，科学家是个讲事实学问以发明未知之理为目的的人。有了这个定义，那前面所说的三种误会，可以不烦言而解了。但是对于第三种说科学就是实业的，我还有几句话说。科学与实业虽然不是一物，却实在有相倚的关系。如像法拉第发明电磁关系的道理，爱迪生就用电来点灯；瓦特完成蒸汽机，史蒂芬孙就用来做火车头。我们现在承认法拉第、瓦特是科学家，也一样承认爱迪生、史蒂芬孙是科学家。但是没有法拉第、瓦特两个科学家，能有爱迪生、史蒂芬孙这两个科学家与否，还是一个问题。而且要是人人都从应用上去着想，科学就不会有发达的希望，所以我们不要买椟还珠，因为崇拜实业就把科学家搁在脑后了。

现在大家可以明白科学家是个什么样的人物了。但是这科学家如何养成的？这个问题也很重要，不可不向大家说说。我们晓得学文学的，未做文章以前，须要先学文字和文法，因为文字和文法是表示思想的一种工具。学科学的亦何莫(尝)不然，他们还未研究科学以前，就要先学观察、试验和那记录、计算判论的种种方法，因为这几种方法，也是研究科学的器具。又因现今各科科学，造诣愈加高深，分科愈加细密，一个初入门的学生，要走到那登峰造极的地方，却已不大容易。除非有特别教授，照美国大学的办法，要造成一个科学家，至少也得十来年。等我把这十年分配的大概，说来大家听听。才进大学的两三年，所学者无非是刚才所说的研究科学的器具和关于某科的普通学理。至第四年、第五年，可以择定一科，专门研究，尽到前人所已到的境界，并当尽阅他人关于某科已发表的著作。如由研究的结果，知道某科中间尚有未解决的问题，或未尽发的底蕴，就可以同自己的先生商量，用第六年、第七年，想一个解决的方法来研究它。如这层功夫成了功，在美国大学就可以得博士学位了。但是得了博士的，未必就是科学家。如某人立意做一个学者，他大约仍旧在大学里做一个助学，一面仍然研究他的学问。等他随后的结果，果然是发前人所未发，于世界人类的智识上有了的确的贡献，我们方可把这科学家的徽号奉送与他。这最后一层，因为是独立研究，很难定其所需的日月，我们暂且说一个三年五年，也不过举其最短限罢了。这样的科学家，虽然不就是牛顿、法拉第、戴维、维勒、达尔文、华莱士，也有做牛顿、法拉第、戴维、维勒、达尔文、华莱士的希望，这样的科学家，我们虽然不敢当，却是不敢不自勉的。

阅读思考：你心目中的科学家是什么样子?

科学家的追求及其动机①

钱德拉塞卡

钱德拉塞卡，美国物理学家，1983年因星体结构和进化的研究而获得诺贝尔物理学奖。在此文中，他以诸多科学家的实例，来表明科学家的追求和动机，他承认，在科学家的一生中，其动机很容易发生巨大的变化，的确很难找到一个共同的衡量标准，但他还是在不同科学家身上去探寻，并给人们留下想象的空间。

正如每个科学家的嗜好、气质以及对科学的态度是千差万别的一样，每个科学家追求科学的动机和涉及的范围也是千差万别的。所以，"科学家的追求及其动机"是个很难讨论的题目。除此之外，在科学家的整个一生中，他们的动机很容易发生巨大的变化，的确很难找到一个共同的衡量标准。

我限定自己只反映以前的一些伟大科学家的生活与成就。要反映这些伟人的动机和态度，会受到在交流过程中语义上的严重困难，这种困难体现在：语言上所通行的词和惯用语，有各种不同的评论与判断。实际上，当谈到他人时，人们应该很好地注意屠格涅夫在他的小说《除夕之夜》里，通过英沙诺夫向人们提出的警告：

我们正在谈论别人，为什么要牵涉到自己？

为了从一个恰当的角度开始我的论述，我将从20世纪20年代中期马约拉纳与费米的谈话开始。当时他俩都只有二十几岁，他们的谈话是一个当时在场的人告诉我的：

① [美]钱德拉塞卡.莎士比亚、牛顿和贝多芬——不同的创造模式[M].长沙：湖南科学技术出版社，1996.

马约拉纳：每隔500年才有一个类似阿基米德或牛顿这样的科学家出现，而每隔100年就有一至两个类似爱因斯坦与玻尔这样的科学家出现。

费米：那我将处于一个什么地位呢？

马约拉纳：理智一点，费米，我并没有谈到你我，我们谈的只是爱因斯坦与玻尔。

一

当谈论到促使人们追求科学的动机时，最好的例子莫过于开普勒。开普勒的独特之处在于他处在一个科学发生了巨大变化的伟大时期，这时科学正在摆脱笼罩在它身上的教条，为日后牛顿的发现铺平了道路。开普勒不迷信前人的成就，提出了一些包括哥白尼在内的一些伟人所没有提出的问题。开普勒关于行星运动的理论，完全不同于以前所提出的假说；他的关于行星运动的轨道“是椭圆”的断言，更超越了他前人所做的各种各样的改进。在有关行星运动的分析中，开普勒并不偏重于各种几何问题，相反，他提出了以下一些问题：“行星运动的原因是什么？”“如果像哥白尼的假说所指出的那样，太阳是太阳系的中心，那这一事实就应该能够由行星本身的运动和轨道辨别出来。”这些都是物理问题，而不像以前所设想的那样，都是几何构造的问题。

尽管开普勒解决行星运动等问题的方法，完全不同于他以前的任何人，但他的工作仍然是从对观察结果进行仔细分析后得出一般结论的方法，而且是这种方法的一个杰出的例子。他的分析过程漫长并且极其艰辛：他在20多年的时间里，坚持不懈地进行工作，从来没有放弃他的目标。如果用呕心沥血这个词来形容他的努力，也是丝毫不过分的。

开普勒从一开始就认识到，仔细研究火星轨道是研究行星运动的关键，因为火星的运动轨道偏离圆轨道最远，它使得哥白尼的理论显出了严重的缺陷。开普勒还认识到，对第谷·布拉赫准确的观察资料进行分析是整个问题的必不可少的先决条件。开普勒曾经写道：

我们应该仔细倾听第谷的意见。他花了35年的时间全心全意地进行观察……我完全信赖他，只有他才能向我解释行星轨道的排列顺序。

第谷掌握了最好的观察资料，这就如他掌握了建设一座大厦的物质基础一样。

我认为，正当朗高蒙太努斯全神贯注研究火星问题时，我能来到第谷身边，这是“神的旨意”，我这样说是因为仅凭火星就能使我们揭示天体的奥秘，而这奥秘由别的行星是永远揭示不了的……

实际上，开普勒曾千方百计想获得他梦寐以求的第谷的观察资料。如果说他犯了偷窃罪，似乎也并不夸张，因为他自己就曾经承认：“我承认，当第谷死的时候，我正是利用了没有或缺乏继承人这样的有利条件，使第谷的资料由我照管，或许可以说霸占了观察资料。”他自己又解释道：“争吵的原因在于布拉赫家族有怀疑的天性和恶劣的态度；另一方面，也在于我自己有脾气暴躁和喜欢挖苦人的毛病。必须承认，腾纳格尔有充分的理由来怀疑我。我已占有了观察资料并且拒绝把它们交给继承人。”

得到了第谷的观察资料以后，开普勒不断向自己提出了这样的问题：“如果太阳确实是行星运动的起源和原因，那么这一事实在行星自身运动中如何体现出来？”他注意到，火星的运动在近日点比在远日点要快些，并且“想起了阿基米德”，于是，他用矢径（连接太阳和火星瞬时位置的矢量）的方法，算出了沿轨道运动的面积。开普勒写道：

当我认识到，在运动的轨道上有着无数个点以及相应产生了无数个离太阳的距离，我产生了这样的想法：运动轨道的面积包括了这些距离的和。因为我回忆起阿基米德用同样的方法，将圆面积分解成无数个三角形。

这就是开普勒于1603年7月发现面积定律的经过。牛顿把它称为开普勒三大定律的第二定律。从此以后，人们都这样称呼面积定律。开普勒用了5年多的时间才建立起这个定律；其实，早在1596年他发表《宇宙的奥秘》这本书之前，他就在探求这一规律，那时他用的方法是把5个规则的多面体与当时已知的6个行星联系起来。

面积定律能够确定轨道上各点的速度的变化，但不能确定轨道的形状。在他得出面积定律的最终表述的前一年，开普勒实际上就摒弃了行星运动轨道是圆的假说。1602年10月他曾写道：“行星轨道不是圆。这一结论是显而易见的——有两边朝里面弯，而相对的另两边朝外延伸。这样的曲线形状为卵形。行星的轨道不是圆，而是卵形。”

在做出火星轨道是卵形这一结论之后，开普勒又花了3年的时间才确定它的轨道实际上是椭圆，当这一结论确立时，他写道：

为什么我要在措辞上做文章呢？因为我曾拒绝并抛弃的大自然的真理，重新以另一种可以接受的方式，从后门悄悄地返回。也就是说，我没有考虑以前的方程，而只专注于对椭圆的研究，并确认它是一个完全不同的假说。然而，这两种假设实际上就是同一个，我将证明这一点。我不断地思考和探求着，直至我几乎发疯，所有这些对我来说只是为了找出一个合理的解释，为什么行星更偏爱椭圆轨道……噢，我曾经是多么迟钝啊！

开普勒用了10年多的时间才发现了他的第三定律，即任何两个行星公转周期的平方与它们到太阳的平均距离的立方成正比。1618年，开普勒在他的《宇宙的和谐》一书中表述了这个定律。下面就是开普勒自己对发现这个定律的描述：

准确地说，就是在1618年3月8日这天，这一结论显现于我的脑海中。但不幸的是，当我试图用计算来证实它的时候，我又以为它是错误的，因而我抛弃了它。5月15日，这个念头终于又回到了我的脑海中，并且以一种全新的方式使我豁然开朗。它与我17年来对第谷观察资料进行分析所得出的数据吻合得如此之好，以致刚开始的瞬间，我感到我好像在梦幻之中。

至此，开普勒呕心沥血的漫长而艰辛的追求，终于结束了。

在他的第一本书《宇宙的奥秘》中，开普勒就说过：“但愿我们能够活着看到这两种图像能够相互吻合。”22年后，当他发现了他的第三定律，从而使得他的梦想得以实现时，开普勒在《宇宙的奥秘》再版中加进了这样的注释：“22年后，我们终于活着看到了这一天，并为此感到欢欣鼓舞，至少我是如此；并且我相信梅斯特林及其他人将分享我的快乐！”

二

布诺特（一个以出版卡夫卡生前之作而闻名的捷克作者）在他的小说《第谷·布拉赫的赎罪》中，描述和比较了第谷·布拉赫与开普勒的性格特点。尽管布诺特的小说很大程度上与历史事实不符，但他有关开普勒究竟是怎样的一个科学家的看法，仍是值得摘录的。

开普勒使第谷对他充满了敬畏之情。开普勒的全心全意致力于实验工作、完全不理会叽叽喳喳的谄言的宁静心理，在第谷看来，就几乎是一种超人的品质。这儿有点不可理喻的地方，即似乎缺乏某种情感，有如极地严寒中的气息……

一个实践的科学家能像布诺特描述的开普勒那样，这么宁静与不露情感？

三

开普勒追求科学的最显著特点是专注于他自己的探求。用雪莱的话来说："他是一个极为独特的人物。"但是，如果别人也像开普勒那样始终如一、专心致志地追求，他们能否也像开普勒那样成功呢？

首先，以迈克尔逊为例。在他的一生中，他主要追求一种测量光速的更准确的方法。他的这种兴趣几乎是出自偶然。当他在美国海军科学院任讲师时，科学院的一位负责人要他准备几篇有关光速的演讲稿。这是1878年的事，它导致1880年迈克尔逊第一次测定了光速。50年后的1931年5月7日，也就是他临死前两天，他着手口述一篇有关他最后观察结果的论文，这篇论文于他死后发表了。由于迈克尔逊的工作，人们对光速的精度从3×10^{-3}提高到3×10^{-4}，也就是说提高了10倍。然而到了1973年，其准确性改进到10^{-10}，这一测量精度今后是不会被超过的。

那么，能够说迈克尔逊50多年的努力都白费了吗？我们暂时撇开这个问题。人们应该注意到在迈克尔逊漫长的工作生涯中，他的许多发明都与他热衷于研究"光波及其应用"有关。例如，因为他研制出了干涉仪，致使他首次直接测定了一颗恒星的直径。这是一个惊人的成就。至于在爱因斯坦狭义和广义相对论的公式中起作用的迈克尔逊—莫雷实验，它不可否认地改变了人们对时空观的认识，那更是无人不知、无人不晓的了。奇怪的是迈克尔逊自己，他从来没有对他实验的这一结果表示出一丝快乐。实际上，有记载说，当爱因斯坦于1931年4月拜访迈克尔逊时，迈克尔逊夫人认为有必要私下告诫爱因斯坦："请不要和他谈以太。"

第二个例子是爱丁顿。在他后半生中，他花了16年多的时间来完善他的"基本理论"。他本人对于他耗费如此巨大的精力有什么看法呢？在他去世的前一年，他曾说道："过去的16年中，我从来没有怀疑过我的理论的正确性。"虽然他自己这么说，但他的工作对此后的发展没有留下任何印迹。

单一的对象和唯一的目标是科学追求的明智之举吗？

四

开普勒的成功事例有力地说明，坚持不懈的努力能导致伟大的且具有开创性的发现。与此同时，很多事例表明许多了不起的想法几乎是自发地产生的。例如，狄拉克曾经写道："有关泊松括号与相对论电子波动方程的研究工作，有些想法突然闪现于我脑海中，我不能很明确地说清楚这种想法到底是如何出现的，但我感到这种工作是一种'太容易获得的成功'。"

这一事实，即狄拉克认为他的泊松括号和相对论电子波动方程的潜意识的想法是偶然产生的，说明那些有过重大发明的人似乎都想回忆起并珍惜他们取得成就的特殊时刻。狄拉克并非唯一的例子。爱因斯坦就曾这样写道："1907年，当时我正在写一篇有关狭义相对论综合性论文……突然，我的一生中最得意的想法闪现出来了……即'对于一个从屋顶自由下落的观测者'（至少在他周围很近的地方）存在着一个非引力场。"这种"得意的想法"，我们都知道，后来隐含在他的等价原理之中，这个原理也是他后来的广义相对论的基础。

具有同样往事的例子是费米。我曾经就阿玛达在《数学领域中的发现心理学》所提出的设想问费米，什么是物理学领域的发现心理。费米回忆了他发现慢中子引起放射性作用的那一时刻。当时他是这样说的：

我来告诉你我是如何取得我认为是我一生中最重要的发现。我们当时正努力地研究着中子的感生放射性，但所得到的结果毫无意义。一天，当我来到实验室时，突然冒出了这样的想法，我应该检验检验在入射中子前放一块铅所引起的结果。这一次我特别有耐心，我尽力使铅块安放准确，这与我通常习惯大不相同。很显然，我对某些事情感到不满意，我千方百计找理由拖延在这个位置放上铅块。最后，当我勉勉强强要放上铅块时，我对自己说："不，我不应该在这个位置放上铅块，我想我应该放上一块石蜡。"事情就是这样发生的，没有任何事先的预告，没有任何有意识的判断。我马上找来一块奇形怪状的石蜡，把它放在本应该是放铅块的位置上。

也许在这方面的一个最动人的故事是海森堡所讲述的有关量子力学的规律突然闪现在他脑海中的时刻。

一天晚上，我就要确定能量表中的各项，也就是我们今天所说的能量矩阵，用的是现在人们可能会认为是很笨拙的计算方法。计算出来的第一项与能量守恒原理相当吻合，我很兴奋，而后我犯了很多的计算错误。终于，当最后一个计算结果出现在我面前时，已是凌晨3点了。所有各项均能满足能量守恒原理，于是，我不再怀疑我所计算的那种量子力学具有数学上的连贯性与一致性。刚开始，我很惊讶。我感到，透过原子现象的外表，我看到了异常美丽的内部结构，当想到大自然如此慷慨地将珍贵的数学结构展现在我眼前时，我几乎陶醉了。我太兴奋了，以致不能入睡。天刚蒙蒙亮，我就来到这个岛的南端，以前我一直向往着在这里爬上一块突出于大海之中的岩石。我现在没有任何困难就攀登上去了，并在等待着太阳的升起。

我们不难理解，在这一特殊时刻海森堡的心情是多么激动啊。我们大家都知道，当时困扰着"旧"的玻尔—索末菲量子理论，有很多困难和佯谬。我们也都知道，长期以来，海森堡与索末菲、玻尔、泡利等人对这些难点和佯谬一直感到困惑不解。当时，海森堡与克拉默斯一起已发表了有关色散理论的论文——在很多方面，这个理论是以后发展的先导。

大约30年后，在他经历了战争的悲伤以及战后的失望、彷徨之后，海森堡提出并阐述了基本粒子理论的思想，对此，我们的反应是什么呢？海森堡夫人在她所写的有关她丈夫的书中写道："在一个月光皎洁的夜晚，我们漫步于海因山，他完全被他所看到的幻觉所吸引，一路上，他试图向我解释他的最新发现。他谈到对称性的奇妙之处在于可以把它看作万物的原型；他还谈到和谐、简朴的美以及它的内在的真实性。”她摘录了一段当时海森堡写给他姐姐的一封信：

实际上，过去的几周对我来说是非常激动的时刻。也许通过类比我能将我所经历的事情很好地描述出来。即在过去的5年中，我费尽心力试图沿一条至今仍不清楚的道路攀登原子理论的顶峰。现在这座顶峰就在我面前，有关原子理论的全部纵横关系，突然地并且清晰地展现于我眼前。这些纵横关系凭借其数学的抽象性以一种简单得不能再简单的方式呈现出来，它是一种我们只能谦恭接受下来的礼物。即便是柏拉图也可能不相信它们是如此之美。因为这些纵横关系不可能被发明，它们从开天辟地以来就一直存在。

你们也许注意到了，大约30年前，在他的有关发现量子力学的基本原理的描述中，他使用了异乎寻常的相似语言和术语。但是，对于他的基本粒子的见解，我们能像海森堡一样，用相同的方式看待吗？对于量子力学，他的思想立即获得承认；相反，他有关粒子物理学的思想，却遭到了反对和驳斥，即使长期与他讨论问题的老朋友泡利也不例外。但是读读海森堡夫人在她的传记的结尾写的一段话，是很令人感动的。

带着一种自信的微笑，他曾对我说：“我是足够幸运的，当亲爱的上帝还在工作时，我能越过他的肩膀瞧了一下。”对他来说，那就够了，完全够了。这给了他巨大的喜悦和勇气，使他能镇定自如地对付他在这个世上一再遭到的敌意和误解，并且不至于误入歧途。

五

汤川秀树在50多岁时写了一本自传《漫游者》。在这本书中，汤川秀树提出了一个伟大发现对它的发现者所产生影响的另一侧面。人们习惯于这样想：至少从表面上看来，一个很富有而且成果累累的人，以他的一生为素材的自传《漫游者》，应该是对他整个一生的叙述。但是汤川秀树的“漫游”只讲到他的伟大发现论文的发表为止。他以忧郁的笔调写到他那伟大的发现：“我再也不想写除此之外的东西了。因为，对我来说，我不懈学习的那些日子是值得留恋的；另一方面，当我想到我的学习时间逐渐被其他事情占有了时，我感到伤心。”

尽管我们所有的人能够分享科学巨匠的发现的喜悦，但我们可能对很多不太敏锐、运气不佳的人所珍爱和认为值得回忆的东西感到困惑。他们是否像贝克特的剧作中的人物符拉基米尔和埃斯特拉冈一样，在等待着戈多呢？也许他们会用弥尔顿的“就是站着等也是值得的”这句话，来自我安慰？

六

我现在讲一讲称赞和同意对一个人追求科学的作用。沃德华斯描述牛顿所讲的“一个人独自航行在陌生的智力海洋”的情形，并不是我们每个人都能理解的。

我指的是爱丁顿孤独地探求他的基本理论这一事情。尽管他对于自己的理论的正确性深信不疑，但同时代的人对他的著作漠不关心，这使他感到很灰心。这种灰心，在他死前几个月给丁戈的一封悲怆的信中表露无遗：

我不断地试图发现为什么这个程序竟使人们感到深奥晦涩。但我要指出的是，尽管爱因斯坦的理论被认为是深奥晦涩的，但是成百上千的人认为把这种理论解释清楚是有必要的。我不相信我的理论比狄拉克的理论更深奥晦涩。但是对于爱因斯坦和狄拉克，人们认为揭示这种深奥晦涩是值得的。我相信，当人们不得不用同样的态度对待我的时候，他们将完全理解我——到那时，“把爱丁顿的理论解释清楚”将变得很时髦。

当同时代的人用尖刻的、猛烈的批评表达他们的反对意见时，它能产生一种悲剧性的结果。例如：奥斯特瓦尔德和马赫的强烈批评，使玻耳兹曼深感失望，以致他最后自杀了。他的孙子费莱姆曾写道：“他是他的思想的殉道者。”又如，点集合和无穷阶等现代理论的创始人乔治·康托尔，因为他的老师利奥波德·克罗内克痛恨并敌视他以及他的理论，结果康托尔精神失常。事实上，他的晚年是在精神病院度过的。

七

一种完全不同于上述例子的是卢瑟福。

我们先回想一下他的经历。1897年，他引入了一种新的命名方式，将放射性辐射分解成α射线、β射线和γ射线。1902年，他将放射性衰变的规律公式化——在物理学中首次用概率和不确定性等术语来表达物理公式，而且也是量子力学概率表述的先驱，这种概率表述在25年后已变得非常普遍。1905年至1907年间，他和索迪一起，系统地阐述了放射性衰变位移的规律，并确定了α粒子就是氦核；和波特伍德一起，他创立了用放射性来确定岩石和矿物年代的方法。1909年至1910年，这一时期出现了盖革和马斯顿实验，这一实验发现了α粒子的大角散射，接着卢瑟福系统地阐述了散射规律并提出了原子构造的有核模型。接着，在1917年，他又首次在实验室中完成了原子嬗变的实验：即用α射线轰击N^{14}，使之变成O^{17}和一个质子。20世纪20年代，他明确了α射线和γ射线光谱间的相互关系。1932年，福勒称之为“创造奇迹的一年”，考克饶夫和瓦尔顿发现了用人工衰变的方法将Li^{7}转变为两个α粒子；布莱克特在宇宙射线表中发现了正电子；以及查德威克发现了中子。创造这些“奇迹”的人都在剑桥的卢瑟福的卡文迪许实验室中工作。1933年，和奥利芬特一起，卢瑟福发现了H^{3}和He^{3}。

在一次答复别人的话中，卢瑟福对他自己的发现的态度表示得很清楚。有一次，当他有一项重大发现时，别人说道：“卢瑟福，你总是处在事业的波峰之上。”卢瑟福答复说：“我自己创造了这个波，难道不是吗？”不知道为什么，从卢瑟福的有利条件来看，似乎他所说的任何话都是正确的，甚至包括下面一句话，有人问他，他是否鼓励他的学生学习相对论时，他回答说：“我不会让我的孩子浪费他们的时间。”如果世上真有快乐的战士的话，那么卢瑟福就是其中的一个。

八

到现在为止，我已通过列举一些科学巨匠的生活中的事件，来描述他们对科学追求的各个侧面。现在我回过头来讲一些更一般的例子。同样，我从一个实例开始。在迈克尔逊晚年，有人问他，为什么他花这么多时间去测量光速。

据说他的回答是："它太有趣了。"不可否认，在对科学的追求中，"有趣"起了一定的作用，但是"有趣"这个词并不意味着缺乏严肃。确实，在《简明牛津字典》中，"有趣"（*fun*）被解释成"滑稽举动"（*drollery*）。但是我们能够肯定，当迈克尔逊把他生活的主要兴趣描述成"有趣"时，绝对没有那样的含义。然而，我们赋予迈克尔逊所用的"有趣"这个词的准确含义又是什么呢？更一般地说，愉悦和乐趣的作用是什么呢？

尽管愉悦和乐趣经常被用来描述一个人在科学中的奋斗结果，但失败、挫折及绝望起码也是追求科学的人常常碰到的事。毫无疑问，克服了困难，将会给人带来最终成功的快乐。那么，失败纯粹是科学追求中一个否定的方面吗？

在20世纪20年代中期和末期，随着量子力学的基本原理的建立，物理学有了迅猛的发展。狄拉克对这种发展的描述是：

将它描述成一种游戏，一种非常有趣的游戏，这种说法是很恰当的。无论什么时候，某人解决了一个小问题，他都能就此写一篇论文。当时，对于一个二流的物理学家来说，很容易做出一流的工作。此后，再也没有一个如此辉煌的时代了。

J.J.汤姆逊在威斯敏斯特大教堂为纪念瑞利勋爵所做的讲话，是颇值得注意的。他说：

有一些科学巨匠的魅力在于他们对一个课题首先做出了说明，在于他们提出了以后被证明是很有成效的新思想。还有一些科学巨匠的魅力也许在于他们完善了某一课题，使它变得具有连贯性和明确性。我认为瑞利勋爵属于第二类。

J.J.汤姆逊的这种评论有时被认为是一语双关。但是人们可以得出这样的结论：瑞利在气质上更愿意致力于艰难的问题，而不满足于做狄拉克所说的"第二流的物理学家能做出第一流的工作"的物理学"辉煌时代"的游戏。

上述有关瑞利气质的结论，又引出了另一个问题：当一个科学家已取得名望之后，他继续追求科学的原因是什么呢？这些原因在多大程度上带有个人的动机呢？在多大程度上与美学标准（如秩序和图案、形式和内容的直觉感受)有关联呢？美学标准和个人动机是相互排斥的吗？责任感起作用吗？我所说的责任不是通常意义上所说的某人对他的学生、同事及他的社会所承担的责任，而是说对科学本身的责任。那么，为科学而追求科学时，责任的真正含义又是什么呢？

让我最后再讲讲另一侧面。哈代在结束《一个数学家的辩解》这篇文章时，用了下面这样一段话：

我一生的经历，或者说与我有相同经历的任何数学家的一生经历是：我给知识增添了一些东西，同时又帮助他人给知识增添了更多的东西；这些东西的价值与伟大数学家们的创造性相比，或者与那些在身后留下了某种纪念的或大或小的艺术家们的创造性价值相比，只有程度上的不同，没有性质上的不同。

哈代的叙述是针对数学家而言的，但它同样适于所有的科学家。我希望你们特别注意他所指的给后人留下一些纪念，正是后人能够据以做出判断的东西。那么，后人的判断——科学家本人永远也不会知道的东西——在多大程度上也是科学家追求科学的一种有意识的动机呢？

九

对科学的追求常被比喻成攀登一座很高但又不是高不可攀的山峰。我们当中有谁能够奢望(即使是在想象中)，在一个天气晴朗无风的日子里去攀登珠穆朗玛峰并达到它的顶点，在宁静的空中，纵览那在雪中白得耀眼的一望无涯的喜马拉雅山脉呢？任何人都不可能希望看到自然界和宇宙的上述情景。但是，仅仅站在峡谷的底端等待着太阳越过干城章嘉峰，也未免太俗不可耐了。

阅读思考：你认为科学家的追求及其动机是什么呢？

我国地学家之责任①

竺可桢

竺可桢，中国地学家、气象学家、教育家、中国近代地理学和气象学的奠基者。在这篇文章中，竺可桢以一位中国科学家的眼光，在中国长期落后并受列强欺凌的背景下，带有以科学救国的目标，论述了作为中国地学家应负起的责任，从中可以看出在西方科学刚刚引入中国时，老一代科学家们的爱国热情和抱负。

甲午之役，我国丧师失地，马关结约，割台湾澎湖诸岛一万三千九百余方英里之地，拱手而让诸东邻。而李鸿章于其日记中犹沾沾自喜，谓台湾荒僻瘴疠之地，荆棘未除，国家岁耗数百万金以抚番安乱，方患治台之乏术，而日人乃视若至宝，必欲攫之以去。当伊藤在和会中提议割台湾时，彼虽严词拒绝，而心中则未尝不恐日人之改易初衷也云云。自台湾归日而后，日人经营不遗余力，其结果则岛上农矿各产，日增月进，迨至今日，则台湾实不啻日本之一宝库矣。即以糖业一端而论，当我国领台时，岁产不过七八十万担，自归日本而后，产额骤增，至民国六年，则已增至八百万担，其他茶米樟脑等出产增加之速率亦称是。至于矿产之增加，则尤迅速。煤之出产，日本领台之初，无足道者，现则已增至每年百余万吨。岛上石油之分布亦极广，际现时世界石油缺乏之时，其足以增进一国之富源，更可知矣。凡此种种，岂李鸿章初意所及料哉？但世之弃天赋宝藏之区若敝屣者，正不止李鸿章一人也。且李鸿章逼于环境，其割台湾实出于不得已，日记所云，或解嘲之辞耳。欧美政治家有昧于地势，而贸然以极富之矿区，极要之天险，割让与他国者，亦不乏其人也。如北美洲西北有半岛曰阿拉斯加，初属俄罗斯，其地虽气候寒冱，人民稀少，而沿岸

① 竺可桢.竺可桢文录[M].杭州：浙江文艺出版社，1999.

渔业极盛，尤以海狗为最。徒以俄国吏治腐败，政以贿成，遂致政府不能坐享其利，而每年反须给津贴。且阿拉斯加富金矿、石油矿，而俄国政府懵焉不知。至西历1867年，美国政府以七百二十万金元购得之，主其事者为国务卿西沃德氏。兹事揭晓后，美国舆论大哗，咸訾西沃德之失策。但其地自归美而后，美人即从事测量，知其地藏金甚富，自1867年至1917年五十年中，半岛所产之金额已达二万五千万[①]金元，而藏于矿田中者尚有价值六万万元之金矿。故单以金矿一项而论，其价值已超过俄国之售价八千三百三十三倍矣。

英国政治家素以能深谋远虑著称于世，于全球地理形势之分配了如指掌，如直布罗陀、苏伊士运河、亚丁、新加坡，为大西洋、地中海、红海、印度洋及太平洋之咽喉，莫不先后归英国之版图，即大西、太平二洋交通之要道巴拿马运河，亦几入英人之掌握。但智者千虑，必有一失。因不谙地势而受损失，即在英国亦所不免也。在欧洲北海，中有小岛焉，曰赫尔戈兰，距德国易北河口不过三十四英里，距英国海滨则有三百英里之遥。岛长一英里，广则仅三分之一英里耳。自19世纪初，其地即为英有。德皇威廉二世于1888年即位以后，具有囊括全欧、执世界政治牛耳之雄心，乃筑基尔运河以联络北海与波罗的海，使一旦有事，则二处海军得互相联络，有指臂之关系，不致假道海峡而仰他国之鼻息。因赫尔戈兰岛适当基尔运河出口之冲要，故必欲得之以为快。乃以厚利重贻英国，谓英国苟以赫尔戈兰岛予德者，则德愿割非洲东部之桑给巴尔岛以为偿。桑给巴尔岛面积凡一千零二十方英里，大于赫尔戈兰者凡二千余倍。且赫尔戈兰为一荒岛，岛上全属不毛之地，英国政府须岁费一千二百五十金镑以经理之，而桑给巴尔岛则为世界丁香出产之首区。英国执政者利令智昏，于1890年赫尔戈兰岛乃归德有。自是以后，德人经营不遗余力，岛之周围，筑石垣，铸铁砦，高凡二十五英尺，置巨炮于其上。欧战以前，世界炮垒之强固坚劲，莫能出赫尔戈兰岛之右者。是以欧战时，德国海军，论其战斗力，远在协约国之下，而其所以能安枕高卧于基尔运河中者，恃有赫尔戈兰之炮垒也。而英法海军之所以不敢越雷池一步，出攻击德国沿海者，亦以德国之据有此岛也。且赫尔戈兰岛实为当时德国齐柏林飞艇与潜水艇之根据地。民国六年和民国七年两年中，齐柏林以炮弹狙击英京伦敦几无完肤，而英人莫敢谁何。潜水艇则尤足以制英国之死命。欧战中英国轮舶为潜水艇所沉溺者，为

① 即两亿五千万。当时的计数习惯与今不同，后文出现类似情况，不再注明。

七百七十五万七千吨，实占欧战以前英国轮舶总吨数之半。英为工业之国，粮食全赖北美及远东接济。若船只乏缺，则英伦三岛之人民不将尽为饿殍乎。故当时苟非美国之加入战团，则德人在海上已可操胜算，逼英人为城下之盟矣。赫尔戈兰北海中蕞尔一小岛耳，而其有关于世界列强之胜败存亡，有如是者。

昔人有言，前车之覆，后车之鉴。俄得阿拉斯加而贫，美得阿拉斯加而富。台湾、赫尔戈兰二岛，李鸿章、克兰司顿视若赘疣，以为徒足增国家之负担者也，一经日德两国之整理，一则成为无穷之宝库，一则变为天堑，作海军之屏障。此其故何哉？曰事在人为而已矣。反观我国今日之形势则如何，蒙藏新疆之气候、物产、地形、交通、人情风俗，有逾于李鸿章时代之台湾乎？曰无有也。试问政府除岁耗若干之边防援库等军费而外，于蒙藏新疆有丝毫之收入乎？曰无有也。俄日英法各国书籍之关于我国边疆各省者，汗牛充栋，而我国书籍之关于上述各处者，则反如凤毛麟角。至于只身探险，或结队漫游，亲历目睹蒙藏诸地，以科学上之精神，详加考察，归而传诸国人，记之于笔者，更绝无仅有矣。

欧美日本以迄印度，其对于国内耕地、草地、森林多寡之分配，均有详细之调查，而我国各省则独付阙如。间或有之，则得自古籍之载记，略焉不详，且未免以讹传讹之虞。即新得之调查亦未经精密之测量，不甚足恃也。试举例以实其说。湖北面积为六十一万一千九百方里，即为三亿三千零四十二万六千亩。但依某地学家民国八年所著之《大中华湖北省地理志》，则湖北全省田亩为四千一百三十万零一百零四顷，即约四十一亿三千余万亩也。固尔，则湖北田亩之数超出全省面积至十二倍之多，世界宁有是理乎。又依从《农商部第四次统计表》(民国六年出版)，则本部十八省以及新疆、热河、察哈尔各区田圃所占之面积，为十三亿一千六百九十万零一千亩，仅占上述各该省总面积百分之十而弱。夫欧洲瑞士为山脉错杂之地，然其耕地面积尚占全国面积百分之十五六，而谓素以农为本之中华民国，乃反望尘莫及。虽内蒙新疆多不毛之地，然亦殊未足以解惑也。

夫田赋为国家之命脉而其不能精确尚如此，则其他更无论矣。如以本国地图而论，自清康熙令南怀仁测量全国，制为舆图之后，迄今二百五十年间，未闻政府更有大规模制图之计划。现时坊间所通行之民国舆图，其大部仍沿袭17世纪时所测量之蓝本，而欧美日本政府学会，则先后派专家测量我国滨海沿江各处，近且兼及内地。当德人未据青岛以前，德国政府已先时遣人探测山东、直隶沿海一带，比较其形势之优劣，一旦有所借口，则择肥而噬，攫胶州湾以去。近年以来，日人深入腹地，随处摄影制图，其用心叵测，言之尤足寒心。然吾人但能怪国政之不修，而不怪他人之越俎代谋也。

以上所举，仅荦荦大者。其他如户口、物产、气候、地形，国中均乏精确之调查。当记者[①]自新大陆归国时，于舟次遇一日本某男爵之子，渠方漫游欧美半载而归，与外人交谈，辄称中国政府社会之腐败，谓日本人之知中国胜于中国人之自知，外人苟欲知中国之内容者，询日人斯可矣云云。同舟北京协和大学校董史密斯君，闻之愤不能平，因以告记者。记者以其言之狂妄也，一笑置之。及舟抵日本，入东京之书肆，则所陈列书籍之关于中国者，如鳞次栉比，《支那省别大全》也，《中国旅行指南》也（英文，专为欧美人游中国者著），以及矿产调查地质报告等。至于著述之关于我国之蒙满者，更指不胜屈。即杂志日报，亦满载中国政治商业物产之调查。因以知彼日人之言为不谬，而叹日人之知我国，实胜于我人之自知也。

测量地形，制为舆图，调查全国田赋、户口、气象、物产，此为政府之事，固也。但吾人不得不警告政府，鼓吹社会，使人人知有测量调查之必要。近年以来，政府已有中央观象台及地质调查局之设立，此不得不为差强人意之处。但因限于经济，故其规模不能与欧美各国所设立者相比拟。不观乎美国之气象部，岁耗费至二百余万元之多；国中头等气象台凡二百所，专以华盛顿中央气象台而论，其职员之数已达二百员。反观我国北京气象台，则其设备乃不足与徐家汇气象台及香港气象台相提并论，沿海各处，每至夏秋之交即有台风接踵而来，往往覆轮舟，漂牲畜，没田庐。凡台风之来也，必由一定之路径，故气象台能于事先预告，使商人舟子，得以为未雨之绸缪，此与滨海一带之农商业关系极大也。而现时粤闽江浙各处台风之预告，乃全赖徐家汇及香港二气象台，一则创自法国教士，而一则为英国政府所设者也。

但现时政府方愁接济军阀之乏术，安望其能有余力以资助发展气象台等等之机关哉。为今之计，惟有赖社会与国民耳。国家兴亡，匹夫有责，欧美日本地理学上之调查，亦非尽以政府为主动。以个人之苦心经营，或学会之协力互助而成书立业者，比比皆是。如我国南通军山之气象台，其明证也。即无巨万之

① 当时作者参与《科学》杂志编辑工作，故以“记者”自称。

资，凡吾人目所见，耳所闻，手所触，各种天然现象皆有可记之价值，或持斧入野以探矿石标本，或以寒暑表测定空气之温度，日日而为之，则数年而后，其成效必可观矣。至于国内各高等学校及学会中之专心的学者，当不乏人，苟能组织机关，捐募巨款以调查全国之地形、气候、人种及动植物矿产为己任，设立调查之标准，定进行先后之次序，择暑假或其他相当时期，结队考察，自十八省以至满蒙藏疆，庶几东邻不致再有秦无人之诮。此则今日我国地学家之责任也。

阅读思考：在今天，对于科学家之责任的表述，会有什么不同？

科学家[1]

贝弗里奇

贝弗里奇，澳大利亚微生物学家和动物病理学家。其著作《科学研究的艺术》和《发现的种子：〈科学研究的艺术〉续篇》，其译本在中国引起极大的反响。此文即选自《科学研究的艺术》一书。在此文中，基于作为一名成功的科学家的体验和思考，作者谈及与作为一名科学家相关的方方面面，如研究工作要求的性格、科学研究的道德观、各种类型的科学头脑、科学家的生活等，为人们勾勒出生动鲜明的科学家的形象。

在世界的进步中，起作用的不是我们的才能，而是我们如何运用才能。

——布雷斯福德·罗伯逊

一、研究工作要求的性格

研究人员在很多方面酷似开拓者。他们探测知识的疆界需要很多与开拓者同样的品格：事业心和进取心，随时准备以自己的才智迎战并克服困难的精神状态，冒险精神，对现有知识和流行观念的不满足，以及急于试验自己判断力的迫切心情。

也许，对于研究人员来说，最基本的两种品格是对科学的热爱和难以满足的好奇心。一般来说，科学研究爱好者比常人保有更多好奇的本能。一个人的想象力如果不能因想到有可能发现前人从未发现过的事物而受到激励，那么，他从事科学研究只能是浪费自己和他人的时间，因为只有那些对发现抱有真正

① [美]W.I.B.贝弗里奇.科学研究的艺术[M].陈捷，译.太原：北岳文艺出版社，2015.

兴趣和热情的人才会成功。最有成就的科学家具有狂热者的热情，但又受到客观判断自己成果以及必须接受他人批评这两点的辖制。一个热爱科学的人往往也具有科学鉴赏力，而且，在面对挫折失败的时候，只有热爱科学才能不屈不挠，百折不回。

聪明的资质、内在的干劲、勤奋的工作态度和坚忍不拔的精神，这些都是科学研究成功所需的其他条件。其他各行各业也大抵如此。科学家还必须具备想象力，这样才能想象出肉眼观察不到的事物如何发生、如何作用，并构思出假说。科学家往往不好相处，因为他对自己的看法并无很大的信心，而对别人的观点又持怀疑态度。这种脾性在日常生活中是容易使人为难的。卡恰尔在谈到思想的独立性对科学家之重要时说：谦恭态度也许适合于圣贤，但对科学家却未必。

几乎所有有成就的科学家都具有一种百折不回的精神，因为大凡有价值的成就，在面临反复挫折的时候，都需要毅力和勇气。达尔文的这种性格非常突出，据他儿子说，他的这种性格超出了一般的坚韧性，可被形容为顽强。巴斯德说：

告诉你使我达到目标的奥秘吧。我唯一的力量就是我的坚持精神。

人可以大体分成两类。一类人惯于对外界的影响（包括别人的思想）起强烈的反应，一类人则消极被动地接受一切事物。前一类人甚至在孩提时期就对别人教给自己的一切提出疑问，并往往叛逆传统和习俗。他们富有好奇心，要自己去探索事物。第二类人更容易适应生活，而且在其他条件相同的情况下，更能积累正规教育所传授的知识。后一类人的头脑充满了公认的观点和固定的看法，而反应型的人则具有较少的固定观念，他们的思想更自由，更可变。当然，并不是每一个人都可按照这两个极端来划分，从而隶属于某一种。显然，接近被动型的人是不适合于从事研究工作的。

怎样选择有前途的人来从事科学研究工作，或是判断自己是否适宜，这是个难题。列出一连串所需的品格条件对解决这个难题并无多大帮助，因为目前还没有一种客观的手段来衡量所列出的特点。然而，心理学家有一天也许会解决这个问题。例如，可以设计一种实验，来测验人们日常生活方面的知识。这可以衡量人们好奇心和观察力的大小，即他“发现”周围环境中事物的成功率，因为生活就是一个不断发现的过程。还可以设计一些实验，来检测人们概括的能力以及能否提出与已知资料相适应的假说的能力。也许对科学的热爱可以这样来考察：看他们在获知科学上的新发现时是高兴还是相反，据此进行判断。

普通的考试并不足以说明学生研究能力的强弱，因为考试往往有利于积累知识的人，而不利于思想家。出色的考生不一定擅长于研究工作，而另一方面，一些著名的科学家则往往在考试上表现得不好。埃利希完全是靠着考官们的好心而通过医学毕业考试的，因为考官们很有见识，承认他有特殊的才能。而爱因斯坦则在工业学校入学考试中不及格。比起那种不加怀疑地接受全部教学内容的学生，善于思考、勇于批判的学生在积累知识方面很可能处在不利的地位。尼科尔甚至说：具有发明天才的人不能积累知识，拙劣的教学、固定的观念以及饱学多读会扼杀创造精神。

我注意到，在英国有许多生物学或非生物科学方面的研究人员都是博物学家或者在青年时期曾是博物学爱好者。年轻人爱好博物学的某一学科，进行深入研究，这也许是一种可贵的迹象，说明他有研究的才能。这表明他从研究自然现象中得到兴趣，并很想亲自通过观察来认识事物。

目前，挑选有前途的、有研究才能的人，也就是劳斯所说的“发现发现者”的唯一方法是：给候选人以机会，至少有一两年的时间来做科学研究的尝试。除非年轻科学家确实表现了研究方面的能力，否则最好不要给他永久性的研究职位。这种谨慎的态度不仅关系到科学家未来的物质生活和幸福，而且对研究机构也有好处。大学生在校期间的最后一年应有机会涉足研究，因为这有助于初步证明某人是否适于做研究工作。一个年轻的毕业生如果采取措施谋求一个研究工作的职位，那就表明他有从事科学研究的真诚愿望；换言之，最优秀的研究人员往往自己挑选自己。

不管科学研究究竟需要何种智力条件，总之大家公认：并不是人人都能从事研究工作而有所成就的，正如并非人人都有作曲的才能一样。然而，缺乏这些条件的人并不等于在其他方面的智力和能力有缺陷。

二、鼓励和报酬

具有研究头脑的人受到未知世界精神上挑战的吸引，并乐于施展才智以寻求答案。这只是许多人从解答难题中得到乐趣这一现象的一种表现，即使没有奖励也如此。填字谜和侦探小说之所以受人欢迎就证明了这一点。附带说一句，埃利希喜欢阅读侦探神秘小说。对某一科学项目发生兴趣，有时是出于被研究事物内在的美，有时是由于研究采用的技术。博物学家和动物学家有时受某种动物的吸引而从事研究，是由于他们发现那种动物外表讨人喜欢；细菌学家喜欢使用某种技术，可能是由于这种技术投他的艺术感之所好。很有可能正是由于埃利希酷爱鲜艳的色彩（据说鲜艳的色彩能使他产生极大的快感），使他对染料产生了兴趣，并从而决定了他研究工作发展的方向。

爱因斯坦认为，研究人员分为三种：一种人从事科学工作是因为科学工作给他们提供了施展他们特殊才能的机会，他们之喜好科学正如运动员喜好表现自己的技艺一样；一种人把科学看成是谋生的工具，如非机遇也可能成为成功的生意人；最后一种人是真正的献身者，这种人为数不多，但对科学知识所做的贡献却极大。

有些心理学家认为：人们最出色的工作往往在处于逆境的情况下做出。思想上的压力，甚至肉体上的痛苦都可能成为精神上的兴奋剂。很多杰出的伟人都曾遭受心理上的打击以及形形色色的困难，若非如此，也许他们是不会付出超群出众所必需的那种劳动的。

科学家很少因自己的劳动而获得大笔金钱酬报，所以对于工作成果带给他的一切正当声誉，他是当之无愧的。但是，最大的酬报是新发现带来的激动。正如许多科学家所证明的，这是人生最大的乐趣之一。它产生一种巨大的感情上的鼓舞和极大的幸福与满足。不仅是新事实的发现，而且对一个普遍规律的突然领悟都能造成同样狂喜的情感。正如克鲁泡特金亲王所写：

一个人只要一生中体验过一次科学创造的欢乐，就会终生难忘。

贝克引用过一个故事，说的是伟大的英国生物学家华莱士获得了一个小小的发现。华莱士写道：

只有博物学者才能理解我最终捕获它（一种新的蝴蝶）时体验到的强烈兴奋。我的心狂跳不止，热血冲到头部，有一种要晕厥的感觉，甚至有担心马上要死的时候产生的那种感觉。那天我头痛了一整天，一件大多数人看来不足为怪的事竟使我兴奋到极点。

在证明了可以用牛痘接种法使人们不受天花感染时，詹纳兴高采烈，得意洋洋。谈到这点时，他写道：

我想到我命里注定要使世界从一种最大灾难中解脱出来时……我感到一种巨大的快乐，以致有时沉醉于某种梦幻之中。

巴斯德和贝尔纳对这种现象做了下述评论：

当你终于确实明白了某件事物时，你所感到的快乐是人类所能感到的一种最大的快乐。

做出新发现时感到的快乐，肯定是人类心灵所能感受的最鲜明而真实的感情。

发现者有一种要同事与自己分享快乐的强烈愿望。他往往闯进朋友的实验室，报告情况，拉人家来看结果。大多数人在有了新进展后，如能同有着同一研究课题或因工作性质接近而真正感兴趣的同事分享欢乐和高兴，那么这种乐趣的享受是会倍增的。

新发现给人以激励，使过去所遇挫折和失败造成的沮丧失望即刻荡涤殆尽，从而使科学家工作干劲倍增。而且，他的同事也受到激励，所以，一项新发现为进一步的发展创造了有利条件。但遗憾的是，事情并非总是这样。我们往往发现自己高兴得太早，是一场空欢喜。随之而来可能是深深的抑郁和沮丧，这时如有同事表示理解并加以鼓励，是会有帮助的。“忍受痛苦”而不气馁，是青年科学家必修的严峻的一课。

不幸的是，在科学研究中失败多于成功。科学家往往不能取得进展，而碰到了似乎是不可逾越的障碍。只有曾经探索的人们才懂得：真理的小小钻石是多么罕见难得，但一经开采琢磨，便能经久、坚硬而晶亮。开尔文[①]勋爵写道：

① 开尔文（1824—1907），英国物理学家和数学家。

我坚持奋战55年，致力于科学的发展。用一个词可以道出我最艰辛的工作特点，这个词就是失败。

法拉第说，就是最成功的科学家，在他每十个有希望并已有初步结果的课题中，能实现的不到一个。当人们感到沮丧时，也许可以对比这两位大科学家的经历而聊以自慰。年轻的科学家应该尽早懂得，科学研究的成果来之不易，他如想获得成功，必须具有耐力和勇气。

三、科学研究的道德观

有一些道德观点是科学家普遍承认的，其中最重要的一条是：在报道研究成果时，作者对他所参考利用的前人成果以及任何曾经实质上为他的研究提供过帮助的人，有责任给予应有的肯定和感谢。这条不成文的基本法规并不总是受到应有的、一丝不苟的尊重。违反者应该懂得，虽然在不知内情的读者眼里，他们提高了声誉；但是，却完全抵不过了解情况的那几个人带给他们的责备，这些人的意见才是真正举足轻重的。我们有时听到某人在谈话中引用别人的意见就好像是自己的一样，这是对上述不成文法规的一种常见的、轻微的触犯。

科学上一种严重的不道德行为是：盗窃别人谈话时透露的设想或初步的成果加以研究，然后不经许可就予以报道。这不比普通的窃盗好多少。我曾听到人们把一个屡犯不改的人称为“科学窃贼”。违反了这种道德的人是不易再受信任的。另一种不妥的行为是：一个研究工作的指导者仅仅指导了某项研究，但在联名发表时他的名字排在第一，这样就把研究工作的主要功劳攫为己有。遗憾的是，这种现象并不如人们想象的那么罕见。名字排在前面的作者是资格较高的作者，但所谓资格高应指的是他在这项研究中负责的工作多，而不是指他担任的职位高。大部分指导人员更关心的是鼓励青年工作人员，而不是自己抢功。我这里并不是说，如果老资格的研究人员在研究工作中确实起了作用也根本不应提自己的名字。过于认真且慷慨的人有时就是如此。但是，最好的办法常常是把自己的名字放在年轻科学家名字的后面，这样，年轻人就不会仅仅被当作是“参与合作者”之一而遭忽视。在年轻作者自己尚未成名时，写上一个在研究工作中出过力的知名科学家的名字，对作为工作质量的保证是有帮助的。每个科学家都有责任慷慨给予力所能及的建议和意见，并且，通常不应该因给予这种帮助而要求别人表示正式的感谢。

我的一些同事和我本人都曾发觉，有时我们认为是新设想的东西，在查看了自己先前就此课题所做的笔记后，发现并不是独创的。这种不完全的记忆有时造成不自觉地剽窃了别人的设想。有时别人谈话中提到的设想，后来在回忆时想不起是谁说的，从而以为是自己的。

完全的诚实当然是科学研究所必要的态度，正如克拉默所说：

从长远来看，一个诚实的科学家是不吃亏的，他不仅没有谎报成果，而且充分报道了不符合自己观点的事实。道德上的疏忽在科学领域里受到的惩罚要比在商业界严厉得多。

把自己的佐证做最有利的报道是徒劳的，因为严峻的事实日后总会被别的研究人员所披露。实验人员自己最清楚自己成果中最可能的谬误。他应该老老实实地报道自己的工作，必要时指出可能出现了的错误。

如果作者发现自己后来不能证实原先报道的一些成果时，他应该发表更正，以免使别人误入歧途，或是费了九牛二虎之力去重复这项工作，而结果只是知道出了一个错。

当一个科学家开辟了一个新的研究领域时，有些人认为有礼貌的做法是，不要立即冲进这个领域，而应该在一段时间内将它留给发现者，让他有机会去收获第一批成果。我个人看不出有什么必要这样做，只要第一篇论文已经发表就行了。

不利用别人得到的知识而获得新发现几乎是不可能的。如果科学家们不汇集他们的贡献，就不可能积聚今天我们所能得到的丰富的科学知识宝藏。将实验结果和观察到的现象发表出版，以便别人可以利用并给予批评，这是作为现代科学基础的一条基本原则。保密违反科学上的最大利益和科学精神，它使科学家个人无法为科学的进一步发展做贡献。这通常意味着：科学家或他的雇主，想要利用别人慷慨提供的知识为基础而做出的发展来为自己的私利服务。很多工业上和政府国防部门的研究工作是秘密进行的。在今天这样的世界上，这似乎不可避免。但是，在原则上却是错误的。理想地说，只要研究成果有一定的价值，那么，出版自由应是一切研究人员的基本权利。据说，甚至在农业研究方面，偶或存在研究成果因有碍政府当局的脸面而受到压制的现象。这似乎是一种危险而又短视的政策。

实验室不受限制，而研究人员个人对实验活动保守秘密的情况还是常见的。这些研究人员害怕别人剽窃他们的初步结果，抢在他们之前做出成果并予以发表。这种暂时保密的形式不能看成是破坏科学道德。然而，这种情况尽管可以理解，却不应提倡，因为自由交流情报和思想有助于加速科学的发展。但是，别人请你保密，不要泄露他告诉的情况，是应该受到尊重的，不应再传给他人。一个旅行中的科学家参观各种实验室，他自己也许恪守信用，决不利用人家告诉他的未发表的资料，但是却可能无意中把这样的资料告诉了一个原则性不如他强的人。为了避免这种危险，这位科学家最好请别人不要把希望保密的情况告诉他，因为要记住哪些情况传播上有限制，哪些没有限制是很困难的。

遗憾的是，即使在科学的领域内，人们偶尔也会遇到国家之间的妒忌。表现为对别国所做的研究成果不赞赏、不承认。无疑，这一点不仅作为对科学道德观和科学国际精神的破坏是可悲的，而且，违反者会自食恶果，常常损害了自己和自己的国家。不承认别国所做科学发展的人，可能被遗留在他应该留在的死水滞流之中，而且他的行为也说明他是个二流科学家。在广大科学家之间存在着一种天然同情、互相理解的国际精神，这是人们对人类的未来抱有信念的一个主要原因。看到这一点被个别人狭隘的私心所玷污，是令人沮丧的。

四、各种类型的科学头脑

头脑的作用过程各不相同。常常有人把科学家大体分为两类，但这种分类法太主观武断了，绝大部分的科学家很可能是在两个极端之间，兼有二者的特征。

美国化学家班克罗夫特把一类称为“猜测型”（此处猜测的意思指先于事实提出敏锐的判断或假说）：这一类型的科学家主要运用演绎法或称亚里士多德法。他们首先提出假说，或无论如何也要在研究活动的早期提出假说，然后用实验加以证明。另一类型班克罗夫特称之为“积累型”，因为这一类型的人积累资料，直到结论或假说瓜熟蒂落，水到渠成，这些人运用归纳法或称培根法。然而，演绎法、归纳法也好，亚里士多德法、培根法也罢，这些术语都会造成混乱，有时会被用错。彭加勒和哈达马，根据数学家的主要研究方法是凭借直觉还是按照循序渐进、有条不紊的步骤，把他们分成“直觉型”和“逻辑型”两种。这种分类法的依据似乎与班克罗夫特的相同。我则愿把这两类称为“推测型”和“条理型”，因为这似乎是说明两种类型主要区别的最简单方法。

尼科尔区别两种人，一种是具有发明才能的人物，他们不能贮存知识，也无须是一般意义上的绝顶聪明人；另一种人是有着聪明资质的科学家，他们进行归类、推理和演绎，但根据尼科尔的说法，他们没有独创精神或不能获得创见性的发现。第一类人运用直觉，他们诉诸逻辑和推理仅是为了证明自己的发现。第二类人循序渐进地发展知识，恰如泥瓦匠垒砖砌墙，直至最后大厦竣工。尼科尔说，巴斯德和梅契尼科夫有很强的直觉，有时他们几乎在做出实验结果之前就发表了著作。他们做实验主要是为了回答批评者。

班克罗夫特对各种不同科学家的思想方法做了下述说明。开尔文和哈密顿爵士属于“条理型”，他们说过：

对于具有非科学家想象力的人来说，准确精细的测量似乎不及对新事物的探索那么崇高尊贵；然而，几乎所有最伟大的发现都是这样做出的。

在物理学上，任何人只要有耐心，四肢灵活，感觉敏锐，即使智力中下也能发现新事实。

把这最后一段话与下面戴维的话做一比较：

感谢上帝没有把我造成一个灵巧的工匠。我的最重要发现是由失败给我的启发。

多数数学家是推测型的。下面的三段话据说分别是牛顿、休厄尔[①]和高斯所说：

没有大胆的猜测就做不出伟大的发现。

若无某种大胆放肆的猜测，一般是做不出知识的进展的。

---

① 休厄尔（1794—1866），又译惠威尔，英国哲学家和数学家。

我有了结果，但还不知道该怎样去得到它。

大多数生物学方面的优秀发现家也是推测型的。赫胥黎写道：

人们普遍有种错觉，以为科学研究者做结论和概括不应当超出观察到的事实……但是大凡实际接触过科学研究的人都知道，不肯超越事实的人很少会有成就。

下面两段在不同场合说的话，表露了巴斯德有关这一问题的观点：

如果有人对我说，在做这些结论时我超越了事实，我就回答说："是的，我确实常常置身于不能严格证明的设想之中。但这就是我观察事物的方法。"

只有理论才能激发和发扬发明创造精神。

奥斯瓦尔德用以区分科学家的方法略有不同。他把他们分成"古典型"和"浪漫型"两种。前者的主要特点是使每项发现臻于完善，工作方法有条不紊；后者有一大堆设想，但在研究时失于肤浅，很少彻底解决问题。奥斯瓦尔德说，古典型的人是蹩脚的教师，在大庭广众之中往往手足无措；而浪漫型的人任意畅谈他的设想，对学生有极大的影响。他会培养一些出类拔萃的学生，但有时也破坏他们的独创性。而另一方面，正如哈达马所指出的，高度直觉的头脑往往十分朦胧。米斯认为：实用的科学发现和技术有三种不同的研究方法：①理论的综合；②观察和实验；③发明。他说，在一个人身上具有一种以上的上述研究方法是罕见的，因为每种方法要求不同类型的头脑。

条理型的科学家也许更适宜于发展性的研究，而推测型则更宜于探索性研究；前者适于参加研究小组，而后者则或是单干，或是当小组的领导人。泰勒博士描述了一个大型商业性研究机构的工作安排：他们雇用推测型的人来随意进行设想，一旦这些人发现某个可能有价值的设想时，这个设想就不再让他们过问，而交给一个条理型研究人员去加以检验并充分发展。

然而，所谓推测型和条理型是两个极端，也许多数科学家兼有二者的某些特点。学生可能发现自己有天然趋于这一类型或那一类型的倾向。班克罗夫特认为，一种类型是很难转化为另一种类型的。也许，最好每个人听从自己的自然倾向，而且人们认为有许多科学家受了自己碰巧遇到的教师的过多影响。最重要的是，我们切不可要求别人都照自己的思想方法去思想。如果一个天生是推测型的年轻科学家，受到一位条理型教师的影响，误认为自己的想象力应受压制以致被扼杀，那就是一桩极大的憾事了。一个能够产生自己的设想并愿意予以实验的人，往往比缺乏想象力和好奇心的人更容易爱好科学研究，做出更大的贡献。后者在研究方面能做有用的工作，但也许并不感到很大的乐趣。两种类型的人都为科学发展所必需，因为他们会相得益彰、相辅相成。

哲学家以及论述科学方法的作者一个常见的错误是，他们误认为：系统地积累资料，最后根据简单的逻辑做出结论和概括，这样就做出了新发现。而事实上，可能只有很少数的发现是这样做出的。

五、科学家的生活

对打算开始科学生涯的青年男女，说几句科学研究中个人生活方面的话也许是有帮助的。

年轻的科学家在阅读本文以后，看到对他提出的种种要求也许会大吃一惊。他若不是一个愿为“事业”献身的难得人才，很可能就会放弃科学研究，所以我必须再说几句。我愿立即向他说明，文中所谈的只是一种求全的理想建议，而且，无须牺牲生活中的其他一切兴趣，人们仍然能够成为很好的研究工作者。如果有人愿意把科学研究当作天职，成为爱因斯坦所说的真诚的献身者，那是再好不过；但是也有很多伟大的、有成就的科学家，他们不仅过着正常的家庭生活，而且还有时间从事各种业余爱好。直到不久以前，由于物质报酬是如此的菲薄，科学研究还完全是由献身者去从事的。但今天，研究工作已经成为一项正规的职业了。然而，严格遵照早九点到晚五点的工作时间是不能做好研究工作的，实际上，有些晚上必须用于学习。从事研究的人必须对科学真有兴趣，科学必须成为他生活的一部分，被他视为乐趣和爱好。

科学研究的进展是不规则的。科学家偶然一次去热切地追踪一项新发现，这时，他必须把全副精力倾注于工作之中，日夜思考。他如具有真正的科学精神，是会愿意这样做的；如若条件不允许这样做，则会损害他的活动力。研究人员的家人一般都懂得，如果此人要成为创造性的科学家，有时就必须尽力不使他在其他方面有所负担和操心。同样，他实验室的同事们通常也帮助他减轻日常工作或行政事务上可能的负担。这种帮助并不会给他的同事或家人造成负担，因为对大多数人来说，这种精力突然奋发的情况是太少见了。也许平均一年有两到六次，一次有一两个星期，但各人的情况是大不相同的。然而，不要把这些话误作鼓励培养"艺术家的脾气"，而在日常事务中可以不负责任。

弗莱克斯纳在规划洛克菲勒研究所时，有人问他："你准备让你的人在研究所里出洋相吗？"这句话的意思是：只有愿冒这种风险的人，才可能获得重要的发现。研究人员万万不可因怕出洋相或怕人说他"想入非非"而放弃自己的设想。有的时候，提出并深入研究一项新设想是需要勇气的。人们还记得：詹纳把有关种牛痘的计划告诉一位朋友时，由于害怕受人嘲笑，是请他严守秘密的。

当我问起弗莱明爵士对研究工作的观点时，他回答说：他不是在做研究，而是在做游戏的时候发现了青霉素。这种态度代表了不少细菌学家，他们把自己的研究说成是"戏弄"这个或那个有机体。弗莱明爵士相信，正是做游戏的人获得了最初的发现，而更按部就班的科学家发展了这些发现。"游戏"一词意义颇深，因为它明白地意味着科学家的工作是为了怡情，为了满足自己的好奇心。但是，如果是一个无能的人，"游戏"则无异于随便地摸摸这弄弄那，一无所得，没有结果。戴尔爵士1948年在剑桥为巴克罗夫特爵士举行的一次聚会上说，伟大的生理学家总是把科学研究看成是有趣的冒险。拉夫顿教授说，对巴克罗夫特和斯塔林①来说，生理学就是世上最开心的娱乐。

科学上的伟大先驱，虽然都曾热烈地捍卫自己的设想，并时常为之战斗，但是，他们中的大多数在心灵深处却是谦恭的人，因为他们太清楚了：比起广阔的未知世界，他们的成就只是沧海一粟。巴斯德在他生命快要终结时说："我虚度了一生"，因为他想到的是很多他本可以做得更好的事。据说，牛顿在死前不久曾说：

我不知道世人怎样看我，但在我自己看来，我只是像一个在沙滩上玩耍的男孩，一会儿找到一颗特别光滑的卵石，一会儿发现一只异常美丽的贝壳，就这样使自己娱乐消遣；而与此同时，真理的汪洋大海在我眼前未被认识，未被

---

① 斯塔林(1866—1927)，英国生理学家。

发现。

娱乐和度假主要是一个个人需要的问题，但是，科学家如果连续工作时间太长，会丧失头脑的清新和独创性。在这方面，乔伊特杜撰了一句很好的格言："不紧不慢，不劳不怠。"我们大多数人都需要娱乐和变换兴趣，以防止变得迟钝、呆滞和智力上的闭塞。弗莱克斯纳对假期的看法与摩根[①]是一样的。摩根有一次说，他不能用十二个月，却能用九个月做一年的工作。但是，大多数科学家并不需要一年休假三个月。

我已经提到过科学研究中常有的失望，以及需要同事、朋友的理解和鼓励。大家知道，这种不断的挫伤有时会造成一种精神病，哈里斯教授称之为"实验室精神病"；有时这种挫伤则会扼杀一个人对科学研究的兴趣。必须保持极大的兴趣和高涨的热情，当研究人员必须吃力地、缓慢地从事某项研究而又无成果时，要保持这二者是很困难的。在别的行业里，常常可以养成积习，因袭旧例；但是比起其他行业，科学研究中的这个问题就要严重得多。因为实际上，所有研究人员的活动都必须是他自己头脑的产物。唯有在工作有所进展的时候，他才得到激励，而不像生意人、律师和医生，他们可以从自己的主顾、委托人和求诊者那里得到激励。

经常同关心自己工作的同事讨论研究工作，有助于防止"实验室精神病"。精神病学上"精神发泄"的巨大价值已为大众所知，同样，告诉别人自己的困难，倾吐自己的失望，会使受到顿挫的研究者减少过度的烦恼和忧伤。

"实验室精神病"最常见于把全部时间用于研究单一项目的科学家。有些人在同时研究两个问题时感到有足够的缓解和松懈。有些人则愿将一部分时间用于教学、常规的诊疗工作、行政事务或其他类似职业上，使他们感到即使研究工作一事无成，他们也还是在做一些实际有用的事情，也还是在为集体做贡献。各人情况需要分别加以考虑，但是研究工作要有成效，科学家必须把他的主要时间用于研究。

在谈到这后一点时，坎农意味深长地指出：

这个时间因素必不可少。一个研究人员可以居陋巷，吃粗饭，穿破衣，可以

① 摩根(1867—1943)，英国金融学家。

得不到社会的承认。但是只要他有时间，他就可以坚持致力于科学研究。一旦剥夺了他的自由时间，他就完全毁了，再不能为知识做贡献了。

在做了一整天别的工作以后，挤出一两个小时的业余时间来做科学研究是没有多大用处的，特别地，如果这一天的工作是需要动脑筋的，因为，除了实验室活动以外，科学研究还需要安宁的心境以便思考问题。此外，为了研究工作取得成果，有时必须面对挫折失败锲而不舍，而有一个现成的“逃避”活动，可能会造成不利条件。伯内特认为业余研究通常“在重要性上是稍逊一筹的”。

普拉特和贝克提出，一个科学研究人员也许有随和、平易近人的好名声但平庸无奇，或是喜怒无常但成绩卓著，也许只能是二者居其一。对于仅到实验室来科学参观的来访者应严格限制，然而，大多数研究人员愿意牺牲时间同真正严肃关心自己工作的参观者交谈。

巴甫洛夫在临死前写道：

我对我国有志于科学的青年有什么祝愿呢？首先，循序渐进。我一说起有成效的科学工作这条最重要的条件时就不能不情绪激动。循序渐进，循序渐进，循序渐进……在未掌握前一项时决不要开始后一项。但是，切勿成为事实的保管员。要透彻地了解事物的奥秘，持之以恒地搜寻支配它们的法则。第二，谦虚……切勿狂妄自大、目空一切。由于狂妄，在必须同意他人时你会固执己见，你会拒绝有益的、善意的帮助，你会丧失客观的头脑。第三，热情。记住：科学是要求人们为它贡献毕生的，就是有两次生命也不够用，在你的工作和探索中一定要有巨大的热情。

热情是一种巨大的推动力量，但是，同一切与感情有关的东西一样，它有时变化无常。有些人一时感情冲动，但片刻即逝；而另外一些人却能长时间保持对事物的兴趣，而强烈的程度却往往很一般。在这方面，同在其他方面一样，应该尽可能地了解自己。就我个人而言，当我一阵心血来潮的时候，鉴于过去的教训，我试图客观地估计形势，决定我的热情是否有坚实的基础，或是否会在热情燃尽以后，从此一蹶不振，很难再对这个问题引起兴趣。对问题保持兴趣的一个方法是和同事分享这种兴趣。这样做还有助于使自己头脑清醒，制止盲目的冲动。年轻人特别容易对自己的设想一时冲动，急于加以实验，而欠缺批判的思考。热情是一种非常可贵的动力，但是同一切动力一样，必须充分认识其各方面的影响，才能用得恰当。

如果年轻科学家在毕业后的一两年内能够找到可出成果的工作方向，那么他不妨排除其他课题进行专一的研究。但一般说来，在把全副精力用于某一方面的研究之前，他最好能获得比较广泛的经验。工作单位问题也是如此：假如他很幸运，发现他的同事和工作的条件都很好，他对自己的进展很满意，那就谢天谢地。但是，换一换工作往往是很有帮助的，因为思想上新的接触和不同的科学领域都能给人很大的激励，尤其当科学家感到自己在墨守成规的时候。我自己就有这种感受，别人告诉我他们也有这样的体会。一个不到四十岁的科学家，或许每三五年就应从这个角度来考虑一下自己的工作。有时更换课题也有好处，因为研究同一问题时间过长，会使人脑力枯竭，做不出结果。

高级科学家更换工作往往很困难，同时对他们也是不合适的。对他们来说，学术公休年①就是一个换换脑筋的机会；另一个方法是，安排各机构间科学家的短期互换。

一个人如果被隔绝于世，接触不到与他有同样兴趣的人，那么，他自己是很难有足够的精力和兴趣来长期从事一项研究的。多数科学家在孤独一人时停滞而无生气，而在群集时就相互起到一种类似共生的作用，这正如培养细菌时需要有好几个有机个体，生火时必须有好几根柴一样。这就是在研究机构工作的最大有利条件。至于能得到同事的建议和合作以及借到仪器之类的事，则是次要的。世界边远地区的科学家，如能到大研究中心工作一段时间或短期访问各研究中心机构，是大有裨益的。同样，科学会议的主要价值也在于提供了机会，使科学家能非正式地会面并讨论共同关心的问题。遇到与自己有共同爱好的人，会产生很大的动力。看到别人对这个问题如何感兴趣，问题则变得益发有趣。我们之中实在很少有人能有坚强的意志、独立的头脑，热衷于一个别人毫不关心的课题。

然而，确实有少数难能可贵的人，他们有足够的内在精力和热情，独处时不失去活力，甚至可能由于不得不独立思考，不得不因为与世隔绝而有广泛的兴趣，而竟然从中获益。大多数伟大的先驱者都必须独立构思自己的设想，有

① 学术公休年是指在西方国家大学教师每隔七年享有一年或半年不教书而到其他机构研究的制度。

一些是在科学上与世隔绝的情况下工作的，如孟德尔在寺院、达尔文在“猎犬号”航行途中。还有一个现时的例子，就是贝内茨。他在澳大利亚西部，是在科学上相对隔绝的情况下工作的。他发现了羊身上肠血中毒症状的原因、牛羊因缺铜而致病；此外，对人类的知识还做了其他重要的开创性的研究。

人在一生中哪个时期最有创造性，关于这个问题，莱曼搜集了一些有趣的资料。他在《医学史入门丛书》《医学史导引》之类著作中查阅资料后发现：1750年到1850年出生的人，出成果最多的是在30到39岁这十年中间。把这一段的成果当作100%，则20到29岁这十年中间出的成果是30%~40%；40到49岁期间成果为75%；50到59岁期间出的成果为30%。人们的发明能力和独创精神也许在早年，甚至早在20多岁就开始衰退，但是，经验、知识和智慧的增长弥补了这一缺陷。

坎农说，朗和莫顿两人都是在27岁的时候开始用乙醚做麻醉剂的；班廷[①]是在31岁时发现胰岛素的；塞麦尔维斯29岁发现产褥热的传染性；贝尔纳30岁时开始研究肝脏的产糖功能；范·格拉夫29岁时设计了修补腭裂的手术，奠定了现在整形外科的基础。亥姆霍兹在年仅22岁、还是一个医科大学在校学生时，就发表了一篇重要论文，提出发酵和腐烂都是生命现象，从而为巴斯德开辟了道路。罗伯逊认为28岁是一个关键的年龄，因为许多大科学家都是在这个年龄发表他们最重要的著作。另一方面，有些人在70岁以后仍继续做出第一流的研究成果。巴甫洛夫、霍普金斯爵士和巴克罗夫特爵士都是很好的例子。

一个人在40岁以前未做出重大贡献并不一定意味着他一辈子也做不出，这样的先例是有的，虽然不多。随着年龄的增长，大多数人对别人提出的新设想以及自己工作或思想中出现的新观念的接受能力逐渐减弱。哈维说，当他第一次提出血液循环理论时，没有一个40岁以上的人接受它。许多人之所以在中年前后丧失了创造力，就是由于担任了行政职务，没有时间从事研究；有时是由于中年以后生活安逸而造成怠惰，从而丧失了进取心。和年轻人接触有助于保持观点的敏锐新鲜。不管人过中年创造力衰退的原因是什么，这种现象说明了：知识和经验的积累并不是出研究成果的主要因素。

奥斯瓦尔德认为，随着年龄的增长而经常出现的创造力衰退的现象是由于对同一问题长期接触所造成的。知识的积聚妨碍着独创精神，这一点在本书第

---

① 班廷（1891—1941），加拿大生理学家。

一章里已经讨论过了。对于中年以后丧失独创性的科学家，奥斯瓦尔德主张他们的工作领域来个大变换。他自己在50岁以后用这样的方法保持头脑的敏锐，显然是非常成功的。

研究人员是幸运的人，因为他能从自己的工作中找到生活的意义并感到满足。对于把个人的存在埋入大于小我的事物中从而寻求心境安宁的人，科学具有一种特殊的吸引力；那些更重视实际的人却因想到自己研究成果的不朽感到心满意足。很少有什么职业能比科学研究对人类幸福有更大的影响了，特别是在医学和生物科学方面。罗伯逊说："研究工作者是新文明的开路人和先驱者。"人类存在和积累知识只有近一百万年，而文明社会约一万年前才刚刚开始。有什么理由说人类不能在世界上再居住几亿年呢？ 当我们想到未来将取得的成就时，不禁头晕目眩、惊愕万分。我们才刚刚开始驾驭自然力。

但是，比起寻求怎样控制世界气候、怎样利用地壳下面蕴藏的热量，比起穿过宇宙飞往其他的星球，比这些更为急迫的，是必须使人类的社会发展赶上人类在自然科学方面的成就。当人类运用集体的意志和勇气，承担巨大的但归根结底是义不容辞的责任，以有意识的引导人类物种的进化时；当科学研究的最伟大的工具(人的头脑)本身成了科学发展的对象时，谁又能想象那个时候事物会发生什么样的变化呢？

六、小　结

对科学的好奇和热爱是进行研究工作最重要的思想条件。也许最大的鼓励是希望赢得同事的尊重，而最大的报酬是做出新发现时的激动，人们普遍认为这是人生最大的乐趣之一。

根据科学家的思想方法，大致可把他们分为两类。一种是推测型的研究人员，他们的方法是运用想象和直觉来得到解决的方法，然后凭借实验和观察对自己的假说加以检验。另一种是条理型的研究者，他们一步步谨慎推理，进展缓慢，收集了大部分的资料后才得出解决的方法。

研究工作的进展一般是突进式的。在"高潮"时期，科学家几乎必须把全部精力和时间用于研究。不断受挫可能引起一种轻度的精神官能症。防范的办法是同时研究几个问题或从事某项业余工作。换换脑筋往往会产生巨大的精神动力，有时交换课题也有同样的效果。

从事科学研究确实能使人心满意足，因为科学的理想赋予生命以意义。

阅读思考： 基于作者的论述，你认为科学家与非科学家的区别主要在哪些方面？

发现的乐趣①

费　曼

费曼，美国物理学家，加州理工学院物理学教授，1965年诺贝尔物理奖得主。他曾参入美国研制原子弹项目“曼哈顿计划”，提出了粒子物理学中的费曼图、费曼规则和重整化的计算方法等，对物理学贡献颇多，而且，是一位极具独立思考特色的科学家。在此文中，他回顾自身的经历和工作，以天马行空的文笔，对科学及其他许多事物做了独到的评论，体现出一位追求“发现的乐趣”的科学家的生动思考。

一、花之美

我有个朋友是艺术家，他的一些观点，我真难以苟同。他拿起一朵花说：“瞧，这花多美！”这我没有什么异议。但他接着说：“你看，作为艺术家，我用欣赏的眼光看花，看出它的美；可是你们科学家，用分析的方法把花剖析开来看，它就变成一个毫无趣味的东西了。”听他这后半段话，我觉得他简直是一块狂妄的顽石。首先，他所看到的美，旁人能看到，我也能领略到，我相信，即使我没有像他一样受过很好的审美训练，我也能够欣赏一朵花的美。但是，我从这朵花中欣赏到的，他却欣赏不到；作为科学家，我从这朵花中所见到的东西要远远比他多得多。我能想象这花的细胞，它的细胞里面复杂的运动也自有一种美。我的意思是，不仅在厘米的尺度上有美，在更小的尺度上，或者说在内部结构上，也同样有美。进一步来说，花为了吸引昆虫来授粉而进化出色彩，这本身就是极有趣的事——这意味着昆虫能看到色彩。于是有这样一

①［美］R.P.费曼.发现的乐趣[M].张郁乎，译.长沙：湖南科学技术出版社，2005.

个问题：这些较低级的动物也有审美的感觉么？颜色为什么引起美感呢？所有这些有趣的问题，表明科学知识只会增加你对花的兴味、神秘感，甚至敬畏。我真的无法理解艺术家们的想法——科学知识怎么会有损于美呢？只会增进美！

二、逃避人文科学

我向来就一边倒地偏爱科学，年轻一些的时候，我几乎把所有的精力都用在科学上面。我没有时间去学习人们所谓的“人文学科”，我也没有足够的耐心去应付它，哪怕它是大学的必修课程。不知道什么原因，我总是竭力回避它们，不学这些，也不研究这些。只是到了后来，年纪大一些了，我才放松下来，把眼光稍稍扩展了一点。我学习绘画，也读了一点点东西，但归根结底，我仍然是个偏科很厉害的人，不博学。我把我有限的智慧集中用于一个特定的方面。

三、窗里的暴龙

我们家有《大不列颠百科全书》，我还是小孩子的时候，父亲就常常让我坐在他腿上，给我读那些《大不列颠百科全书》。比如说，我们读关于恐龙的部分，书上可能讲雷龙或其他什么龙，或者暴龙，书上会说：“这家伙有7.6米高，脑袋宽1.8米。”这时父亲就停下来，说：“我们来看看这句话是什么意思。这句话的意思是：假如它站在我们家的前院里，它是那么高，高到足以把头从窗户伸进来。不过呢，它也可能遇到点麻烦，因为它的脑袋比窗户稍微宽了些，要是它伸进头来，会挤破窗户。”

凡是我们读到的东西，我们都尽量把它转化成某种现实，从这里我学到一个本领——凡我所读的内容，我总设法通过某种转换，弄明白它究竟是什么意思，它到底在说什么。（笑）你看，我小时候就习惯了用转换的方法读《大不列颠百科全书》。想到院子里有个那么大的动物，这真的让人很兴奋，也很有趣。当然，我不会害怕真的会有那么个大家伙进到我的窗子里来，我不会这么想。但是我会想，它们竟然莫名其妙地绝灭了，而且没有人知道其中的原因，这真的非常、非常有意思。

那时候我们常去卡茨基尔山。我们住在纽约，卡茨基尔山是人们度夏的地方。那儿有个很大的集体，但平日里父亲们全部去纽约上班，只是在周末才回到山中。我父亲回来时，会带我去树林里散步，给我讲树林里正在发生着的各种有趣事情。我马上就来解释这些事情，其他人的母亲看到我父亲这么做，自然觉得很妙，她们认为所有的父亲都应该这样带着儿子出去散步。这些母亲就设法去做那些父亲们的工作，可是劝说毫无成效，于是就想让我父亲带上所有的孩子去散步。我的父亲不愿意，因为他和我有种特殊的关系（我们在一起，有我们自己的事）于是只好作罢，其他人的父亲们下周末不得不自己带着孩子去散步。周一，父亲们都回纽约上班了，孩子们在田野里玩，一个伙伴对我说："嘿，看那只鸟。那是什么鸟？"我说："我对这种鸟一无所知。"他说："这是褐喉画眉"，又说，"你爸爸什么也没有告诉你。"但事实恰恰相反，我父亲当然教过我。看着一只鸟，父亲说："知道这是什么鸟吗？这是褐喉画眉；但是在葡萄牙，它的名字是……在意大利，名字是……"，他说，"在中国，名字是……在日本，名字是……"等等。"诺，"他说，"各种语言中你都想知道它的名字叫什么，但是当你知道了所有这些名字之后，你其实对这鸟还是一无所知。你所知道的，仅仅是不同地方的人怎么称呼这种鸟而已。现在，"他说，"我们来'看'这只鸟。"

通过这些事，父亲教导我：要去"观察"事物。有一天，我玩一种叫"快速马车"的玩具，那是个小小的马车厢，外围有一圈扶手，以便孩子们推着玩。车厢里面则有一个球，我记得里面有个球。在我推车厢的时候，我注意到那个球的运动方向，我于是跑去对父亲说："爸爸，我注意到一个事：当我向前推马车时，球向车厢的后壁滚；我继续推马车，然后突然停下来，这时球向着车厢的前面滚去。"我问："为什么这样呢？"父亲说："没人知道为什么这样，"他说，"运动着的东西，总是试图继续运动下去，而静止的东西，总是试图继续静止下去，除非你用力推它。这是个普遍的原理，物体的这种倾向叫作'惯性'。但是没有人知道为什么这样。"你看，这就是深入理解——他不告诉我一个东西的名字，知道一个东西的名字和了解这个东西是很不一样的，他知道其间的区别，而我也在很早的时候就明白了这个区别。父亲接着说："如果你再仔细看，你会发现，并不是球冲向车厢的后壁，而是车厢的后壁被你推着冲向球。那球仍然静止不动，或者说得更准确些，由于有摩擦力，球开始被带着向前运动，而不是向后。"我赶紧跑回小车，把球重新放好，我一边从下面推车，一边从旁边观察。我发现父亲确实是对的——我向前推小车的时候，车厢里的球从来不向后动。相对车厢而言，它是向后动了；但是相对于人行道，它实际上是向前移动了一点，是车厢带着它向前的。这就是我父亲教育我的方法，他用那些事例和相关的讨论教育我，这里没有压力，只有极可爱、极有趣的讨论。

四、成人代数

我堂兄比我大三岁，那时他念高中，因为在代数方面感到相当的困难，就请了个家教。家庭教师预备教我堂兄$2x+\cdots$之类代数问题时，我得到许可，坐在一个角落里（笑）。我听见堂兄在谈x，就对他说："你想要做什么？"他说："你知道什么——$2x+7$等于15，"他说，"你得想办法算出x是多少。"我说："4"。他说："对。可是你是用算术的方法算出来的，现在必须用代数的方法。"这就是为什么我堂兄学不了代数！他不明白要做什么。这不行。幸运的是，我没有去学校学代数，所以我知道，目标只有一个：就是算出x。至于你怎么算出来的，这并不重要——要知道，什么……用算术算呀，用代数算呀……根本没有那回事。他们在学校里搞出一套规则，以便让所有不得不学代数的孩子都能顺利通过。他们发明出一套规则，你照着他们的规则，不用思考就能找出答案：等式两边减去7，如果有乘数，两边再除以乘数……通过这一系列步骤，你是可以得出答案，但是你却不理解你到底要做什么。

那时社会上有一系列的数学书，从《成人算术》开始，然后是《成人代数》，然后是《成人三角》，我就从中选了《成人三角》来学。不过，不久我就把它又忘了，因为我没有很好地理解它。但是这系列的书不断出版，图书馆已经预购了《成人计算》，那时我正好从《百科全书》了解到计算学是一门重要的学科，而且很有趣，我该学学。我那年13岁，已经大一些了。计算学书终于出来了，我很兴奋，赶紧去图书馆借。她（图书馆的管理员）看着我说："哦，你还是个孩子，借这本书干什么？这书是大人读的。"你知道，那是我一生中有数的几件尴尬事之一。我撒谎说是替我爸爸借的，是他选中的书。我把书借回家，通过它学习计算。我把这事告诉父亲，他想从头读起，可是发现不容易懂。这真让我有点困惑不安，我不知道他的学问竟然这么有限，你知道，我没料到他看不懂——我认为相对简单、相对明白的东西，他竟然理解不了。我第一次知道，在某种程度上，我已经超过他了。

五、肩章和教皇

父亲教给我的事情中，除了物理学之外，另有一件事，不管对不对……是对某些“高尚”之事的蔑视。比如说，我还是个小男孩的时候，轮转印刷(那是在报纸上印出的照片)开始出现在《纽约时报》上。他又习惯性地让我坐在他膝盖上，翻开一幅照片，照片上有个教皇，他前面的每个人都向他鞠躬。父亲说：“瞧这些人，有一个人站着，其他的都在鞠躬。区别在哪里呢？这个人是教皇，”他向来是讨厌教皇的，他说，“区别在于有没有肩章”，当然，这情况不适用于教皇，但是如果这个人是个将军呢？关键往往就在于军服、职位，“但是这个人有着同样的人的问题，像其他人一样，他吃饭，也去浴室洗澡，他有着与其他人同样的问题，他也是个‘人’。为什么他们要向他鞠躬？只是因为他的名字，他的权位，因为他的制服，而不是因为他做了什么特别的事，或者他的荣誉等等。”顺便说一下，父亲当时正在军方工作，所以他清楚一个人穿着制服和脱下制服有什么不同；但对他来说，人就是人，没什么不同。

我想，父亲对我是满意的，我和他在一起的时候，他很快乐。有一次，我从麻省理工学院回去(我在那里有几年了)，他对我说：“如今你已经是这方面的学者了，有个问题，我一直没能充分理解，我想你来给我解释解释，你是研究这个的。”我就问他什么问题。他说，他知道当一个原子从一种状态跃迁到另一种状态时，会射出一个叫作“光子”的光粒子。我说：“是这样。”他说：“那么，这光子是跑出来之前就在原子里呢，还是起先原子里并没有光子？”我说：“原子里本来没有光子存在，光子是在电子做了一次跃迁时出来的。”他继续追问：“那么，它从哪儿来的呢？它是怎么跑出来的呢？”当然，我不能简单地说：“目前人们的观点是，光子不可保存，它们只能产生于电子的运动。”我也不能这样向他解释：比如我现在发出声音，但这声音并不存在于我身体里。这和我的小儿子不同，他在开始说话时，突然说他不能再说一个词，“猫”这个词，因为他的词袋子里的“猫”这个词用光了。其实，你身体里面并没有词袋子这么个东西，词跑出来你就用掉它们；你只是在说的过程中创造它们。同样，原子里面也没有光子袋，它们出来时，并不是从某个地方来。我解释得不是很好。在这方面他对我不太满意，我一向没能力把他不理解的东西解释清楚。可见他也是不成功的，他把我送到这些大学里去，原本是为了替他找出他一直未能找到的答案，可是我没做到。

六、应邀研究原子弹

正当他进行博士研究的时候，费曼受邀参加原子弹发展计划。

这是和我原来的研究完全不一样的工作。也就是说，为了做这个工作，我不得不放弃自己的研究，那是我生命的动力，不过我想，为了保护人类的文明，我应该去做。这是我内心的一个矛盾；面临选择，我不得不和自己斗争。我最初的反应是，我不希望自己正常的研究被打断，而改去做那无味的工作。当然，还有战争的道德问题，这一方面我考虑得不多，但是当我意识到这是什么样的一种武器时，我确实感到有点恐惧，因为既然可能会是那样，就一定会是那样。就我所知，没有任何迹象表明，如果我们成功了，他们就不能成功，所以努力协作十分重要。

1943年上半年，费曼在洛斯—阿拉莫斯①加入了奥本海默的队伍。

关于道德问题，我确实有些想说的话。开展这项研究计划的最初理由是，德国是个威胁。这促使我走上研究原子弹这条路，参加开发初级系统，起先在普林斯顿，后来在洛斯—阿拉莫斯。我们的目的就是努力让原子弹发挥作用，阻止德国人，所以我们全力以赴改进设计方案，以增加它的威力。在这项工程中，我们大家都非常、非常努力，所有人团结一致，精诚合作。像这一类的工程，你既然已经决定做了，就得不断努力以争取成功。但是，我想这是不道德的，我忘记了初衷，忘记了当初我为什么要去参加那工作。所以，当德国已经失败，开展这项计划的理由已经改变了的时候，我丝毫没有意识到必须重新考虑我为什么要继续这项工作。我只是没有去思考这个问题。

七、成功和痛苦

1945年8月6日，原子弹在广岛爆炸。

我记得，当时唯一的反应（也许我自己的反应已经让我丧失了理智）是

① 洛斯—阿拉莫斯，美国新墨西哥州中北部城镇，著名的原子能研究中心。

十分得意和兴奋，有许多集会，人们都举杯庆祝，酩酊大醉。你可以想象，洛斯—阿拉莫斯的景象和当时广岛的景象形成了多么巨大而意味深长的反差！我卷入了那个狂欢，也喝酒而且喝醉了，坐在吉普车的篷顶敲鼓，兴奋地敲着鼓，在洛斯—阿拉莫斯满城跑。而同时，广岛的人们正在死亡、挣扎。

这场性质奇特的战争结束后，我有了个强烈的本能反应——这反应也许是来自原子弹本身，也许是由于其他一些心理因素，因为那时我刚失去了我的妻子。我记得广岛原子弹爆炸后不久，有一天我和母亲在纽约的一家餐馆里，我不记得了，大概在第59大街，我想到了纽约这个城……我知道投在广岛的那颗原子弹有多大，它能覆盖多大的地区……我意识到，假如在纽约的34大街上扔一颗那样的炸弹，巨大的爆炸会一路卷来，这些人都将死去，这里的一切都会被杀死。而且不会是仅此一颗，继续造原子弹是很容易的。这是一种可怕的宿命，因为我已经看到（我比那些乐观主义者早早就看到）现在、以后的国际关系以及人们的行为方式与他们曾经的做法不会有什么差别，像其他事情一样，这也会重演。而且我相信，人们很快就会适应这一切。因此我感到很不安，我想，我真的认为，这真是太荒唐而无聊了：我若看见人们修一座桥，我就会说"他们不明白"。我真的这么想，造什么都毫无意义，因为不久它就会被毁，但这些建设者却不明白这个道理。我对我所见到的所有建筑，都有这个奇怪的观点，我想，他们努力制造，努力建设，这是多么愚蠢啊……我真的陷入了一种压抑的状态。

八、"不必遵循别人的眼光"

战后，费曼去了克莱尔大学与贝蒂[①]合作，而拒绝了普林斯顿高等研究院的邀请。

他们肯定以为，给我这份工作我会很高兴。而事实上，我没有那种幸福感。我因此明白了一个新的道理，即我不必顾虑别人认为我应该怎么样；不能因为别人说你这样一来好，你就不得不这样。总之，我终于放下这些负担了，我对自己说，我没有做过什么重要的事，我也不想去做重要的事。但是我一向

---

① 贝蒂（1906—2005），1967年诺贝尔物理学奖获得者，他因为原子核反应的理论，特别是关于星体能量的产生的发现而获奖。

喜欢物理和数学，也正因为我乐于游戏其中，我在很短的时间里就做出了成果，并因此获得了诺贝尔奖①。

九、诺贝尔奖——配吗？

费曼因为在量子电动力学方面的工作而获得了诺贝尔奖。

从本质上来说，我做的工作是找出如何控制，如何分析、讨论关于电和磁的量子理论，那理论是在1928年就已经发表了的。同时独立进行这项工作的还有日本的朝永振一郎和施温格，我们想，该如何解释那理论以避免不确定性，或者说该如何计算才能在那理论有效时，比如，那理论就不适用于核力，所得出的结果与实验在每个细节上吻合。这是我1947年做的工作，找出一种描述那理论的数学方法，我因此而获得了诺贝尔奖。

电视台记者：这成果配得上诺贝尔奖吗？

这……我对诺贝尔奖一无所知，我不明白它到底是什么，也不明白什么叫值不值。但是，既然瑞士科学院的人决定x，y，或者z赢得了诺贝尔奖，那么就是他了。我不会因为诺贝尔奖而怎么样……这是个痛……。我不喜欢荣誉。我从自己的工作中得到乐趣，人们也分享我的乐趣。我知道，有许多物理学家用到了我的成果，这就够了，我不认为还需要其他的什么理由。我不觉得是瑞士科学院的某个人判定我的工作有崇高的意义，应该得一个奖（我已经得奖了，这奖就是发现的乐趣，探询工作中的临门一脚，以及看见别人在运用自己的工作成果）这才是真实的，荣誉对我来说并不真实。我不相信荣誉，它烦我。荣誉很烦人，它是肩章，是制服。我父亲就是这样教育我的。我忍受不了荣誉的烦恼，它伤害我。

我在中学里得到的第一个荣誉，是成为穗队的一员。穗队是个由一群成绩好的孩子组成的小组，所以每个人都想成为穗队的成员。我加入穗队后，发现他们在会议上所做的事，就是坐成一圈讨论还有谁有资格进入这个光荣的团体。就这样，我们坐下来努力讨论，决定谁该被吸收进来。由于这个或那个原

① 1965年的诺贝尔物理学奖由理查德·费曼、朱莉娅·施温格、朝永振一郎分享，他们因为在量子电动力学方面的基础性工作，及其对基本粒子物理的深远影响而获奖。

因，我不理解我自己，这种事在心理上困扰着我，从那时直到现在，荣誉一直让我烦心。在我成为国家科学院成员时，我几乎不得不彻底退休，因为这又是那么一个组织，它的大部分时间都在选择谁比较杰出，谁有资格加入或被吸纳入我们这个团体。其中也包括这样的问题，比如说，他们有个很出色的化学家，他们想把他吸收进来，那我们物理学家该不该坚持说这里的位置不够？诸如此类。化学家就怎么样了？这组织整个儿连根都烂掉了，它的目的几乎就是决定谁该获得这个荣誉。我不喜欢荣誉。

十、游戏规则

1950年至1988年，费曼任加利福尼亚理工学院理论物理学教授。

把我们试图理解自然的努力类比为我们试图了解自己的行为的努力，这有点意思。进行这种类比的一个途径，是设想上帝正在玩某种伟大的游戏，比如下棋。你不懂这种游戏的规则，但允许你在场上看，至少可以不时地在一个小角落里观棋。通过这些观察，你试图搞明白这游戏的规则是什么，走棋的规则是什么。片刻之后，你也许发现，比如，当棋盘上只有一个象时，这个象永远走在同一种颜色的格子上。再后来，你会看出象沿对角线走的规则，这将有助于你理解前面发现的那条规则——象留在同一种颜色的格子上。这和我们理解一个原理的过程相似。你发现了一个定理，后来你又发现了对这个定理的一个更深层次的理解。然而，会有变故发生。当时每件事情都在向好的方向发展，你已发现了全部的规则……可是猛然间，在一个角落里，某种陌生的现象发生了，你又得开始去研究这奇怪的现象——你从未预料过的王车易位。顺便说一句，在基础物理领域，我们总是试图去研究那些我们不理解其结果的事情，只有经过彻底的检查之后，我们心里才会释然。

那些不能纳入规则之内的东西，那些出乎你意料之外的部分，才是最有趣的。在物理学领域，同样可能出现颠覆：你已经注意到象留在同一种颜色的格子上，沿对角线走等等，长期以来人们都是这么以为的；然后有一天你突然发现，在有些棋里面，象并非永远留在同一种颜色的格子上，象的颜色可能改变！直到后来，你发现了一种新的可能，也就是当某只象被吃掉了，或一个兵直下到对手阵营的底线而产生了一个新象，这种情况下象就要变色。可是你开始并不知道这一点。这就和我们的定理很相似：有时候它们好像是绝对的，总是有效，可是突然间，某个小小事件表明它们是错的，于是我们不得不追问：什么情况下会发生象变色的事情？如此一步步往前走，渐渐地我们终于学会了新规则，这新规则能给它更深刻的解释。不过，物理学与棋戏也有不同的地方。在棋戏里，你越往深处追寻，规则越复杂；而在物理学中，在你发现了新现象时，规则却显得愈发简单。之所以总体上显得更复杂，是因为我的经验更广了，即是说，我们知道了更多的粒子和新现象，于是定理就又显得复杂了。但是，如果你始终意识到那种美妙，即是说，如果我们把经验扩展到越来越大的领域，当我们把每件事都纳入一个整体，我们就得到这些事件的综合，这时规则就比刚开始时所见的简单了。

假如你对物理世界或整个世界的最终特性感兴趣，而目前而言，我们只有通过数学形式的推理才能了解这世界的最终特性，那么，我觉得，一个人不懂数学，他就不能充分欣赏，或根本就不能欣赏这世界的许多特殊方面，规则的统一性的深刻特性，以及事物之间的种种联系。除了数学的途径之外，我不知道还有什么其他的途径能做到这一点；离开了数学，我们没有其他的方法来精确地描绘它……或者看到其内在的联系。因此，一个人若没有培养出一些数学感觉，是无法充分欣赏世界的这方面特性的——请不要误会，这世界有许多许多方面并不需要数学，比如爱……这些方面很美，很妙，让人感到敬畏、神秘。我也不是说这世界只有物理学，但是你们刚才谈论的是物理学，现在还在谈物理学，那么，不懂数学对于你理解这世界来说就是个严重缺陷。

十一、粉碎原子

好，我目前在物理方面所从事的工作，这是个特殊的话题，我们现在就来谈谈这个问题，我来描述一下我的工作。你们都知道，所有的东西都是由原子构成的，我们的研究早已达到这里了，大多数人也已了解这一点。你们也都知道，原子里面有个原子核，原子核外环绕着运动的电子。核外电子的行为，我们现在已经完全搞清楚了，我们对它的规则了解得很好，我们现在可以用我所说的量子电动力学来预测它的行为。这个问题解决之后，接下来的问题是：原子核如何？核内粒子如何相互作用？它们如何结合在一起？研究这些问题所得到的一个副产品，是发现了裂变并用其之制造炸弹。但是，探究把核粒子结合在一起的结合力却是个长期任务。起初，人们认为核力是内部某种粒子的交换。这是由汤川秀树[①]提出来的，交换粒子叫作介子。据他预测，如果用质子（质子是核子中的一种粒子）轰击核子，会撞出介子。确实，这种粒子出来了。

不仅打出了介子，还打出了其他粒子，我们开始不断给它们起名字，K中介子、Σ粒子、Λ粒子等等，现在它们都被称为强子，如果我们增加轰击的能量，我们就能得到越来越多不同的粒子，直到数百种不同的粒子。接下来的问题，当然就是：找出它们背后的规范。在这些粒子中，似乎有许许多多有趣的关系和规范，后来终于有了一个理论来解释这些规范：所有这些粒子都是由其他东西构成的，即它们是由叫作夸克的东西构成的——比如，三个夸克就形成一个质子；质子是原子核中的一种粒子，原子核中还有另一种粒子叫中子。夸克有许多种，实际上，只需三种夸克就能解释所有数百种粒子，它们被称为u–型，d–型，s–型。两个u夸克和一个d夸克构成一个质子，两个d夸克和一个u夸克构成一个中子。它们内部的不同运动方式，将构成其他种类的粒子。现在的问题是：夸克的真实行为究竟是什么样？是什么把它们绑在一起？人们想到一个非常简单、非常类似于量子电动力学的理论，不是真的相同，但十分相似，在这个理论中，夸克类似于电子，而名为胶子的粒子（胶子往来于电子之间，使电子间产生电引力）则类似于光子。它们的数学表达式很相似，不过某些项有些微差别。方程的形式是设定的，方程形式的差别依据美的原则和简单性原则来设定，但它绝不是随意的，它是十分确定的。有多少种不同的夸克，这是随意的，但它们之间作用力的性质不是随意的。

与电动力学不同，在电动力学中，两个电子可以被分开得任意远，当分开很远时，它们之间的力就减弱了。如果对夸克来说也是如此的话，那么当你把物体用足够强的力量撞在一起时，夸克应该出来。但事实并非如此，当你用足够产生夸克的能量进行实验时，你没看到夸克产生，却看到一个大喷气机——这就是，有各种各样的粒子，像强子一样在相同的方向上运动，但没有夸克。从理论上讲，结果显然应该是这样的：当夸克出来时，形成了一些新的夸克对，它们组成小组团并形成强子。

问题是，为什么在电动力学里，有如此的不同？方程里的这些不同的小项，怎么会产生如此不同的结果？实际上，对大多数人来说，这是十分令人

① 汤川秀树（1907—1981），日本物理学家，因为预言了介子的存在，获得1949年诺贝尔物理学奖。

惊奇的：也许真是这样，也许你一开始还以为是理论错了，但越研究越发现这些额外项确实很可能产生那些结果。现在，我们处于这么一种状况，这和物理学史上任何其他一个时期都不同，一直不同。我们有个理论，有个关于所有强子的完全的、确定的理论，我们也有大量的实验，许许多多的细节；那么我们为什么不能立即验证一下理论，看它对还是不对？因为我们不得不做的事，首先是算出这理论的结果。如果这理论正确的话，应当如何，事实是否如此？这时我们的困难在第一步。如果理论正确结果应当如何，这很难算出。在目前，算出这个理论的结果所需的数学，已经遇到了难以克服的困难。啊？所以很明显，目前我的任务是找出一个方法，从这理论中得出数据，真正仔细地而不只是定性地检验这理论，看看它能否给出正确的结果。

我花了几年时间，想发明一些数学工具，以便能够解决那些问题。可是我没有成功，于是我又觉得，为了能够创造出所需的数学，我首先必须对答案可能是什么样的多多少少要有些了解。这很难解释明白，总之，在我得到一个好的定量观念之前，我先得对那现象如何作为有个定性的观念。换句话说，至今人们还不知道它大致如何作为，所以最近一两年我的工作就是想弄明白它"大致"如何作为，还没有进入定量的层面。希望这种大致的理解将来能够精进为一个明晰的数学工具或运算法则。从关于粒子的理论中得到数学——你看，我们现在的境况很滑稽：我们不是在寻找理论，我们已经得到理论了，而且是一个很好、很好的候选理论；我们是处在科学进程中这样的一步，即我们需要看看从这理论得出的结果，把它和试验进行比较并检验它。"看看这理论的结果是什么样"，我们现在正陷在这个问题里面。这是我的目标，我的愿望就是试试我能不能找到一个方法算出这理论的结果(笑)。这是种令人疯狂的境况：你有个理论，却算不出结果……我受不了，我必须把它搞出来。也许有一天我会成功。

十二、"让乔治去做！"

做真正精深的物理工作，需要有绝对保障的时间。你要把一些想法整合在一起，而这些想法又模糊不清，且不容易记住。这很像搭纸房子，每张纸片都是摇摇晃晃的，你要是忘了其中的一张，整个就又垮了。你不知道是怎么到达这一步的，你又不得不重新搭起它，或者有什么事情中途打断你，然后你完全记不起如何搭起这些卡片了，你的卡片相当于不同类型的想法，你要把这些不同的想法合在一起构成一个理念，问题的关键是，你把材料合在一起造一个城堡，这个城堡很容易倾滑，需要许多关注，也就是说，需要足够有保障的时间去思考，而如果你有了什么行政的事务，时间就没有保障了。所以我就为自己找了个诀窍：不负责任。我向所有人申明，我什么事也不管。如果有人请我进一个委员会去负责一个录取工作，那么对不起，我不去负这个责任。我丝毫不过问学生的事，当然也考虑一点点，但我知道这些事有其他人去做，我采取这样的态度，"让乔治去做"。你们也许不赞同我这样的态度，因为这样做是不对的。但是我就是这样的，因为我喜欢做物理研究，我想知道我还能不能继续研究下去。我自私，好吧？我想做我的物理研究。

十三、困扰于历史

面对着那一班的学生，你问我怎么教他们最好？我是从科学史的角度教他们呢，还是从应用的角度教他们？我的理论是，最好的教育方式是法无定则，用任何可能的方法去教，不拘一格。这也许有点混乱，让你迷惑，不过这是我所能给的唯一答案。你要在教学的过程中，用不同的办法抓住不同的学生。比如这个人对历史感兴趣却讨厌抽象的数学，另一个人则喜欢抽象而讨厌历史，如果你能择类而教，他们就不会烦，这样你从头到尾都很从容了。我真的不知道如何解决这问题。不同的人有不同的兴趣——什么吸引他们，他们对什么感兴趣，怎样引导他们产生兴趣？我不知道怎么回答这问题。有一种强制的方法，即你必须通过这个课程，你必须参加这个考试。这是个很有效的方法。很多人就是这么度过学校生活的，这个方法（强制方法）也许更有效。抱歉，教了这么多年，尝试了各种不同的方法，我还是不知道怎么做。

十四、像父亲，又像儿子

我小时候，父亲告诉我许多东西，这给了我启发，于是我也想告诉我儿子一些对世界感兴趣的事。他很小的时候，我们要哄他入睡，给他讲故事。我就编了个小小人故事。这些小小人有这么高，能走路，会出去野营等等。他们住在空调机里；他们要穿过森林，那里有高大的绿色植物，比如说树，但没有叶子，而且只有一个主干，他们必须在其间行走，如此之类。我儿子渐渐地也就知道了这是毯子，这是毯子的毛，这是绿色的毯子……他喜欢这个游戏，因为我会选择一个奇特的角度描述这些东西。他喜欢听这些故事，我们涉及各种各样奇妙的东西——小小人甚至曾经进过一个雾洞，那里风不断进进出出，冷风进去，热风出来。小小人进的其实是狗的鼻子，我会通过这种方式给他讲所有生理学的内容。他既然喜欢这些，我也就给他讲了许多这类东西；从中我也享受到许多乐趣，因为我讲的正是我感兴趣的，特别是在他要猜我讲的是什么东西时，我们都很兴奋。后来我有了个女儿，我尝试着同样的事，可我女儿是另一种个性，她不愿听这故事，她想听书本上重复的那些故事，重复着读给她听。她喜欢听我读故事，不喜欢我编故事，这是种不同的个性。所以，如果我说教给孩子科学知识的一个好方法是编小小人故事，这对我女儿就毫无效果——但这恰好对我儿子有用。

十五、“不是科学的科学……”

因为科学的成功，所以就有了伪科学。社会科学就是一个例子，它就是那种不是科学的科学。他们不是科学地做事情，而是徒有科学研究的形式（或者，你收集数据，做这做那，但他们得不出任何定律，他们没发现什么。他们尚未达到什么确定的目标）也许某一天他们能达到，但目前来说还没有什么特别的进展。可是现在的情况是，这些“科学”正在更为大众化的层面上流行。我们有各种专家，他们听起来好像是某种科学的专家。其实他们并不是科学专家，他们只是坐在打字机前搞出一些东西，比如，他们会说施有机肥料长出的食物比施无机肥料长出的食物对人更好——这也许对，也许不对，不过至今还没有任何途径来证实它。但是他们会坐在那儿，在打字机前搞出这些资料，好像这是科学，而他们也就成了食品专家、有机食品专家，等等。于是，到处是各种荒诞的东西，到处有各种各样的伪科学。也许我全错了，也许他们确实懂得那些东西，但我觉得我没错。你知道，我有这方面的经验和优势；我知道真正懂得一个事物是多么难，你不得不怎样细心地检查你的实验，多么容易犯错误，多么容易自欺。我了解什么叫“懂得某事”所以当我看到他们获得信息的方法时，我无法相信他们真的“懂得某事”——他们没有做必要的工作，没有做必要的检验，他们没有必要的谨慎。我很怀疑，他们是否真的不知道这资料是错的，他们是些可怕的人。我对世事知之甚少，但这是我的真实想法。

十六、怀疑和不确定性

我们是什么？ 我们往哪儿去？ 宇宙的意义是什么？……如果你期望科学能回答所有这些奇妙的问题，我想你很容易就会醒悟，然后就去为这些问题寻找神秘的答案。我不明白，既然科学的整个精神是理解，科学家怎么能够接受一个神秘答案？ 且不去管它。无论如何，这我无法理解。但是，无论如何，如果你想到这个问题，我对“我们正在做什么”这个问题的答案是：我们在探索，我们想尽可能地发现这个世界。人们问我：“你是在寻找物理的终极法则吗？”不，我不，我只是想更多地发现这个世界。如果最后证实确实有一个简单的最终法则，能够解释一切现象，那就有吧，如果能发现这样法则，那当然很好。

如果最后证实这世界没有那个简单的最终法则，而是像个洋葱那样有无数的层次，光是看着这些数不清的层次就够我们头疼、厌倦了，那也没有办法，它就是这样。但是，不管它到底循什么法则，自然自有其本性，所以当我们去探索它时，我们不能预定它是什么，我们所能做的仅仅是增进对它的了解。如果你说你的问题是为什么你要对它有更多的了解，如果你认为你努力增进对它的理解，是因为你可以藉此为一些深刻的哲学问题找到答案，那你就错了。发现更多的自然的特征，也许对你那个特殊问题毫无帮助。但我不这么看。我在科学方面的兴趣仅仅是想发现这世界，我发现得越多，越喜欢去发现。

人所能做的事，比动物所能做的事，明显多得多，这个现象里面包含着许多不同寻常的秘密。还有其他类似的问题。但是那些是我所要去探询的秘密，我事先并不知道答案。我无法相信关于我们与整个宇宙的关系的那些故事，这是专门编出来的，那些故事太简单，太局限，太地方化，太区域化了。地球，他来到地球，上帝之一面来到地球，照看你，看看这儿有了些什么。这太特殊化了。当然，争论这些东西毫无意义，我不去争论，我只是想告诉你，为什么我所具有的科学的眼光，确实对我的信念发生了某些影响。还有，你怎么能够知道一件事是真的？ 如果不同宗教信仰的人对同一件事有完全不同的解释，你就开始困惑了。一旦你开始怀疑，你就会问我：科学正确吗？ 你说，不，我们不知道什么是正确的，我们正要去找出那答案，但什么事都可能是错的。

“什么事都可能是错的”，你试着从这个角度去理解宗教。我们来看看。你一旦这么想，你就开始滑下一个边缘，再也难以翻上去了。从科学的观点，或我父亲的观点，我们应当习惯于去问——什么是对的？什么可能对，什么可能不对？一旦你开始怀疑，我想，怀疑、追问，这是我灵魂里最基本的一部分，当你怀疑、追问时，“信”就有点难了。

你知道，有一点很重要，即我可以在疑惑、不确定、不知道中生活。我觉得，没有答案的生活要比有答案但这答案可能是错的这种生活有趣得多。对不同的事物，我有近似的答案、可能的信任以及不同程度的确信，但我对任何事都没有绝对的确信。有好多事情我更是一无所知，诸如“为什么会有我们”这样的问题是否有意义，这个问题究竟是什么意思等等。我偶尔也会想想这些问题，但是如果我解决不了它，那我就转而去做别的事，我无须“一定要有答案”。没有答案，漫无目的地沉浸于一个神秘的宇宙中，这并不让我感到恐惧。事实就是这样，我能说的就这些——那并不会让我感到恐惧。

阅读思考：在此文中，费曼的许多观点是非常具有个人特色的，其中，哪些是你同意的，哪些是你会有不同看法的？

第二编

科学家的思考

布罗卡的脑[1]

萨　根

萨根，美国著名天文学家，著名科普作家，在天文学和科普领域都做出了重要贡献，有数十部科普著作问世，并曾主持拍摄大型科学电视系列片《宇宙》，是1994年第一届阿西莫夫科普奖获得者。在这篇文章中，萨根从巴黎人类学博物馆中收藏的19世纪医生、神经病理学家和人类学家布罗卡的大脑标本开始讲起，在联想中，通过对科学家们在科学的发展中探索未知的历程和心态的评论，体现出一位当代科学家对其前辈的缅怀。

“他们昨天还是猿猴，给他们点时间。”

“一朝为猿猴，终身为猿猴。”

“不，不会这样的……过段时间再来，你就会明白……”

——H.G.威尔斯[2]《可显神迹的人》（1936）改编的电影中诸神关于地球的对话

巴黎的人类博物馆乍看上去和其他博物馆如出一辙。它坐落在一处景色怡人的高地之上，从后面饭店的广场向外望去，埃菲尔铁塔的美景尽收眼底。与我们交谈的是才干过人的副馆长、杰出的古人类学家伊夫斯·柯本斯。柯本斯曾研究过出土于坦桑尼亚奥杜威峡谷和肯尼亚、埃塞俄比亚交界处的图尔卡纳湖区的古人类化石。200万年前，东非生活着一种我们称作“能人”的古人类，

---

① ［美］卡尔·萨根.布罗卡的脑对科学罗曼史的反思[M].张世满等，译.北京：人民邮电出版社，2015.

② 赫伯特·乔治·威尔斯（1866—1946），英国著名小说家、新闻记者、政治家、社会学家和历史学家。他创作的科幻小说对该领域影响深远，如“时间旅行”“外星人入侵”“反乌托邦”等都是20世纪科幻小说中的主流话题。

他们身高约1.2米，会加工打制石器，也许还能建造简陋的居所。他们的脑容量以一种不可思议的速度不断增大，最终进化为今天的我们。

这类博物馆都分为开放区域和研究区域。开放区域展出人种学（也称文化人类学）方面的馆藏：有蒙古人的服饰，还有美洲原住民用树皮制成的彩色衣物，其中一些似乎专门为了出售，是为那些到这里来的游客和善于经营的法国人类学家准备的。但里面就是另一个天地了：有忙着组装展品的人们；有庞大的贮藏室，里面存放着大量未展出的藏品，其中一些是因为不合时宜，另一些则是因为空间有限；研究区域同样位于这里。我们一同走过一排阴仄仄、散发着霉味的房间，有的小如隔间，有的则大若圆厅。房间中放不下的研究材料都堆在走廊里面：有一块旧石器时代洞穴地表的模型，上面还留有吃完后丢弃的羚羊骨；有美拉尼西亚人制作的男性生殖器木雕；有画着精巧图案的食器；有仪式上佩戴的奇怪面具；有大洋洲长标枪似的投枪；还有画着丰满臀部的非洲女人的破烂海报。一间阴暗潮湿的贮藏室里堆满了葫芦制成的管乐器、皮鼓、苇秆制成的排箫以及数不清的其他乐器，无不向我们展示着人类对音乐的强烈渴望。

无论在哪里，都能见到一些真正醉心于科研工作的人。这些人往往脸色微黄、态度恭顺，和精力充沛、会讲两门语言的柯本斯形成了巨大的反差。显然，这里大多数的房间都用来贮存人类学的标本了。其中收藏时间较短的有十几年的历史，较长的则要追溯到上百年前。仅凭这些，你也许会认为这是一家二流博物馆，因为这儿的馆藏似乎没有其他博物馆那样价值连城。想一想19世纪的博物馆馆长们，他们身着双排扣礼服，沉溺在测量学和颅相学之中，虔诚地认为单凭定量就能获得真知，因而一刻不停地收集藏品并对其加以详尽的测量。

但这座博物馆中还有另外一个更加僻静的处所。那里的学术研究十分活跃，但一排排的搁架却都被弃之不用，二者杂糅成了一幅奇怪的图景。有具修复并装架起来的红猩猩骨架；一张桌子上摆满了人的颅骨，每一个都添加了详细的索引；一个抽屉中胡乱塞了许多股骨，看起来就像学校门卫储物间中的黑板擦一样杂乱无章；有间屋子专门用来存放尼安德特人①的化石，其中就包括

① 尼安德特人（学名：Homo neanderthalensis，简称尼人）是一群生活于旧石器时代的史前人类，因其化石发现于德国尼安德特山洞而得名。尼安德特人是现代欧洲人祖先的近亲，从12万年前开始，他们统治着整个欧洲和亚洲西部，但却在2.4万年前消失。

由法国学者马士林·蒲勒修复的最早出土的尼安德特人头骨。我小心翼翼地将它捧起来仔细端详，头骨轻巧脆弱，骨缝清晰可见。这也许是在我们之前还有其他类人生物存在的第一个有力佐证，可能这也暗示着人类同样无法永存。一个盘子上盛满了牙齿化石，它们分属不同的人种，甚至还有与智人同时期、以坚果为食的粗壮南方古猿的巨大臼齿。一个柜子中堆满了克罗马侬人①的颅骨，码放的像柴垛一样齐整。这些颅骨品相完好，每一个都经过擦洗，显出白色。博物馆拥有这些藏品也是理所应当，重建我们祖先和其他近亲的历史时，它们是一段段不可或缺的证据。

房间深处的藏品更加恐怖吓人，橱柜里摆着两个皱缩的人头，扭曲的脸上露出似笑非笑的恐怖表情，粗厚的嘴唇卷起，露出两排又小又尖的牙齿。颜色苍白的胎儿和胚胎标本浸在装满绿色浑浊液体的瓶子之中，上面贴着详细的标签。多数标本还算正常，但偶尔也会有一两个与众不同的畸形怪胎映入眼帘，比如一对连体双胞胎（长着两个头的婴儿），4只眼睛紧紧地闭着。

类似的藏品还有很多。许多玻璃圆瓶里装着保存完好的人头，这大大出乎我的意料。有个蓄着红色络腮胡子的人，看上去年纪刚刚20岁出头，标签上写着采集于新喀里多尼亚。也许他是热带地区一个弃船逃跑的水手，被抓住砍了头，无意中为科学研究做了“贡献”。然而人们并没有研究他的头，一起送来的几个人头之中，只有他无人问津。还有一个漂亮的小女孩，她大约4岁，粉色的珊瑚耳环和项链都完好地保存了下来。也许是为了节约空间，3个婴儿的头放在了一个瓶子里。不同人种的男人、女人和小孩的头被割下来，运到法国，仅仅经过了一些粗浅的研究，就成了人类博物馆中慢慢腐败的标本。我不禁会想，应该用什么样的箱子来装运这类“货物”呢？那些做咖啡投机生意的船长知不知道里面究竟装了些什么？水手们会不会因为这些头颅不是和他们一样的欧洲白人而无动于衷？他们会不会用笑话来打发埋藏在心底的些许恐惧呢？这些货物抵达巴黎时，科学家们是不是满怀激情地忙着指挥车夫们来安置这些被割下来的头颅呢？他们是不是会迫不及待地打开盖子，拿起尺子开始测量呢？负责这项收藏工作的人，是不是都带着纯粹的骄傲和热情来看待

① 克罗马侬人是智人中的一支，生活于旧石器时代晚期。因其化石最早发现于法国的克罗马侬山洞而得名。

这件事呢？

一个更加隐蔽的角落里，许多灰白色、布满沟回的标本浸在福尔马林溶液中以防腐坏，那是搁架上面许许多多的人脑。一定有人以给名人遗体开颅为业，将他们的大脑取出来供科学研究。在沉寂于这里之前，有一个大脑曾属于一位欧洲学者，另一个则来自一名谋杀犯。无疑，早先的学者认为谋杀犯的大脑和颅顶结构异于常人，存在预示后来命运的标志。他们可能希望谋杀犯罪是出于遗传因素，而不是社会原因造成的。颅相学是19世纪臭名昭著的歪理邪说。我的朋友安·德鲁彦[1]就说过，那些因我们而忍饥挨饿、受尽折磨的人会有盗窃和谋杀的奇怪倾向，我们却将原因归咎于他们竖立的眉毛。事实上，谋杀犯的大脑和学者的大脑（比如孤零零地保存在威奇塔市的爱因斯坦大脑切片）没什么区别。造就了罪犯的更可能是社会，而非遗传因素。

我看着这些藏品，陷入了沉思。这时，众多矮瓶中有一个标签吸引了我的目光。我从架子上将它取下来仔细查看，标签上写着“P.Broca”，原来这就是布罗卡的脑。

保罗·布罗卡是外科医师、神经病理学家，同时也是人类学家。他在19世纪中叶医药和人类学的发展上起着举足轻重的作用，在癌症病理研究和动脉血管瘤疗法上成果斐然，还在失语症（一种无法用语言明确表达思想的病症）的发病机制方面做出了开拓性的研究。布罗卡医术高明，为人富有同情心，十分关心穷苦大众的医疗状况。他曾冒着生命危险，在夜幕的掩护下将装有救济金的旅行袋藏在土豆下面，用马车运出巴黎，使7300万法郎免遭掠夺。他是现代脑外科手术的奠基人，还对婴儿的死亡率进行过研究，晚年当选为参议员。

如同一位传记作者笔下写的那样，布罗卡宠辱不惊、克己从容。1848年他成立了“自由思想家协会”。当时法国的学者之中，只有他对达尔文的进化论和自然选择学说抱有同情态度。“达尔文的斗犬”T.H.赫胥黎说过，每当他提起布罗卡的名字，感激之情便油然而生。他还引用布罗卡的话说：“我宁可当一只进化的猿猴，也不愿做亚当堕落的子孙”。这和其他一些观点一起，让布罗卡背上了信奉“唯物主义”以及像苏格拉底一样腐化年轻人的恶名。但即便如此，参议院仍然向布罗卡敞开了大门。

① 安·德鲁彦（1949—　），美国作家和电影监制，主要作品是宇宙学和普及科学相关题材。她是卡尔·萨根的第三任妻子，两人育有二子亚历山大和塞缪尔。

早些时候，布罗卡在法国成立人类学会时遇到了巨大阻力。公共教育部长和警务总监都认为，作为对人类自身进行的自由研究，人类学与政府注定将水火不容。即便最终获得了批文，允许布罗卡和其他18位同行进行科研讨论，警务总监仍要布罗卡本人为会议中讨论的那些所谓“反社会、反宗教、反政府”的言论负责。尽管如此，人类学研究仍被认为是极度危险的。便衣警察潜入会场，一旦某些话题令其感到不快，他们集会的权利就会被立即取消。就是在这种情况之下，1859年5月19日，也就是《物种起源》出版当年，巴黎人类学会召开了第一次集体会议。随后进行的会议中，他们广泛探讨了大量议题——考古学、神学、生理学、解剖学、医学、心理学、语言学和历史学。不用想也知道，警方的密探一定躲在会场的某个角落打盹儿。据布罗卡本人说，有次会议上，一个密探想偷偷出去散会儿步，就去问布罗卡，自己不在场的时候，他们能不能不发表任何对国家构成威胁的言论。“不，不，我的朋友，”布罗卡回答道，“你可千万不能出去，留下来吧，你还得靠这个领工资呢。”除了警察，连宗教也反对在法国发展人类学。1876年，信奉罗马天主教的政党组织了一次大规模的活动，目的就是反对布罗卡在其创立的巴黎人类学专科学校里开设人类学课程。

保罗·布罗卡于1880年辞世，可能正是因为患上了自己潜心钻研的动脉血管瘤。去世前，他仍在系统地研究脑解剖学。布罗卡创立了现代人类学在法国的第一个专业学会、第一所研究学校和第一本科学会刊。他实验室中的标本被收集汇总起来，建立了布罗卡博物馆，后来被并入了人类博物馆之中。

现在我手中拿着的，就是布罗卡本人的大脑。它的主人收藏了这些令人毛骨悚然却又发人深思的藏品。他研究过胎儿、猿猴和不同种族的人；他如痴如狂地努力探索，力图理解人类的本原。尽管摆在我面前的藏品令我感到疑惑，但他绝不会是一个侵略分子和种族主义者，更不会像一些虚幻的妄言说的，是一位“冷漠无情”的科学家，对自己行为造成的后果无动于衷。布罗卡实际上是相当在意这些的。

1880年的《人类学评论》上开列了一份布罗卡著作的详尽书目。至于博物馆内部分藏品的来源，下面列出的这些论文标题就可以告诉我们答案：《论杀手勒梅尔的头骨和脑》《关于成年雄性大猩猩脑的报告》《论杀手普雷沃的脑》《论偶发性格的遗传可能》《动物智力和人类统治》《灵长类的规律：人与猿类的解剖学对比》《取火之术的源起》《论自养畸胎》《有关小头畸形的讨论》《史前环锯手术》《成年生多指的两个案例》《两个加里东人[1]头颅》和《论但丁·阿利吉耶里的颅骨》。我不知道哪个瓶子里装着《神曲》作者的头骨，但我知道，对我身边的这些大脑和颅骨的收藏，显然自布罗卡而始。

布罗卡是杰出的脑解剖学家，对早期称为"嗅脑"的大脑缘区进行了重要研究，现在我们知道，这一区域与人的情感联系密切。但是在当今，布罗卡最广为人知的发现要数位于我们大脑皮层左前额叶第三脑回上的一小块区域，这里也被命名为"布罗卡区"。尽管证据有限，但他还是推断出清楚明确的话语在很大程度上受这一区域控制，这也是最早证明大脑左右半球分工不同的研究之一。但其最重要的意义在于，这项研究首次揭示出人脑的某些功能位于某些特定部位之上，因而发现了大脑功能，也就是所谓的"思想"与脑解剖学之间的联系。

拉尔夫·霍洛威是哥伦比亚大学的人类学家，我能想见，他的实验室一定与布罗卡的有异曲同工之妙。霍洛威制作了许多颅内倒模，有现代人的，有古人类的，也有其他灵长类动物的。基于颅骨内部的微小印痕，他尝试着重现实验标本的大脑形状。霍洛威相信他可以通过观察生物的颅骨来分辨它们是否进化出了布罗卡区。他已在距今200万年的一具能人化石中找到了布罗卡区存在的证据，也正是在这一时期，能人发展出了建造能力并制造出了第一批工具。单从这个研究看来，也许它颇有几分颅相学的味道。不过从另一个角度看来，人类的思想、工艺与高度完善的话语在发展过程中相辅相成，而布罗卡区则很可能是我们人性的根基所在，这种说法就显得更加可信。它也是探寻我们先祖向人性迈进过程的一种手段。

现在，布罗卡的脑和组织切片就浮在福尔马林溶液中，浮在我面前。我能找到布罗卡曾在他人身上研究过的缘区，我能看到新皮质上拳曲的脑回，我甚至能辨别出那位于灰白色的左前额叶上他自己的布罗卡区。它躲在布罗卡本人发起的收藏品一个发霉的角落里，在那里逐渐腐败，在那里湮没无闻。

手里捧着布罗卡的脑，心中很难不去想他的大脑之中是否还保留着他本人的点点滴滴——他的学识、他的疑虑、他讲话时出人意表的夸张手势以及他平静又感伤的样子。在他的神经之中，是否还保留着他当着父亲自豪的面，与各科医师辩论失语症的产生原因获胜时的瞬间？是否还记得与好友雨果共进晚

[1] 即古苏格兰人。

餐的时刻？是否还存留着在一个月光洒落的秋夜，和妻子共执一把太阳伞，沿着伏尔泰河和皇家大桥漫步的浪漫时光？我们死后会到哪里去？布罗卡还在这个装满了福尔马林的瓶子里面吗？尽管现代大脑研究表明，记忆分别贮存在大脑不同部位，但这些记忆也许早已无处可觅。也许未来的某一天，神经心理学得到了长足进步，可以重现逝者生前的回忆和念头，这会是件好事吗？这也许是对个人隐私的终极揭露，但也可能让人获得名副其实的"永生"，因为是思想决定了我们生命的走向，对布罗卡这样的人来说更是如此。

在看到人类博物馆中这个被人遗忘的贮藏室中的藏品后，我原本打算给它们的主人（当时我还不知道他就是布罗卡）打上这样的标签：明显展现出性别主义、种族主义和沙文主义的特点，同时对人与其他灵长类动物的亲缘关系持强烈抵制态度。从某种程度上来讲，这种评价也不为过。在19世纪，布罗卡算得上人文主义者，但他仍未能动摇当时残余的偏见，摆脱当时的社会痼疾。他认为男人优于女人，白人优于黑人，甚至证明日耳曼人与法国人的大脑无甚差别的研究，其初衷也是为了反驳一位条顿人声称高卢人较之低等的言论。但他也发现，大猩猩的脑和人脑在生理学上有着十分紧密的联系。作为"自由思想家协会"的创始人，布罗卡十分看重自由探究的重要性，并终其一生都在为这个目标而努力。这些思想向我们展示出，即使是布罗卡这样一位孜孜不倦、无拘无束地追求知识的人，也难以抵御地域偏见和来自权威的影响。我们当中最杰出的人物也难免受制于社会偏见。但我想，因为一个人没有达到后人的道德水准而求全责备，无论对谁都是不公平的。它也让我们看到，当时的社会偏见竟是如此猖獗，不免令人痛心疾首。这就引出了一个我们无法回答的问题：哪些被我们视为金科玉律的东西，到了我们后辈那里就会成为不可原谅的偏见呢？布罗卡无意中告诉了我们一个教训，而回报他的方法，便是秉持深入严谨的态度，对我们心中最为根深蒂固的信仰加以质询。

至少在一定程度上，这些瓶子和里面可怕的藏品还是体现出了人文精神。也许在未来某个时代，在更先进的脑科学面前，它们又会变得有用起来。我很想再知道一些那个从新喀里多尼亚又回到法国的红胡子水手的故事。

然而，这间屋子的陈设，还有弥漫其间的恐怖气氛，让我的思绪不由得转向别处。最后，我们都对这里的人（特别是年轻人和在痛苦中死去的人）产生了深深的同情。他们尽管被人铭记，却是以这样一种不雅观的方式。新几内亚西北部地区的食人族把人的头骨堆起来当门柱和门楣，也许这对他们来说是最常见的建筑材料，但即使这样，食人族也知道这些“材料”一定会把不小心路过的人吓个半死。“地狱天使”飞车党、萨满巫师以及海盗都将骷髅作为自己的标志，甚至装碘酒的瓶子也要画上一个这样的标识，这都是为了制造恐怖感，其收效也相当良好。如果置身于一间堆满了头骨的房间里，我一定会觉得自己不是孤身一人，要么身边围着一群土狼，要么是某些亡命之徒或瘦骨嶙峋的刽子手，他们的职业（或者说爱好）就是收集人的头骨。人们对这种人总是敬而远之，一有机会就将他们杀掉。我不禁毛骨悚然、心跳加速，进化导致的这种奇怪感受，让我要么奋起反抗，要么逃之夭夭。而那些逃过了杀身之祸的人的后代显然更多，这是经历了恐惧洗礼的人在生存的旅途中握有的优势。置身于一间满是大脑的房间更令人恐惧，仿佛某个叫不上名字的鬼怪，手持雪亮的利刃和工具，馋涎欲滴，徘徊在人类博物馆的阁楼之上。

不过我想，这都要取决于收藏的目的。如果意在探寻，如果这些人体器官都是在人死后取下的，并且先前取得了死者首肯的话，就不会造成多么大的危害，长久看来还会对人类有益。但我并不认为科学家们都能完全摆脱新几内亚食人族的动机。起码他们还没说过：“我天天待在这些人头中间，都不害怕，你又何必大惊小怪呢？”

尽管古希腊曾出现过盛极一时的权威解剖学派，但为了进行欧洲首次系统的人体解剖，莱昂纳多·达·芬奇和维萨里仍需借助贿赂和盗窃这些为人所不齿的行径。第一位在神经解剖学的基础上确定人类的智力源自头脑的人，是凯尔西顿的赫罗菲拉斯，他在公元前3世纪时享有盛誉，最早将运动神经与感觉神经分离出来的也是他。他在脑解剖学方面的研究相当详尽，直到文艺复兴时期才被后人超越。不用怀疑，当然有人会反对他那令人恐惧的实验癖好。在浮士德博士的传说中，明显体现出了一种暗藏的恐惧：有些事情不是“应该”弄清楚的，有些探寻对人类来说太过危险了。而在当今这个时代，如果我们运气不佳、脑筋不清楚，那么核武器的发展也许就会是这样一种情形。不过，在大脑实验方面，我们的恐惧并不仅仅存在于知识方面，而是深深根植于我们进化的路程之上。它让人想起巨大的野猪以及古希腊时期的拦路盗匪，他们在旅行者和乡下居民头上作威作福（包括强行断肢和其他野蛮行径），直到最后被某个英雄（如忒修斯和赫拉克勒斯）轻而易举地降服为止。这种恐惧在过去也许行之有效，但在当今则只是一种沉重的负担。作为一名在作品中探讨过大脑的科学家，我十分乐于发现自身暗藏的这种恐惧在观看布罗卡的藏品时表现出来。

这些恐惧值得我们去奋力对抗。

一切探寻都会有风险相伴。谁也无法保证宇宙会顺从于我们的意志，但除了去对其进行研究（无论在其之内还是超出其外）之外，我也没发现自己还能做些什么。要避免非议，最好的方法就是用科学知识去武装普通大众，让他们了解这种研究的意义。而进行自由探寻必须付出的代价，则是科学家们必须对他们的工作做出解释。如果科学给人的感觉就像某些故步自封的宗教，对普通人而言艰深莫测，那么非议则在所难免。反之，如果科学切中了人们的关注点，科学带给我们的启迪和它的社会效应能走进学校、见诸报端或称为茶余饭后的谈资，我们认识世界本原，并在改造它的同时令我们自身得以进步的希望也就更大。我不时地想，这个念头，也许就和布罗卡的脑一起，静静地浸在我面前这个装满福尔马林的瓶子里吧。

阅读思考：设想一下，如果是你在类似的情境下看到这个大脑标本，你会联想到什么？

爱因斯坦忘记相对论[①]

库马尔

库马尔，英国自由撰稿人。在科学史上，随着19—20世纪物理学革命的发生，诞生了量子力学这一新的物理理论。然而，对于这一新的理论本身及其所描述的微观世界，科学家仍有不同的看法，爱因斯坦和玻尔这两位科学巨匠曾就此进行了长达半个世纪的持续争论，成为科学史上的一段佳话。此文选择了这场争论中一个精彩的花絮，让人们对科学家们的思考赞叹不已。

玻尔愣了。爱因斯坦笑了。

在过去的三年中，玻尔已经对爱因斯坦在1927年10月索尔韦会议上提出的假想实验再次进行了研究。每个实验都是设计用来证明量子力学是不一致的，可是他已经发现了在每一个实验中爱因斯坦的分析都存在缺陷。不满足于既得的成就，在玻尔试图找出哥本哈根解释的缺陷时，他设计出了他自己的一些思想实验。这些思想实验涉及狭缝、遮挡板、时钟等等的组合。他发现他的解释无懈可击。可是像爱因斯坦在第六次索尔韦会议上向他描述的那个简单而巧妙的思想实验，玻尔却从未想出过。

1930年10月20日开始的第六次索尔韦会议会期长达6天，主题是物质的磁性。会议流程和上次一样：一系列有关磁性的特邀报告，每个报告后跟着进行讨论。玻尔已经继爱因斯坦之后加入了九人科学委员会，因此两人都自动获得了会议邀请函。在洛伦兹去世后，法国人保罗·朗之万已经同意担负起难度极高的委员会主席和会议主席的双重职责。会议邀请了34位物理学家，狄拉克、海森堡、克拉莫斯、泡利和索末菲均名列其中。

---

① ［英］曼吉特·库马尔.量子理论——爱因斯坦与玻尔关于世界本质的伟大论战［M］.包新周等，译.重庆：重庆出版社，2012.

作为一次物理精英的大会，这场会议仅次于1927年的第五次索尔韦会议。共有12名已经获得或后来获得诺贝尔奖的物理学家出席该会议。正是在这次会议的大背景下，爱因斯坦和玻尔就量子力学的意义和现实性的本质，展开了“第二回合”的较量。爱因斯坦在到达布鲁塞尔时，已经想好了一个新的思想实验。这个实验将给测不准原理和哥本哈根解释带来致命的打击。而玻尔却没有想到在某一次正式会议后有这样一个“埋伏”等着他。

爱因斯坦让玻尔想象一个充满光的盒子。盒子的一面壁上有一个带有遮挡板的孔。这个遮挡板可以通过一个连接到盒内时钟的机构打开或闭合。这个时钟与在实验室中的另一个时钟是同步的。称出盒子的重量。将时钟调整到在某一个时间打开遮挡板。打开的时间很短，但是足以让单个光子放出。爱因斯坦解释道，我们现在知道了光子是何时离开盒子的。玻尔听着他的说话，毫不在意，因为爱因斯坦提出的每件事都看起来很直截了当，无须争议。测不准原理只适用于成对的互补变量——位置和动量或能量和时间。它并没有对一对互补变量中的任何一个变量的测量精度加以任何限制。就在那个时候，面带一丝微笑的爱因斯坦吐出了一句至关重要的话：再次称盒子的重量。一瞬间，玻尔意识到他和哥本哈根解释遇上了大麻烦。

为了算出单个光子中有多少光已经逸散，爱因斯坦运用了他的一个漂亮的发现，这个发现是在他还是伯尔尼专利局的一个办事员的时候作出的。能量就是质量，质量也是能量。这是他在研究相对论时无意中作出的一个惊人发现。有一个简单而最为有名的等式：$E=mc^2$。E代表能量，m代表质量，c代表光速。

通过对光子逸散前后的盒子进行称重，很容易就可以算出质量上的差别。虽然这种极为微小的差异是不可能运用1930年那时候的设备测量出来的。在思想实验的领域中，这是小孩子的把戏。使用$E=mc^2$来将短缺质量的量转换成一个相等的能量数，就有可能准确地计算出逸散光子的能量。通过与光盒内控制遮挡板的时钟同步的位于实验室的另一个时钟，就可以得知光子逸散的时间。看来爱因斯坦已经设想了一个可以同时准确测量光子的能量和它逸散时间的实验。这正是海森堡的测不准原理认为无法办到的。

“玻尔惊呆了。”比利时物理学家里昂·罗森菲德回忆道。这位比利时人最近刚刚开始与玻尔开展了一项长期合作。“他一下子想不出有什么解决方法。”虽然玻尔对爱因斯坦这一最新的挑战感到忧心忡忡，泡利和海森堡却不以为然。“啊，好，没事，会没事的。”他们这样安慰玻尔。“整个晚上，玻尔都极为闷闷不乐，一会走到这个人身边，一会又走到那个人身边，试图让他们相信这个实验不可能是正确的。如果爱因斯坦是对的，那么物理学就将不复存在。”罗森菲德回忆说，“但是他无法作出任何辩驳。”

罗森菲德并没有收到1930年索尔韦会议的邀请函。他当时是去布鲁塞尔见玻尔。他从未忘记这两个量子对手那天晚上回到大都会旅馆的情景。“高大威严的爱因斯坦一言不发地走着，脸上带有几分讽笑，玻尔在他旁边小跑着，非常激动，徒劳无益地恳求说，如果爱因斯坦的装置有用，那就说明物理学走到了尽头。”对爱因斯坦来说，这既不是结束也不是开始。这不过是证明了量子力学是不一致的，因此它也不是玻尔所宣称的完整圆满的理论。他的最新的思想实验只是为了挽救目的在于独立于观察去认识现实世界的物理学。

当时留下了这样一张照片：爱因斯坦和玻尔走在一起，可是步调稍微有些不一致。爱因斯坦走在前面一点，好像想要逃走一样。玻尔张着嘴，急急忙忙地想跟上他。他的身子向爱因斯坦那边倾斜着，绝望地想让爱因斯坦听到他说的话。尽管玻尔的大衣搭在左臂上，他还是用左手的食指做着手势，他在强调正努力表达的观念。爱因斯坦的手放在身体侧面，一只手抓着手提箱，一只手夹着一根可能代表胜利的雪茄。他在听玻尔说话的时候，小胡子没能藏住他的微笑，这个笑暴露了他内心的想法，那就是他认为他占了上风。罗森菲德说，那天晚上，玻尔看上去就像“一只刚被暴打了的狗”。

玻尔度过了一个不眠之夜，一直在研究爱因斯坦思想实验中的每个细节。他拆开了这个虚构的光盒，试图发现他所希望存在的缺陷。即使是一个思维试验，爱因斯坦仍然既没有构思这个光盒的内部工作原理，也没有构思该如何对它称重。玻尔绝望地试图理解这个装置，以及必须进行的那些测量步骤，并画了一个他称之为“伪现实”的实验装置示意图来帮助自己理解。

考虑到必须在遮挡板打开之前对光盒进行称重，然后要在光子逸散后对光盒称重，玻尔决定集中考虑称重这一步骤。他越来越焦虑，时间也在流逝，他选择了能想到的最简单的方法。他将光盒悬挂在被固定到一个支架上的弹簧上。为了把它变成一个称重的标尺，玻尔将一个指针连接到了光盒上，这样它的位置可以在一个附着于垂直臂（类似于吊车的吊架）刻度上读出来。为了保证秤盘上指针位于零点，玻尔将一个小秤锤悬挂到了盒子的底部。在设计中没有什么怪异的地方，玻尔甚至把用来将框架固定到基部的螺母和螺栓都计算在内。并画了一张控制孔（光子通过该孔逃逸）的打开和闭合的钟表机构的示意

图。(图1)

光盒的初始重量完全由选择的使指针指向零的附加重量决定。在光子逸散之后，光盒变轻了，于是被弹簧向上拉起。为了将指针复位到零点，所连接的重量必须被一个稍微重一点的重量替代。对于实验者能花多长时间来更换重量没有时间限制。重量的区别就是由于光子逸散产生的减重，并且从等式 $E = mc^2$ 可以准确地计算出光子的能量。

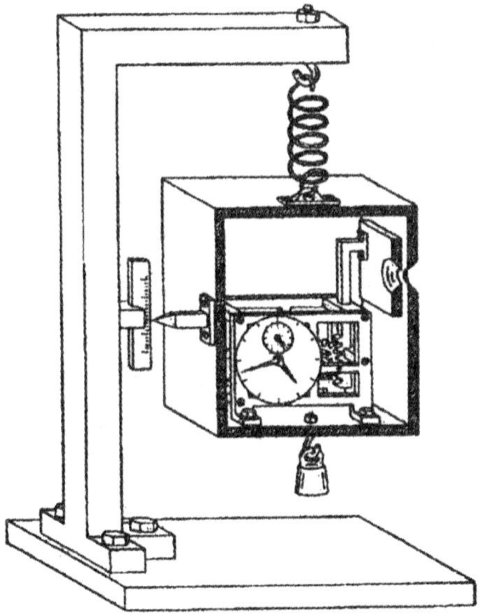

图1 玻尔对爱因斯坦1930年提出的光盒进行了再现（尼尔斯·玻尔档案室，哥本哈根）

从他在1927年索尔韦会议使用的论证，玻尔认为，任何对光盒位置的测量将导致它的动量产生内在的不确定性，因为读刻度需要照亮刻度。测量它的重量这一举动将导致动量不可控制地向光盒发生转移，因为指针和观察者之间光子的交换会导致光子的移动。提高位置测量准确度的唯一方法，就是通过花较长的时间去进行光盒的平衡以及对指针在零点进行定位。然而，玻尔认为这将导致光盒的动量产生相应的不确定性。光盒的位置测量得越精确，对它动量的测量就将具有越大的不确定性。

不同于1927年索尔韦会议的是，爱因斯坦这次“攻击”的是能量——时间的不确定关系，而不是位置——动量关系。就是现在，在凌晨的某个时间，玻尔突然看到了爱因斯坦思想实验的缺陷。他重新逐步进行了分析，直到他满意地发现爱因斯坦实际上已经犯了一个几乎令人难以置信的错误。玻尔得到了解脱，于是上床睡了几个小时。他知道当他醒来的时候，就是他边吃早餐边享受胜利的时候。

爱因斯坦急于要击败哥本哈根关于量子现实性的观点，却忘记了考虑他自己发现的广义相对论理论。他忽视了光盒内时钟的引力对时间测量的影响。广义相对论是爱因斯坦最伟大的成就。“那时，这个理论在我看来似乎是人类对自然界思考的最伟大成就，并且它现在依然是最为让人惊愕的哲学思想、物理直觉知识和数学技巧的结合。”马克斯·玻恩这样说。他称它为“伟大的艺术品，只能远远地欣赏和艳羡”。当广义相对论所预测过的光线弯曲于1919年得到证实后，它成为了全世界报纸的头条话题。J.J.汤姆生告诉一家英国报纸，爱因斯坦理论是“一个全新科学思想的新大陆”。

重力的时间膨胀就是这些新思维的其中之一。一个房间内两个相同的和同步的时钟，一个被固定到天花板上，另一个被固定到地板上，时间相差的部分在十亿个十亿分之三百（$300/10^{18}$）中将步伐不一致，因为地板上的时间过得比天花板上的时间慢。原因就在于引力。根据广义相对论、爱因斯坦的引力理论，时钟滴答的速度取决于它在重力场内的位置。同样，一个在重力场中移动的时钟走的速度比一个固定的时钟要慢。玻尔意识到，这意味着对光盒称重会影响到盒内时钟的计时。

光盒在地球重力场中的位置受到对指针所指标尺刻度进行的测量这一行为的影响而发生了改变。这个位置的变化将改变时钟的速度，并且它就不再与实验室中的时钟同步。因此，它就不可能对遮挡板打开以及光子逸散出盒子的时间作出精确的测量。由$E=mc^2$，对光子的能量测量得越精确，就越无法确定重力场内的光盒的位置。由于重力能够影响时光的流速，这种位置的不确定性就导致人们无法准确地判断遮挡板打开以及光子逃逸的时间。通过这一系列的不确定性，玻尔表明爱因斯坦的光盒实验无法同时精确地测量光子的能量和它逃逸的时间。海森堡的测不准原理被证明依然正确，由此量子力学的哥本哈根解释也是正确的。

当玻尔下楼吃早餐时，他看起来再也不像是前一天晚上那样“像一只被暴打过的狗”。当爱因斯坦听完玻尔的解释，了解到他这一次提出的质疑，就像三年前提出的那个一样，同样遭到失败之后，现在轮到他自己目瞪口呆，沉默不语了。接下来又有人对玻尔的反驳提出了质疑，因为他在处理肉眼可见的元素，例如指针、标尺和光盒时，就好像它们全都是量子物体，因此也受到了测不准原理所规定的限制条件的影响。对肉眼可见的物体使用这种方式来处理，与他所强调的实验室设备应该以传统的方式来处理这一点背道而驰。可是玻尔从来就没有非常明白过，到底微观和宏观之间的界限该从哪里划起，因为归根到底，每个传统的物体不过是原子的集合体。

尽管最后还是有人持保留意见，爱因斯坦最终也像当时物理学界的其他人一样，接受了玻尔的辩论。于是他停止了试图去推翻测不准原理以证明量子力学在逻辑上是不一致的这一工作，转而将精力集中到去证明该原理是不完善的。

1930年11月，爱因斯坦在莱顿进行了有关光盒的讲课。之后有一名听众反驳说，量子力学内部并不存在矛盾之处。“我知道，在这一点上没有什么问题。”爱因斯坦答道，“但是，在我看来，它包含了一定的不合理性。”尽管这样，在1931年9月，他还是再次推荐海森堡和薛定谔获得诺贝尔奖。在两次索尔韦会议上和玻尔及其助手斗争了两个回合之后，在爱因斯坦的推荐信中有一句话是这样写的：“在我看来，这个理论毫无疑问包含了某些最高真理。”然而他“内心的声音”在低语，量子力学是不完善的，并非像玻尔所希望大家认为的那样是“圆满的”。

阅读思考：科学家们经常会争论，顶级的科学家们还会经常进行非常有哲学意味的争论，这与你对科学家们工作的理解有什么不同？

想象与变革[1]——下一个千年的科学

霍　金

霍金，英国著名科学家，剑桥大学卢卡斯数学教授，其《时间简史》等科普著作，是世界级的科普畅销书。此篇文章，是在20—21世纪之交时，一些著名科学家在美国白宫的千年晚会系列演讲中，由霍金主讲的那场内容。其中，霍金对下一个一千年科学的发展，给出了颇具个人特色的展望和评论，其中的一些观点，非常值得人们深思。

我今晚所要讲的主题，是未来一千年中的科学。每天晚上，在像《星际旅行》这样的科学幻想电视系列节目中，都播映关于未来的科学的通俗影片。他们甚至说服我也来参加，这似乎并不很困难。

《星际旅行》这部片子演得很有趣，但我播放它却是为了一个严肃的目的。从H.G.威尔斯开始，我们所看到的几乎所有关于未来的想象，在本质上都是静态的。它们所表现的社会，大多在科学、技术和政治体制方面都远比我们的社会要先进。在现在和未来之间，必定会有巨大的变革，并伴随着局势的紧张和混乱。但在此之前，我们所看到的未来的科学、技术和社会组织，都被假定是达到了接近完美的程度。

我要对此图景表示怀疑，并就我们是否将达到科学和技术的一种最终的稳态提出疑问。在自从最后一次冰川期以来一万年左右的时间中，人类从来就不曾处于一种知识永恒、技术不变的状态。曾经有过不多的几次倒退，例如像在罗马帝国崩溃后的黑暗时期，但是，除了像黑死病之类少数几次暂时的下降之外，作为维持生命和养育自己的技术能力之衡量的世界人口，却在稳定地增

① [美]贝伦等.美国白宫千年晚会演讲录[M].长春：吉林人民出版社，2000.

长。在过去200年中，这种增长呈指数型，也就是说，人口每年以相同的百分比增长。目前，一年的增长率大约是1.9%。1.9%可能听上去不是很大，但它意味着世界人口每40年就要翻一番。作为近来技术发展的另一衡量是电力的消费，或科学论文的篇数。它们也表现出每40年翻一番或稍少些的指数增长。实际上，我们现在具有的期望如此之高，以至于一些人觉得受到了政治家和科学家的欺骗，因为我们还没有实现关于未来的乌托邦式的幻想。例如，在影片《2001年》中，就向我们展示了月球上的基地，以及发射一艘前往木星的载人（也许我应该说运载人类的）飞行器的情形。不论谁当选总统，我都无法想象我们在未来3年中能做到这一点。

没有什么迹象表明在不远的将来科学和技术的发展将变缓和停止。显然，到只有300年之后的星际旅行的时代也不会如此。但在下一个一千年中，目前的指数增长却不会继续下去。到2600年，世界上的人们将摩肩接踵，电力的消费将使地球烧得通红。如果你把新出版的书籍一本接一本地排列起来，你得以每小时145千米的速度移动才能跟上队尾。当然，到2600年，新的论文和科学著作将不是以实物的书籍和论文而是以电子的形式出现。然而，如果指数的增长继续下去，在像我所在的这种理论物理学领域，每秒钟将有10篇论文问世，而人们则没有时间去读它们。

显然，目前的指数增长不可能无限地继续下去。那么，将会出现什么样的情形呢？一种可能性就是，由于某种像核战争这样的灾难，我们将自己彻底消灭。有一个令人不快的笑话，说我们之所以没有与外星人接触，原因在于当一个文明达到了我们的发展阶段时，它就会变得不稳定并摧毁自身。当然，就像许多人相信的那样，或许在UFO上真的有外星人，而政府却掩盖此事。我还是不做评论为好。

就个人来说，关于为什么我们没有与外星人接触，我相信有一种不同的解释，但我不想在这里谈它。不过，就算不考虑这个问题，仍然存在我们将毁灭这个星球上的一切的非常真实的危险，我们拥有做到这一点的技术力量。即使我们没有彻底摧毁自己，却仍有这样一种可能性，即我们可能沦落到一种野蛮的状态，像在《终结者》一开始的场景中那样丧失人性。

但我是一个乐观主义者。我认为，我们有充分的机会来避免世界末日的善恶大决战和新的黑暗时期。

那么，我们在下一个一千年中将如何发展科学和技术呢？这是一个很难回答的问题。请允许我冒险地提出我对未来的预测。对于下一个100年，我将有一些机会是正确的，而关于下一个一千年的其余部分，就将是异想天开的遐想了。

大约与欧洲人移民北美同时，我们对科学的现代理解也开始了。1687年，剑桥的第二任卢卡斯教授艾萨克·牛顿发表了他关于引力的理论；1864年，另一位剑桥的绅士克拉克·麦克斯韦发现了支配电和磁的方程。到19世纪末，利用我们现在所谓的经典定律，似乎我们就要达到对宇宙完备的认识了。这样的看法与常识性的观念相一致，即诸如像位置、速度和旋转速率这样的物理量应该是定义明确且连续可变的，但常识只不过是我们所具有的偏见的别名而已。常识可能会使我们预期像能量这样的量是连续的。但是，自从20世纪初，观察开始表明，能量是以被称为量子的能包形式存在的。看来，自然是颗粒性的，而不是连续的。

在20世纪初期，人们系统地提出了一种被称为量子力学的新理论。量子理论是一种关于实在的完全不同的图像，因而虽然它应该使所有的人都关注，却在物理学和化学界以外几乎不为人所知，甚至物理学和化学界的许多人也没有恰当地理解它。然而，如果基础科学像我所希望的那样成为一般知识的一部分的话，那么，目前作为量子理论悖论而出现的东西，对于我们的后人来说，就将只不过是常识而已。

在量子理论中，事物并不像我们今天的常识所表明的那样，具有单一明确的历史。与此相反，事物具有所有可能的历史，各自有其几率。肯定有这样一种历史，在其中芝加哥小熊队赢得了世界系列赛，尽管这样的概率或许很小。不过，对于像棒球赛这样大尺度的系统来说，概率通常围绕着一种单一的历史达到峰值，从而不确定性很小。但当人们进入单个粒子的小尺度范围时，不确定性就变得非常之大了。例如，如果人们知道一个粒子在某一特定时刻处于A点，那么，在更大的时间范围内，这个粒子可以处在任意的地方，因为它可以具有任意的路径或历史。为了要计算它处在B点的概率，人们必须把它从A到B走过的所有路径或历史的概率相加。这种对所有可能的历史求和的观点，要归功于美国物理学家、昔日的邦戈鼓演奏者理查德·费曼。

粒子可能的历史，必须包括以超光速运行的路径，甚至包括在时间中倒退的路径。在任何人匆匆跑去为时间机器申请专利之前，请允许我说，至少在通常的情况下，人们不可能把这种方法用于时间旅行。然而，在时间中倒退的路径并非像在“针尖上跳舞的天使”，它们具有实在的可观察后果。甚至我们认为是空无一物的空间，也充满了在空间和时间中以封闭圈运动的粒子。这就是说，它们于圈的一侧在时间中向前运动，而于圈的另一侧在时间中向后运动。这些封闭圈被说成是虚粒子，因为不可能用一个粒子探测器直接地测量它们。但是，可以间接地测量它们的效应。一种办法是用两张紧靠在一起的金属板。金属板的作用，是要在两板之间的区域里，相对于外部封闭圈的数目，稍许把封闭圈的数目减少一些。这样，相对于打在内侧的封闭圈，将有更多的封闭圈打在金属板的外侧并反弹。由此，人们预期将存在一个很小的力，把金属板向一块推。这种力由土耳其物理学家亨德里克·卡西米尔最先预言，它已经在实验中被观察到。因此，我们可以肯定封闭的粒子圈真实地存在。

棘手的问题是，由于在空间和时间中有无限数目的点，所以存在有无限数目可能的粒子的封闭圈。在对两板之间的力的计算中，这种无限的数目并不要紧，因为在两板之间和两板之外它们的数目都是无限的。有一种明确规定的方法，人们可以利用它将一个无限大从另一个无限大中减去，并得到一个有限的答案。这有点像美国的预算。政府的税收和开支都是非常大的款项，差不多就是无限。但如果一个人很细心的话，他就可以从一项中减去另一项，并算出一小笔盈余，至少在下一次大选之前是这样。

不过，封闭圈的无限数目带来麻烦，是在人们试图把量子理论与爱因斯坦的广义相对论结合起来的时候。这是20世纪上半叶另一场伟大的科学革命。这就是说，常识曾告诉我们大地是扁平的，但空间和时间并不像这般平直。相反，它们因处在其中的物质和能量而被弯曲和变形。无限数目的粒子的封闭圈将具有无限的能量，并把空间和时间卷曲到一个奇点。

为了处理这种无限的能量，需要某种真正有创造性的计算方法。关键的概念是自然界中一种新的平衡或者说对称，它被称为超对称，在1971年由戈尔凡和莱特曼这两位俄国人最先提出。这种观点就是，除了我们所熟悉的空间和时间的普通维度之外，还有用所谓的格拉斯曼数来度量的额外维度。当然，多年来科幻小说一直告诉我们说存在有额外维度。但即使科幻小说也没有想到过任何像格拉斯曼维度这样奇异的（odd，奇性的）东西。在这里，“odd”（奇异的，奇性的）一词除了奇异的这种通常含义之外，还有技术性的用法。普通的数被说成是偶性的，因为它们与人们将其相乘的顺序无关。4乘6等于6乘4。但格拉斯曼数在这样一种意义上是奇性的：x乘y等于负的y乘x。

这些额外奇性的维度的存在说明，所有种类的粒子都有相应超伴的类。超伴种类的粒子也将具有封闭的粒子圈，但超伴粒子的能量将有与那些原来种类粒子的能量相反的符号。这样一来，无限的能量就常常会相互抵消。不过正像总统所了解的那样，平衡预算是一件需要非常精心处理的事务。即使人们消除了主要的赤字，较小的赤字也总是烦人地出现。在过去20年中，理论物理学中很大一部分工作，就是寻找一种在其中彻底消除无限的理论。只有这样，我们才能把量子理论与爱因斯坦的广义相对论统一起来，并得到一个关于宇宙的基本规律的完备理论。

有希望出现的情况是，在下一个一千年中，我们将发现这种完备的理论。我想说这种理论会是十分出色的，但这是因为我是一个乐观主义者。在1980年我就说过，我认为在随后的20年中，我们发现一种完备的统一理论的机会是一半对一半。在从那时起的这段时间中，我们有了一些重要的进展，但最终的理论似乎还是那么遥远。难道物理学的圣杯将总是让我们可望而不可即吗？我想不是这样。20世纪初期，我们认识了自然界在经典物理学尺度上的动作机制，经典物理学在小到百分之一毫米的范围是正确的。在本世纪的前30年，关于原子物理学的研究使我们认识了小到百万分之一毫米的尺度。从那时起，对原子核和高能物理学的研究将我们带向的尺度要比原来尺度的十亿分之一还小。看来似乎我们可以永远不断地发现在越来越小尺度上的结构。然而，对于这个系列，存在有一个极限，就像在一个套一个的俄罗斯套娃的系列中有一个终点一样。最终，人们会发现一个不可再拆卸的最小的套娃。在物理学中，最小的套娃被称为普朗克长度，它是把一毫米分成10亿亿亿亿份。我们不会建造用来探索这样小距离的粒子加速器。这样的加速器肯定比太阳系还要大，而且在目前的财政状况下不大可能被批准。然而，我们的理论的一些推论可以用远为更适度的机器来检验。显然，这些推论中最重要的是超对称。对于大多数将爱因斯坦的广义相对论与量子理论统一起来努力，超对称是基础。它将通过对我们已知粒子的超伴的发现而得到证实。在得克萨斯曾建造超导超级对撞机，此机器将达到人们对超伴所预期的能量。然而，美国经历了突然没有钱的感觉，中途取消了这一计划。虽然是冒着带来尴尬的风险，但我不得不说，我认为这是一个非常短视的决策，并希望美国以及其他国家的政府在下一个一千年中能做得更好些。

我预期，超对称最终将由在日内瓦的欧洲核子研究中心的实验所证实。但是，在实验室中对小到普朗克长度的范围进行探索是不可能的。我们可以通过研究大爆炸，来获得比在地球上可以达到的更高能量和更小尺度的观察证据。然而，在更大的程度上，我们不得不依赖于数学的美和一致性来发现关于万物的最终理论。无论如何，我确信，到21世纪末，也许可能更早些，我们就将发现这种理论。我愿以一半对一半的赔率打赌，认为这种理论将在从现在开始的20年内出现。

《星际旅行》对于未来的想象是，我们达到一种先进但在本质上静态的水准，就我们关于支配宇宙的基本规律的知识来说，这倒可能成为现实。但在我们对这些定律的利用方面，我并不认为我们将达到一种稳态。最终的理论将不会给我们能够制造的复杂系统带来限制，我认为，在下一个一千年中最重要的发展就在这种复杂性中。

显然，我们所拥有的最复杂的系统就是我们自己的身体。生命似乎是起源于40亿年前覆盖地球的原始海洋。我们不知道这是怎样发生的。也许在原子之间随机的碰撞造成了可以复制自身并把自己装配成更复杂结构的大分子。我们所知道的是，到35亿年前时，高度复杂的分子DNA出现了。DNA是地球上所有生命的基础，它有一种双螺旋的结构，就像一个螺旋形的楼梯。1953年弗兰西斯·克里克和詹姆斯·华生在剑桥的卡文迪许实验室发现了这种结构。就像在螺旋形楼梯中的踏板一样，一些核酸对把双螺旋的两条链连接起来。存在有四种核酸。我不想读出它们的名字，因为我的语音合成器会把它们读得一团糟。显然我的语音合成器不是为分子生物学家设计的。但我可以用它们的第一个字母C、G、A和T来指称它们。不同的核酸沿螺旋楼梯的顺序携带着遗传信息，这种信息使DNA分子能在其周围组装有机体并拷贝自身。当DNA拷贝自己时，在核酸沿着螺旋的顺序中会出现偶然的错误。在大多数情况下，拷贝中的错误会使DNA不能复制自身。这种遗传的错误，或者说即所谓的突变，将会逐渐消失。但在少数情况下，这种错误或突变将增加DNA幸存下来并复制自身的机会。这种对突变的自然选择最先在1857年由另一位剑桥的人士查尔斯·达尔文提出，尽管他当时并不知道其机制。这样，在核酸序列中信息的内容将逐渐演变并增加复杂性。

由于生物的进化基本上是在所有遗传可能性的空间中的一种随机游动，所以进化是非常缓慢的。复杂性，或者说在DNA中被编码的信息片段的数目，大体上是由分子中核酸的数目所决定的。每个信息片段都可以被看作是对一个是非问题的答案。在前20亿年左右的时间中，复杂性的增长率必定具有每百年一个信息片段的数量级。在随后的几百万年中，DNA复杂性的增长率逐渐上升到大约每年一个信息片段。但是，现在我们处于一个新时代的开端，在这个新时代，我们将能够增加我们DNA的复杂性而不必等待缓慢的生物进化过程。过去一万年里，在人类DNA中没有什么重大的变化。不过，在今后100年中，很可能我们将能够彻底地重新设计人类的DNA。当然，许多人会说，用于人类的遗传工程应该被禁止。但我却怀疑他们是否能够阻止这种遗传工作。出于经济的原因，用于植物和动物的遗传工程会得到允许，一些人必定会尝试将其用于人类。除非我们有一种集权的世界秩序，否则在某些地方一些人就会计划改良人类。

显然，就未被改良的人类来说，发展改良了的人类将带来巨大的社会和政治问题。我并非在鼓吹人类基因工程是一件好事。我只是说，不论我们愿意与否，它很可能在下一个一千年中出现。这就是为什么我不相信像《星际旅行》这样的科学幻想的原因，因为在那里，未来400年的人类在本质上还是一样的。我认为人类，以及人类的DNA，将很快地增加其复杂性。

在某种程度上讲，如果人类要应付周围日益复杂的世界，并迎接像太空旅行这样的新挑战，就需要改进其精神和肉体的品质。如果生物系统要领先于电子系统，它也需要增加其复杂性。目前，计算机具有速度的优势，但它们没有表现出智能的迹象。这并不令人惊讶，因为我们目前的计算机的复杂性还不如蚯蚓的大脑，而蚯蚓这个物种并不因其智力而知名。但计算机遵循由英特尔公司的戈登·莫尔提出的莫尔定律。这个定律说，计算机的速度和复杂性每18个月翻一番。这是那些显然不会无限继续下去的指数增长中的一种。不过，它可能会继续到计算机具有类似于人脑的复杂性的时候。有些人说，计算机不管可能会是什么样子，都永远不会表现出真正的智能。但在我看来，如果非常复杂的化学分子可以在人类的身上活动并使人类变得有智能，那么，同样复杂的电子线路也可能会使计算机以一种有智能的方式来行事。如果计算机是有智能的，那么它们就有可能设计具有更高的复杂性和智能的计算机。

这就是为什么我不相信关于一个先进但却恒定的未来的科幻影片的原因。相反，我预期，不论在生物领域还是在电子领域，复杂性都迅速地增加。这里所讲的大部分情形在今后100年中都不会出现，而这就是我们可以有把握地预言的全部。但到下一个一千年的终了时，如果我们能到达的话，变革就将是根本性的了。

林肯·斯蒂芬斯曾说过："我看见了未来，它在运行。"他实际上是在谈论苏联，而我们知道苏联过去运行得并不理想。无论如何，我认为目前的世界秩序拥有一个未来，但那将是非常不同的未来。

总统先生，第一夫人，这就是我对下一个一千年中的科学的看法。

阅读思考：你对此演讲中印象最深的观点是什么？为什么？

关于大小①

汤普森

汤普森，苏格兰圣安德鲁斯大学动物学教授，被誉为“也许是20世纪最博学的人”。这篇文章也是非常奇特的文章，作者从“大”和“小”这两个人们似乎非常熟悉的概念出发，天马行空地将其与从物理世界到生命世界的形形色色的问题相联系，给出了有趣而且精彩的说明，让人们体会到科学家理解世界的方式。

一、相似性原理

我们所有的关于形态的设想，都离不开大小和方向。如果我们知道了一个物体在不同方向上的实际的或者相对的量值，就能确定该物体的形态；当生长涉及大小、方向这两个概念时，还牵涉到更深一层的概念或者“维”——时间。在我们深入探讨具体的形态之前，最好先来看一下关于空间大小的普遍现象，或说是物体在空间各个维度上的延展。

基础数学告诉我们（阿基米德也功不可没）形状相似时，面积按平方增长，体积按立方增长。举一个简单的例子，球体的半径为r，球面积为$4\pi r^2$，体积为$\frac{4}{3}\pi r^3$，由此得出球的体积与面积比V/S为$r/3$。亦即V/S随r变化；换言之，球体越大，其体积（或质量，只要球体密度一致）与表面积之比也会按这个比例增大。并且，L以表示线形维，我们可以作出形态的一般等式

$$S \propto L^2,\ V \propto L^3,$$

或 $$S = kL^2 \text{ 和 } V = k'L^3,$$

这里k, k'是“比例因子”，

① [英]达西·汤普森.生长和形态[M].上海：上海科学技术出版社，2003.

以及$\frac{V}{S} \propto L$或$\frac{V}{S} = \frac{k}{k'}L = KL$。

因此，在小人国里，“陛下的大臣发现格列佛的身高是他们的12倍，因为彼此体形相似，所以格列佛的葡萄酒容量至少是他们的1728（或12^3）倍，应该相应提供”。

从这些基本原理可以阐发出许多颇有些趣味的结果，其中有些甚至相当重要，首先，尽管长度的生长和体积的生长其实是同一现象或过程的不同部分，但是一者的增长总是比另一者更引人注目。例如，一条鱼，身长翻个倍，其体重的增加不会少于8倍；如果它的身长由10厘米增至12.5厘米，体重则会翻倍。

其次，我们认识到在任一特定动物的身长和体重之间存在某种相关性，亦即只要确定了公式$W = kL^3$中的k，我们就可以随时将一种量换算成另一个，也可以说用一把量尺称出动物的体重；当然，这一点总要受制于一定的条件，即动物的形态或比重绝对不改变。生物的比重或密度不太可能发生实质性的或迅速的变化；但是，只要生长继续，形态就很容易也很可能发生改变，即使这种变化肉眼无法觉察。现在，称要比量容易和精确得多；要揭示一条鱼身上发生的细微的、肉眼几乎无法觉察的变化，如长、宽、厚度上微小的相对变化，的确需要非常精密的测量。但只要我们能够非常精确地测定长度——它实在是确定起来再容易不过的线形维，然后和体重相联系，于是k值的变动或恒定可以即时告诉我们在总体形态上是否存在变化趋势，也就是不同方向上的生长速度的异同。

我们惯常把大小当作是纯相对的事物。我们说一事物大或者小，比方说一头小象或一只大老鼠，是以它们惯常的大小作为参照物的；相应地，我们也容易得出大小并不会构成本质区别的推论，就好像小人国和大人国的居民其实非常相似，不同的只是从望远镜的这头或那头看罢了。格列佛在大人国宣称“无疑哲学家们是对的，他们说无比较即无大小”：与之类似，奥列佛·亥维塞曾言道，宇宙中没有绝对的大小，因为宇宙既可以无穷大也可以无穷小，牛顿哲学的精髓即在于我们可以延伸概念和推理，从量的一个极端到另一个极端。

关于数，关于相对量，这些都是真的。在宇宙中，大小、远近、多寡的范围无边无际。尽管如此，在物理学中，绝对的数量标准却是极其真切、极其重要的；当我们开始考虑各种物理关系必然发生的变化时，我们不由对与之密切相关的维量变化率产生出新的浓厚兴趣。所谓规模的意义不是取决于事物本身，而与事物的周围环境或背景有关；它必须符合该物体在“自然中的位置”，以及它在宇宙中的作用和反作用空间。天下之大，事物的规模都逃不过自然之手。万事万物都有各自合适的尺寸。人和树、鸟和鱼、星星和星系，都有一定的大小，其绝对量值的变动范围也是有限的。人类观察和体验的范围也只限于厘米、米和千米这样狭小的领域，这一切都是以人类自我意识和自我行为的语汇来度量的。至于光年、秒差距、埃、原子或亚原子单位这样的尺度，则属于另一类事物和另外的认知方法。

规模大小的一个普遍意义在于这样一个事实，即有些物理力要么直接作用于物体表面，要么按表面积或面积比例施力；而其他物理力，尤其是重力，它们作用于一切成分，无分内外，按照质量，通常也就是物体的体积发挥作用。

举一个简单的例子，两根类似的金属丝各悬挂一块重物。重物施于吊线的力与它们的质量成比例，而质量则与其体积、与各线形维的立方成比例。但由于金属吊线的截面积是上述线形维的平方；所以每单位面积的金属线上的应力是不等的，而是依重物线形维的比例增加，构造越大，应力越强：

$$\frac{力}{面积} \propto \frac{l^3}{l^2} \propto l\ ;$$

结构越小，金属丝就能经得起垂吊。

简言之，经常会发生这样的情况，当力作用于某系统时，在涉及的质量、距离和其他量等因素中，有些力随其中一个量变化，另一些力则随其他因素变化；在我们的恒等式中，“维”保持不变，但相对值则随大小变化，这就是“相似性原理”，又称动态相似。这个原理以及它的逻辑结论非常重要。在少数事物中，内聚力、毛细引力、化学亲和力、电荷都有强大影响；在整个太阳系中，万有引力是至高无上的；但在星云这样的神秘领域里，偶尔也存在万有引力丧失权威、无足轻重的情形。

让我们回到普通事物中来。一根铁制的大梁其强度随构件的截面积变化，每个截面都是线形维的平方；但整个结构的重量是线形维的立方。于是有如下推论，如果我们造了两座结构相似的大桥，大的那座一定不及小的那座牢固，牢固程度与两座桥的线形维成比例。正是类似这样的基础工程经验，引导着赫伯特·斯宾塞将相似性原理引入生物学领域。

但是，在深入讨论之前，请务必注意，某一构造的规模增大并不必然伴随着强度的减弱。其中存在例外，在这些特例中，我们碰到的力只随受力面面积大小变化。例如，一大一小两艘船，两根相似的桅杆各张一面形状相似的船帆，两面帆对应部位所受应力相似，其紧张度相仿，所能抵抗的风力相当。两把相似的雨伞，尽管大小不一样，但它们在同样天气里的遭遇差不多。

在18世纪的名医勒萨一本未完成亦未公开发行的著作中，有一些例子明显很好地运用了相似性原理。例如，勒萨认为，小动物的面积与质量比越大，越是容易造成过度蒸腾。因为它的皮肤和人类的一样是“有孔”的，由此可以解释为什么昆虫和其他许多小型陆生动物长着很硬或者很厚的皮肤。同样，因为果实的重量是线形维的立方，而茎的强度是线形维的平方，因此，茎的生长比例必须超过果实的；如其不然，高树将无法负荷枝条上的硕大果实。再比如，支撑四足动物大脑袋的脖颈，要么是像牛的那样特别粗壮，要么是大象的那样非常短。

但是，将近三百年前，第一个阐明相似性普遍原理的是伽利略，他以大量有生命和无生命的构造为实例进行尽可能清楚明了的说明。他说，假如我们试图建造巨型船舶、宫殿或者寺庙，桁、梁、合栓会四分五裂，同样，自然也不能用某种较小型构造的比例和材质来创造超出一定尺寸的树木和动物。物体会因为自身重量而崩溃，除非我们改变各部分的相对比例，但这样做最终只会令它变得笨拙、大而无效，除非我们找到一种更强力、更坚牢的新材料。造化和人工都不乏这样的例子，伽利略做梦也想不到，在这个钢筋水泥的现代社会，人类的每一次奢求都得到了切实的满足。

在纯粹的应力和应变之外，伽利略还详细解释了肌肉举起递增重量和骨骼抵抗碎应力的强度，将我们引入了有关挠矩的重要问题。这已经大致进入了本文的讨论范围；它影响到骨骼的整体形态，并为一株大树的高度设定了极限。

基础力学有个简单的例子，两根类似的大梁，两端有支点，除开自重外没有其他负重。在其弹性极限内，它们下弯或中央下陷的程度与它们的线形维平方成比例；假定一根火柴长5厘米，大梁长1.8米，长度为火柴的36倍，则导致大梁下弯的自重是火柴的1300倍。为对抗这种趋势，动物随着体形增长，四肢变得粗短，整个骨架也壮硕沉重起来；骨骼占全部躯体重量的比率，家鼠和鹪鹩为8%，鹅和狗为13%或14%，人类则是17%或18%。大象和河马生成大而笨拙的模样，驼鹿当然不及瞪羚身形轻捷。但另一方面，有趣的是，小海豚和大鲸鱼的骨骼比例竟然相差甚微，即使鳍和鳍骨部位也是如此；因为在它们身上，重力的全部影响都已经或者近乎可以忽略不计。

在高树问题上，我们需要确定一个高度，假定树木若稍有偏离垂直方向，在这一高度上树木因自重而开始弯曲。在这个问题中，我们必须做一定假设——例如树干均匀变细，树枝的截面积按一定规律变化或者在任一水平面上均为恒值；对此做数学描述往往有一定难度。但是格林希尔在上述假设的基础上告诉我们，基尤旗杆67米高、底部的直径53厘米，用于制作这根旗杆的某种不列颠哥伦比亚省的松树在理论上不可能长到超过90米，让人称奇的是，伽利略也曾精确预测过这个高度是树高的最上限。一般而言，正如格林希尔所述，一个高大的同质物体，其直径增长必须为其高度增长的3/2次幂，这就是为何小树苗条，而大树、老树矮胖的理由。简言之，如歌德在“虚构与真相”中所说，“令人担心的是，树木不再向天空生长”。

但是，逐渐变细的松树只不过是我们讨论的一般问题中的一个特例。橡树长得不及松树高，但负重超过松树，它根系发达，树冠宽广，呈现出和松树迥异的风貌。斯米顿的灯塔以橡树干为原型，埃菲尔则在与之类似但更加严密的设计基础上造就了304.8米高的钢铁巨树。这里，塔和树干的轮廓都遵循或趋向于遵循一条对数曲线，根据我们稍后讨论动物骨骼形态和机械效率时将要涉及的一个原理，该曲线上各点的强度均等。此外，树木的锚状根系形成了强有力的防风支柱，树根在盛行风的反方向上发育最为繁盛；在树的一生中，经常受到风暴的洗礼，因此它的强度也和它必须承受的风力有关。

在动物世界中，无须借助数学或者物理学，我们可以发现小型的鸟兽是多么轻捷灵活，庞大的身躯伴随的是缓慢沉着的举止，过于沉重的躯体造成动作笨拙、效率低下，而这只会招致危险，在绝大多数情况下是不利因素。欧文对此曾有详细阐述，该文和康多尔的文章一起作为“生存竞争”的前言。欧文写道：“和物种的躯体大小成比例的是生存竞争的难度，因为作为一个有机的生命整体，物种个体必须在与外部力量的不断斗争中生存，后者永远在试图破坏生命链接，让生命向无所不在的化学和物理力低头。因此，在某一物种已经适应了的外部环境中出现的任何改变，都会以与该物种的体积成一定比例，甚而是几何级数的幅度威胁到它的生存。假如旱季大幅延长，大型哺乳动物会比小型哺乳动物更快受到影响；如果气候变化影响到蔬食的数量，那么第一个感受到营养匮乏的必然是体型硕大的食草动物。”

二、速度和大小

但是伽利略的原理让我们循着更确定的思路走得更远。肌肉的力量和绳索、大梁一样，随截面积变化；骨骼抵御碎应力的强度也和大梁一样与截面积大小相关。但是，陆生动物的肢足支撑或是肌肉移动的重量是线形维的立方；因此，对于生活在重力的直接作用下的动物而言，其身体大小有一个确定的范围。与小一点的哺乳动物相比，大象腿部的骨骼已经显出过分粗壮的苗头；大象的活动多方受阻、灵活性降低；它已经接近了物理力许可的最大躯体极限。蚊蚋的腿虽然细长，但较之轻盈的身体重量，自有其安全性，因为即使是这些小动物也会按照自己的方式朝着自然尺寸的另一个无法回避的极限发展。但伽利略也看到，如果动物能像鲸鱼一样全身没入水中，或是像中生代的巨型爬行动物可能采取的那样部分浸在水中，那么其体重就会得到相应体积水的重力抵消，如果动物身体以及体内空气的密度和水的密度相等(鲸的情况与之极为近似)，则该部分的体重会被完全抵消。在这种情况下，不再存在限制动物无限生长的这种物理障碍。事实上，正如赫伯特·斯宾塞指出的，水生动物有一个明显的优势，即长得越大，速度越快。因为它们所能获取的能量取决于肌肉的质量，但阻碍它们在水中运动的不是重力而是“皮肤摩擦力”，后者是线形维的平方：由此可知，当其他要素相等时，船或鱼越大，能够达到的航速越快，当然其比率是长度的平方根。鱼类的游速(v)取决于它所做的功(W)和它必须克服的阻力(k)。现在我们看到W的大小为l^3，r的大小为l^2；根据基础力学 $\frac{l^3}{l^2}$

$$w \propto rv^2 \text{或} v^2 \propto \frac{w}{r},$$

因此 $v^2 \propto$ 和 $v \propto \sqrt{l}$。

这就是众所周知的关于速度的弗劳德定律——“维量论”的一个虽然简单却非常好的例子。

但这些问题往往还有另一面，所以它们才会复杂到一言难尽。例如，两台类似的发动机所做的功(每冲程)应该是其线形维的立方，因为它一方面随活塞面积变化，另一方面还要受到冲程距离的影响；在动物身上也是这样的情形，相应功率不仅取决于肌肉的截面积，而且与肌肉收缩的距离有关。但是两台类似的发动机的功率实际上是线形维的平方，而不是立方；这是因为实际产生的能是由锅炉的加热平面决定的。因此，与之类似，动物身上必定也存在一个这样的趋势，即运动能量的供给率随肺的面积变化，亦即（在其他条件相同时）由动物的线形维平方决定。这就是说，在同等条件下，小型动物要比体型大的动物更强健（每单位质量的力量更大）。无疑（但背离了相似条件）我们可以通过改造锅炉的内部管道系统而不增加它的外部维量来扩大锅炉的加热平面，大自然通过复杂的支气管系统和细微的气囊来扩大肺部呼吸面也是同样的道理；尽管如此，根据弗劳德的汽船比较定律，在两头相似的并且亲缘关系密切的动物身上，正像两台构造相同的蒸汽机，其功率似乎仍随线形维的平方变化。造一艘巨船，如果追求航速，只要增加锅炉的尺码和数目，直到最后锅炉房和轮机舱的比例远远超过普通小船的设置。尽管我们发现，正如在鸟类之中常见的，肺部空间可以在需要加大做功的动物中有所扩大，但是像"超多锅炉式"巨船那样，肺部面积以超出身体其他部分比例的速率增加的事情，我闻所未闻。肌群的做功系统能生发出与身体线形维立方成比例的力，而呼吸系统只能提供与线形维平方成比例的能量储备，如果是这样，那么唯一的结论就是，拿游水为例，大鱼的冲刺速度远远高过小鱼。同样还可以推出，小鱼的疲劳曲线比大鱼陡峭，其耐力也不及后者。长距离赛马就是这样，没有选手遥遥领先，体型较大的赛马只是在最后时刻才爆发出更强的冲刺力，赢得比赛的胜利。赛马有句箴言正是源自于此，"大小两匹马，大者更佳"。同理，聪明人都知道在大学划船赛上，明智的选择是把宝押在大个船员的那一方。

三、大小和热量得失

我们来进一步探讨一下身体的实际能量。100年前，在斯特拉斯堡，一个生理学家和一个数学家曾经研究过温血动物的体温问题。他们认为热量的散失与动物的表面积成比例，由于体温保持恒定，因此热量的获取必然等于散失的数量，所以，看来通过辐射失去的热量和氧化作用获取的热量，其变化程度都和动物的体表面积或者说是线形维平方的变化是一样的。

这个结论是真却看似非，因为尽管热量散失可能随体表面积紧密变化，但氧化产热应该与动物的体积更有关系，即一者随线形维平方变化，一者随线形维的立方而动。因此失与得之比，如同面积体积的比率，应该是随着动物的渐小而不断提高。另一个生理学家卡尔·伯格曼进一步研究了这个问题。附带说明一下，正是这个人第一个提出真正的区别不在于所谓温血与冷血动物，而在于恒温与变温；也是他创造了我们今日所用的“homoeothermic”（恒温的）与“poecilothermic”（变温的）这两个词。他进而得出结论，为了抵消表面积的下降，小动物（每单位质量）产生的热量应当比大动物更多；并且这种额外的热量生成意味着消耗了更多能量，摄取更多食物和做更多功。显然小动物需要的食物必定更多一些。一只小飞虫所消耗的食物和氧气数量是巨大的；故此蜜蜂、苍蝇、天蛾和蜂鸟以进食花蜜为生，这是最充裕也是能量最集中的食物。人类每天要消耗相当于自身重量1/15的食物，但一只小鼠每天却要进食相当于自身一半重量的食物；相形之下，小鼠生活节律快、繁殖快、衰老更是快得多[①]。温血动物要再比小鼠小上许多是不可能的；因为这样一来它既不能获取也不能消化保持恒温所需的食物，所以没有哪一种哺乳动物和鸟类会有像最小的蛙类和鱼类那样的迷你身材。当热量散失因传导而加速，譬如在北极，或者在海洋中因为传导对流而加速时，体型小的不利之处表现得尤为突出。极北之地是大型鸟类的家园，而不是小鸟的天堂：只有熊才能捱过北极的严冬，而不是老鼠；海豚很少栖息于温水区，海洋当中也见不到小型哺乳动物的身影。这一规律一度被称作伯格曼定律。

这一说法论据并不充分，时至今日，它仍然值得怀疑，至少是一个有争议的原理。最近一次的重大讨论见于斯兰德与迈尔的主题辩论。主要观点是认为这个定律只是针对某些族类的物种。所以，正如伦施揭示的，对于许多鸟类来说，越往北某一特定物种的变种有体型增大的趋势。但在某些其他物种则不同，如水獭，活动范围越往北，体型越小。此外，正如朔兰德提出的，各种有必要提起注意的生理上的适应性变化会弥补北极地区的小体型问题，所以旅鼠、鼬和娇小的雪鸮都能在此生息；而自大象始，所有大型陆生动物无不生活在热带地区。

四、大小和跳跃

撇开能量供应不谈，继续讨论机体的机械效率问题，我们可以发现无数关于相似性原理的生物学例证。在运动生理学领域中，我们在各种场合都能领会

① 此处讨论的观点主要参见S.布洛蒂。

这一点，例如我们看见金龟子驮起是自重许多倍的食物或者当一只跳蚤跃起几厘米高时。伽利略言道："一只狗有可能背起两三只同样的狗，但我认为一匹马甚至连自己那么大的一匹马都背不起。"

伽利略和博雷利曾就这些问题做过极好的探索，但很多作者都忽视了他们的工作。林奈指出，如果一头大象和一只鹿角锹甲的强壮程度是与它们的大小等比例的话，那么大象完全能够移山填海。柯尔比和斯宾塞有一段著名的对话，谈到造物之所以赋予昆虫如此神力而不给高等动物，是因为一旦后者拥有巨力，它们会"将这世界糟蹋成蛮荒之地"。

像跳蚤的弹跳力这类问题尽管究其本质纯属生理机能；但我们在此仍有必要给予关注。动物随着体型的增大，不仅会因为自重造成生命结构的破碎，而且活动也将不断趋于减少，这也给它的体型继续增长设置了障碍。在跳跃时，我们要做的是一个突发的冲力而不是持续的作用力，这种冲力以施力的速度来度量。速度与冲力（x）成正比，与移动的质量（M）成反比：$V=x/M$，但依据我们仍旧称作"博雷利定律"的原理，该冲力（亦即神经冲动所做的功）与产生冲力的肌肉体积成比例，也就是和（结构相似的动物）整个身体的质量成比例。因为冲力一方面与肌肉的截面积成比例，另一方面还和肌肉收缩的距离成比例。由此可见，不论动物大小，速度是一个恒量。

说得更明白一点，跳跃所做的功和主体的质量、跳跃的高度成正比，$W\propto mH$。做功所需的肌力与肌肉的质量，或者说是与动物（结构须相似）的质量成正比，$W\propto m$。由此推出H是或者趋向于恒定。换言之，所有动物，只要结构相似，只要它们采用的各种施力杠杆的比例相仿，尽管不能跃到同一相对高度，但它们跳跃的实际高度是一样的。蚱蜢的跳跃规划和跳蚤不相上下，它们跳跃的实际高度也是半斤八两；但跳蚤能跃起自身高度的200倍之多，而蚱蜢充其量只有20~30倍；但比起马和人来，跳蚤和蚱蜢无论如何也只能算是一个拙劣的跳跃者。

事实上，博雷利谨慎地指出，在跳跃运动中，神经冲动并非像铁锤撞击一样是瞬间完成的，而是要用上一小段时间，在这段时间内完成施力行为，动物的身体也因之向前推进；大动物的施力杠杆长一些，所需时间相对也要延长。某种程度上，该原理是对一般原理的一种修正，也倾向于为大动物带来在跳跃力方面的某些利益平衡。但另一方面，材质的强度问题又摆在了面前，考虑到应力、应变、挠矩诸因素，自然更是难以把她赐予蚱蜢或跳蚤的杠杆长度给予大动物。对柯尔比和斯宾塞而言，看来“昆虫神奇的力量无疑是由它们的肌肉结构和排列中某些特殊的东西造成的，主要是肌肉有非凡的收缩力”。这个假设在物理学角度显然是多余的，费列克斯·普拉托的一系列优秀论著也充分否定了这个假设。

五、行　走

关于行走有一个貌似简单的问题，乍看之下甚至是简单得出奇，即如果腿部借助重力摆动也就是存在一定摆率，无疑会节省不少功。腿的锥体形状、腿的关节联合、脚踩在地上的时间，这些以及其他一些机体差异都使得问题趋于复杂化，也使摆率难于确定或计算。尽管如此，通过估算自己的脚步，我们能够证实腿的确有像钟摆一样以某个确定的速率摆动的趋势。割草机上的长柄大镰刀顺畅地摆动也是同样道理，当然它的摆臂要长，摆动频率也要慢一些。

要走得更快，我们只有“出界”了；腿摆在我们看来，是一个大的弧形，但除非我们缩短摆长，开始跑步，否则腿不会摆得更快。现在有两个相似个体A与B，以相似的方式行走，亦即摆的角度相似（图2）。腿摆的弧形或者每一步的摆幅，随腿长变化（即a/b），也即人的身高或其他线形维（l）变化。但摆动的时间与摆长的平方根——$\sqrt{a}/\sqrt{b}$——成反比。因此，用摆幅÷时间来度量的速度，即$a/b\times\sqrt{b}/\sqrt{a}$，也随线形维的平方根变化；这又是弗劳德定律。

体型小的人或动物比大个子走得慢，是因为他们线形维的平方根小；但是，如果肢体移动相似，不考虑动物的大小那么老鼠会步履蹒跚，慢得像乌龟，甚至还会在龟鼠比赛中落败。德莱尔发现，苍蝇每半秒钟移动7.6厘米，这是非常平稳的步幅。当我们每小时走8千米时，我们每秒钟移动了222.2厘米，即222.2/15.2=14.7倍于德莱尔苍蝇的行走速度。如果人的身高是$1/(14.7)^2$，或现身高的1/216，即183/216厘米或0.84厘米高，我们的步速就和苍蝇刚好一样，顺带提一句，腿的数目无关紧要，就好像马车的速度和马车有

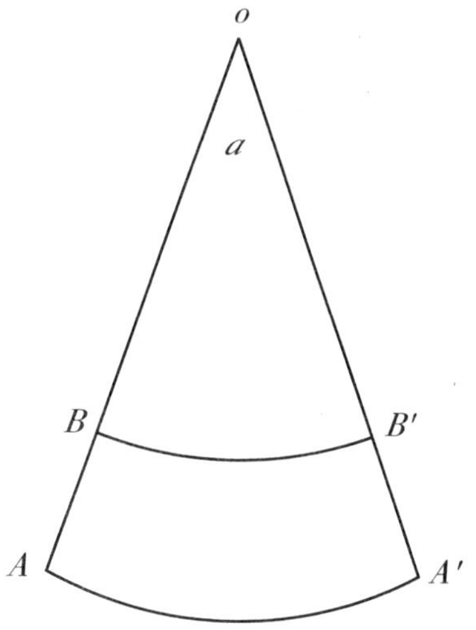

图2

几个轮子无关一样；百足虫即使有一百条腿，但跑得也不见得更快。

但是腿组成了一个复杂的杠杆系统，由此通过多种实践能得到迥异的结果。例如，小心地提起足弓能增加步长或摆幅，极大地提升速度；不可思议的是自然究竟如何延伸了马、野兔、灰狗、鸵鸟、袋鼠以及各种健步如飞的动物的跖关节或者说是足弓杠杆。此外，我们在跑动时弯起腿因而缩短了腿长以适应更快的摆动频率。简言之，腿部的关节构造使得腿在摆动时成为尽可能短的杠杆，在发挥推力时则成为尽可能长的杠杆。

六、飞　翔

鸟的例子具有特殊意义。在跑动、行走或游泳时，我们考虑的是动物能够达到的速度以及体型的增长能够提升的速度，但在飞行时则存在一个必须达到的速度（相对于空气）。为了维持在空中不落地，鸟儿必须达到一定的速度，而且随鸟儿体型增长，该速度也必须提高。正如兰彻斯特指出，利林塔尔的早逝（1896年8月）极有可能是因为他的速度低于保持平衡所必需的速度，而飞行器本身在设计或结构上的错误反而在其次。

必要速度原理，或是某一飞行动物的大小与其平稳飞行的最小速度之间存在的必然联系，可以解释我们观察到的大量现象。它告诉我们为什么体型硕大的鸟在起飞离地时，也就是达到支撑身体所必需的初始水平速度表现出明显的困难；还有如穆亚尔等人观察到的，为什么身体较重的鸟儿，即使其分量不到一两磅，常常会落入朝天张设的小罗网。如艾贝尔·查普曼所言，它也说明了为什么"所有笨重的鸟儿如野天鹅、鹅、大鸨、松鸡，甚至雄黑琴鸡，它们实际上飞得比肉眼看上去更快"，而"体重轻、翼展宽大的鸟儿如鹭和鹞，却一点也没有速度天赋"。事实上，笨重的鸟要么索性不飞，要飞就必须飞得快。它告诉我们为什么迷你型的鸟特别是那些蜂鸟般大小的鸟儿，当然还有体型更小的昆虫能够"静止飞行"，亦即对于从空气中获得支撑身体、保持平稳所必需的升力而言，其速度极小，不易察觉。还有，因为在这些例子中，我们谈的都是相对于空气的速度，所以我们能够解释为什么只要观察鸟儿起飞的方向就能判断风向。

希尔的努力极大地推动了关于动物速度与体型大小关系的研究，对此我们不能认为仅仅是对达西·汤普森论述的补充，在某种意义上，它甚至还是对后者的更正。首先，希尔强调了肌肉本身的速度这个重要原理，并且揭示了每一块肌肉都有其特定的收缩速度（借以达到最大力量和最大效率），并且总体而言，小肌肉要比较大的肌肉速度快。这一点在鸟类的飞翔中表现得尤为突出，鸟类翅膀扑动的频率与其线形维大致成比例。例如，蜂鸟每秒扑翼约75次，麻雀约15次，鹳约为每秒2~3次。由于在动物的线形维尺寸与肌肉的收缩速度之间存在这种比例关系，所以他的结论是不同大小的动物都有大体一致的最大速度，或者如达西·汤普森指出的跳跃高度大体相同[①]。希尔用最简洁的语汇阐述了这个事实，"如果甲动物体积为乙动物的1000倍，前者的线形维将是后者的10倍，前者的每一次运动耗时是为后者的10倍，既然运动距离也是其10倍，所以运动的线性速度是一样的"。但正如达西·汤普森已经指出的，体型大还是有一定优势的，希尔的结论是体型大些的动物弄到精疲力竭的耗时也是小动物的10倍。

从弗劳德定律得出的结论是速度为线形维的平方根，现在希尔告诉我们，结构相似的动物，不论其体型大小，速度总是一样的。之所以有这种差异，部分是因为弗劳德定律过于简单化，以至于在其他事物中没有将肌肉本身的速度考虑在内。这无疑和大型生物每单位质量的组织代谢率呈下降趋势这一事实有关，而这个事实使得我们对锅炉和动物的能量传递结构的相似性存有疑问，进一步削弱了弗劳德定律的效力。

但是，有关游水动物的情况还有其他一些复杂的问题，具有特殊意义。多年以前，格雷就能够揭示，如果在海豚游泳的水中有任何湍流存在（正如人们预料的，海豚破浪前进时是一个惰性模型），那它达到游速15节需做的功会大到令人难以置信。事实上，剩下的唯一结论是在海豚的身体表面必然有层流存在，但模拟实验显示这极端不可能。一名轻型护卫舰上的观察员向希尔报告他在战时的一次偶然发现，在充满发光物体的水域中，在海豚的后方没有湍流。显然，如格雷指出的，海豚身体起伏有致的节律运动可能抑制了湍流，出色地保持了完全层流，亦即完美的流线型。

---

① 希尔提供了一些有趣的表格来证明这些观点。

七、重力以及其他限制大小的因素

从上述讨论可知，正如克鲁克斯曾经指出的，我们的身体形态和活动完全受制于这个星球上的重力强度（只有水生动物例外）；或者如贝尔爵士大约60年前所述，在地球表面活动的动物总是大小相称的。假如重力作用翻倍，人类就不可能依靠双腿行走，大多数陆生动物会变成短腿的蜥蜴或大蛇模样。鸟类和昆虫也将遭受类似的命运，尽管空气密度的增加会抵消一些重力对它们的影响。另一方面，假如重力减半，人体会变得苗条，体重下降，动作更敏捷，所需的能量、热量要少，心脏和肺部的血液量也缩减。重力不仅控制着所有生物的行为，而且还影响到它们的形态，只有极少数生物能逃脱重力的巨灵之手。一棵树如果粗枝很少，树叶或者果实的重压会改变它的每一根曲线和轮廓，积雪也会改变树木的形态。下垂的皱褶、悬吊的乳房以及其他许多老年征候都是重力无休止缓慢作用的后果。

在重力之外，还有其他物理因素也参与了设定动物体型的生长极限和界定它们的生存环境。在池塘表面滑行的小昆虫，它们的运动和自由都受到水面和空气之间表面张力的制约，张力的大小决定了它们生长的极限。人在出浴时身上湿漉漉的，水量有几盎司之多，体重也会比洗澡前重上1%左右；但如果一只苍蝇沾了水，它的体重会比原来多一倍，变成一只欲振不能的可怜虫，一滴水会令一只小虫不能自拔，苍蝇如果不幸将两只脚陷入水滴中，也会难以脱身。

昆虫和甲壳纲动物在长到一定大小时，机体构造效率最高，但即使是蟹和龙虾也不能超出某个适当大小无限制生长，只有在比较窄小的一定变动幅度内，它们的身体构造才能保持良好的运作。它们的身体包裹在一层中空的壳内，然而，这一种中空的构造越大，每个圆穹或圆柱越大，就会越发弱不禁风。铁罐易造，大锅炉却更为复杂；锅炉要用“强化圈”或脊突来增加强度，龙虾壳也是如此；但是这种对大体型弱化作用的抵消方法也不是无限制的。普通的梁式桥跨距至多不能超过60米左右，否则难以保持稳固；但是这样一来，要跨越福思湾就变得毫无可能。体型庞大的日本蜘蛛蟹（高脚蟹）的跨距长达3.6米，自然碰到了麻烦，解决问题的办法是把蟹的身体造小一些，用短而细的管子制造又细又长的蟹腿。小动物中空的壳固然令人欣羡，但造物主没有、也无法将此构造恩赐给大动物。

在昆虫界，还有其他因素迫使它们保持娇小的身材。在它们特有的呼吸系统中，并没有血液为组织输送氧气，但无数纤细的小管或者说是气管会把空气送达身体间隙。假如它们长到蟹或龙虾般大小，它们就必须拥有非常复杂的气管，但这样会造成身体内部的摩擦加剧、空气扩散迟滞，它们很快变成无能的、不适宜生存的生物。

八、听觉和大小

声带和共鸣器的振动和腿脚的钟摆式运动有共同之处：其频率也趋于与线形维的平方根成反向变化。从提琴、鼓或风琴的常识中可知，音管、鼓膜和琴弦越细，音调越高或者说是振动频率越高；同样，我们认为大动物必定是低声咆哮，而小动物则会如管乐般尖声高唱。一根弦绷紧时的振动频率(N)取决于它的张力和密度；如果张力和密度恒定，N则与弦的长度与直径成反比变化。对于相似的弦而言，$N \propto 1/l^2$，如是圆形的鼓膜，半径为r，厚度为e，则$N \propto 1/(r^2\sqrt{e})$。

但是各种动物精巧的共鸣器或鸣腔似乎只有直径上的差别，厚度的差别则要小得多，我们乐意再申明一次，$N \propto 1/r^2$。

假定甲动物比乙动物小50倍，声带和其他器官也不例外，甲的音高会达到乙的2500倍，约合10个或11个八度音的倍数，同样比例也适用于接受振动的鼓膜。但是人类对声音的听觉上限每秒大约为4000次振动，我们鲜能听见老鼠和蝙蝠的吱吱尖叫，每秒振动1万次以上的声音则压根儿听不见。撇开构造不谈，单单体型大小就足以使比人小的鸟类和动物的听觉与人迥异。据我们所知，蜂鸟可以唱上一整天。一只迷你小昆虫可以发出和接收的振动速度快得惊人；连它的小翅膀每秒也能拍击几百次。对于它来说，一秒钟内发生的事要比人类多得多；于是1/1000秒的瞬间也不容忽视；于是它们的时间似乎与人类的时间不在一个意义层面上。

九、视觉和大小

眼睛和视觉组件均有其大小范围和极限。一只大狗的眼睛不会比小狗的大多少；就比例而言，松鼠的眼睛比大象的大得多，旅鸫的眼睛也不比鸽子和乌鸦的眼睛小。因为视杆和视锥细胞并不随动物大小而变化，而是受到光波干涉图样的光学限制，有自己的大小，这样才可以产生清晰的视觉影像。的确，大动物可能需要较大的视野；但这一点并无大碍，因为看东西用到的或者需要用的只是视网膜的一小部分。简言之，眼睛当然不能太小，但也无须太大，在动物的大小之外，眼睛还有自己的工作条件和限制。但是昆虫的眼睛则是另一码事。假如苍蝇有一个人一样的眼睛，它的瞳孔会小到不可能通过衍射产生一个清晰的映像。唯一的选择是用许多在视觉上彼此独立的小小的单眼组成一个复眼，在昆虫身上，自然使这种方案成为了可能。

十、面积与体积齐头并进

纵观整个形态学领域，还可以发现另一个现象，即通过一定的形态变化，面积有与体积齐头并进的趋势（无疑每种情况都有其特定的物理原因）。肠壁绒毛的发育（这样可以增加肠壁面积，和我们的浴巾上的毛线头作用非常相似），肠壁的各种瓣膜褶皱包括引人注目的鲨鱼肠道中的“螺瓣膜”，大动物的肾小叶，气囊和肺泡使呼吸面积大幅增加，大的甲壳纲动物和蠕虫发育出鳃，而小一些的物种则以体表来满足呼吸需要——所有这一切，还有其他不胜枚举的例证都提示在体积和面积之间存在一个大致恒定的比率。如果动物的表面形态没有如此的变化，随着动物体型的增大，该比率的背离趋势将愈益明显。一棵阔叶树、一片草皮、一块海绵、一丛珊瑚，都是类似现象的绝好例证。事实上，为了在发育中保持面积与体积的适当平衡，要涉及大量的演化过程。

由于分子力的作用局限在表层，所以在迷你型动物以及单个细胞之中，这个原理尤为重要。在我们提到的这些情况下，面积的增加促进了分子力作用的发挥，例如，营养液和呼吸气体的扩散由于表面积的增大变得更加迅速；但是在另外一些情况下，面积与体积之比会使系统的整个外部环境发生改变。铁暴露在潮湿的空气中会生锈，如果先把铁弄成一堆小铁屑，它们生锈得更快，而且很快会腐蚀殆尽。这只是一个度的差别，但是雨滴和海洋的球面则是两个完全不同的现象（尽管在数学形态上两者恰好相似），一者因表面能而形成，另一者由重力之下的质能造成。波浪的情况中反差更是显著。潋滟微波的形态和传播方式受到表面张力的制约，传播速度为波长平方根的反比；而寻常的大浪则受到重力控制，波速与波长的平方根成正比，与之类似，我们发现所有微小生物的形态都和重力无关，它们中的大多数如果不是主要受表面张力的作用，要么是表面张力对半流体生物体持续作用的结果，要么就是在发育的早期受到了表面张力的作用，然后产生了一种形态，该形态随后的化学变化严格稳定。无论是哪种情况，我们都会发现一种大趋势，即微小生物要么是球形，要么是其他与普通无生命表面张力现象有关的简单形态，这些形态不会出现在大型动物的外形中。

我们曾讨论过相似性原理的几种表现，现在这又是一个非常重要的事实而且是一个著名的例证。我们将会得出一个结论，它将影响本书讨论的整个进程，那就是在大型与小型生物的形态现象上存在本质的显著差别。我把本书称作对生长和形态的研究之作，因为在我们最熟悉的一些生物形态的例子中，比如我们自己的身体中，这两个因素紧密结合、不可分割，并且因为我们此处有充分理由认为形态是生长的直接产物和后果：生长的渐进性和增长的不均衡造成不同方向上的速率不同的生长、连续的发育阶段和整个物质结构最终外形的生长。但是在微小生命物质的身上，形态和生长是相关或互补的，这一直接而简单的关系是不争的事实。因为在小型生物以及大型生物的个体细胞中，我们发现了一个关于大小的结论，即在有利条件下，分子间力和重力展开竞争并最终胜出；其他造成对流运动的力也是如此，它们在较大物质集合体中占主导地位。

十一、细胞的大小

活体细胞是一个非常复杂的涉及多种能量的能量场，其中，表面能绝对不容忽视。细胞中的表面能不仅限于细胞表面，因为细胞是一种差异很大的异质结构，它的细胞质小泡和其他可见的（以及不可见的）异成分组成了复杂的内表面系统，在系统的每个部分，一个“相”与另一个“相”相联系，表面能也就相应表现。但外表面仍是整个系统中最确定的一部分，隔离了一个明确的“相”。尽管我们对系统中所有能的分布所知甚少，但有一点是显然的，改变外表面积与体积的比率，即细胞大小发生变化，会显著改变保持细胞诸种平衡的要件。简言之，不管生长细胞产生分裂现象的原因如何，无疑这种分裂正是使面积与体积比保持相当稳定，是使表面能和系统中的其他力保持或恢复平衡所需要的。但当一个生殖细胞分成或“分裂”成两个时，其体积并未增加；即使如果卵细胞在分裂时存在某种轻微的所谓体积增加的倾向，那也是非常之微小的，一般难以觉察，有些人甚至一概否定有这样的倾向存在。卵细胞从单细胞阶段到两个或更多细胞阶段的生长或发育因此是一种有点儿不寻常的生长；它是仅限于形态变化和面积增加的生长，而不伴有体积或大小的增加。顺带讲一下，如果一个肥皂泡分成两个小泡，尽管表面积大大增加了，但体积实际上是变小了；变小的原因我们后面将予以探讨，即因为小肥皂泡曲率增加而引起压力上升。

刚才我们讲述的规律有一个显著的直接后果，即按细胞的不同种类，部分细胞的大小存在围绕某一平均值变化的倾向，并且它们事实上也有某个大小的绝对限度。一个大的薄壁组织细胞的直径约为小细胞的10倍；但是最高的显花植物是最矮品种的1万倍高。简而言之，造物主有其预先定好尺寸的材料，然后无论造大厦还是小平房用的都是同样的砖头。即使普通的水滴也趋向某个固定的大小，这个大小是表面张力的函数，所以也可以用来作为度量标准（正如昆克采用的）。有关大小恒定或近乎恒定有一个最大规模的例子，它虽然和水滴或细胞的大小极限差了十万八千里，但自有其相仿之处，即天空中的星星（尽管它们彼此有一定区别）或星云，它们的体积差不多是相等的。引力将物质吸引到一处，聚合成一个世界或一颗星星；但以太压力则是一种对抗的力，它导向分崩离析，对小型物体而言，这种以太压力可以忽略不计，但在大型物体上，则是强有力的。在规模等级的高端，在从10^{33}g到10^{35}g的物体上，这两种巨大的宇宙力达到了平衡；所有星星的规模都在这个比较窄的范围内或左右波动。

萨克斯（1895）指出在活体细胞中存在这么一种倾向，即每个细胞核的周围都聚集着一定数量的细胞质。稍后，德里施发现可以通过对卵细胞进行人工分割，培养出相当于原来大小1/2的、1/4的甚至1/8的矮种海胆幼体；矮种幼体的组成细胞数只有正常数量的1/2、1/4和1/8。后人屡屡再现了这些观察结果并给予了充分证明，洛布还发现海胆的卵细胞缩减到一定大小后，不能继续缩小。

康克林成功地培养出了Crepidula（一种美洲履螺，现在已经在牡蛎养殖场里为人们熟识）的矮种和巨种个体，后者有前者的5～20倍大。但是无论矮种还是巨种个体，其细胞个体，它们的皮肤、消化道、肝、肌肉与其他组织的细胞个体都是一样的大小。与之类似，无论普通的睡莲，还是巨大的王莲，甚至是叶长近3米的庞大日本芡实，它们的叶细胞都是同样大小。德里施特别重视这个“细胞大小恒定”原理，但它也有其限度和例外。在诸多例外或者显著的例外中，有蕨藻巨大的叶状细胞，还有黏菌大而未分化的合胞体。前者的扁平和后者的分叉都使得（或者有助于）面积与体积比增加，细胞核也会成倍增长，细胞内外通过胞质环流保持沟通。

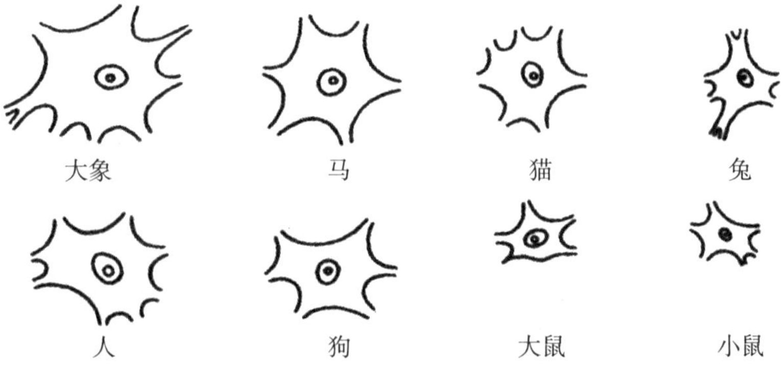

图3　运动神经节细胞，取自颈脊髓。引自迈诺特

关于大小限定原理我们还有一个很好甚而是很熟悉的例子，即将脑细胞或神经节细胞作比较，至于取自低等动物还是高等动物倒无关紧要。图3中我们看到的是从小鼠到大象各种哺乳动物的神经细胞个体，放大倍数是一样的；我们可以发现它们的样子非常相似。大象的神经细胞在线形维度上约为小鼠的2倍，因此其体积或大小约为后者的8倍。但如果忽略体形的差异，大象的线形维与小鼠之比不下于50∶1，因而，大象的体积也有小鼠的12.5万倍那么大。由此可知，如果两者神经细胞的大小为8∶1，那么，在神经系统的对应部分，大象的细胞数量应当有小鼠的1.5万多倍。简而言之，我们可以把这作为一个普遍规律，即在动物身上，不论动物大小，神经节细胞的大小变动幅度都是极其有限的；此外，在不同种类的动物神经系统内观察到的形形色色的结构中，小型物种的神经节往往比大型物种的简单，也就是说神经节的细胞数目要少。一般而言，关于细胞理论的这些事实的意义当然不容忽视；但是有一个非常显著的前车之鉴，即不能过分热衷于把生理过程归结到有关细胞的看得见的结构上去，而不与相关的能量系统或者力场相联系。因为生物体的生命绝不仅仅是组成身体的细胞的简单堆砌，正如歌德所说，“尽管生物体能被拆分成组成元素，但是人们不能从这些元素来重新构建生物体”。

在某些极其微小的生物例如轮虫中，组成一个复杂程度一般的器官如肾脏、胃或卵巢所需的细胞数目很少，少到令人震惊；有时我们甚至可以数清它们的数目，而大动物的，有时还不是高等动物的同一器官却要有成千上万个组成细胞。拿柄翅卵蜂为例，几十个柄翅卵蜂也不会比一个大轮虫重多少，10万个柄翅卵蜂也不及一只蜜蜂的分量，它们的形态很复杂，小小的身体精致纤美；但我确信它们的细胞数量很少，身体器官在组织学上也极其简单。我认为，这些考虑有助于阐释这样的观点，即尽管从结构上或者力学的角度看将组织细分成细胞是重要而且有益的，但是这个事实并没有像人们一度（甚至今天仍然常常）认为的那样具有根本的重要性。

正如萨克斯发现聚集在细胞核周围的细胞质数量存在一个极限，博韦里论证了细胞核本身也有大小的极限，并且在受精后发生细胞分裂时，每个新的细胞核都和母细胞核差不多大①。今天我们可以把这个论断转移到染色体上。所以一个细菌没有细胞核，理由很简单，因为它太小容不下细胞核，某些微型植物如蓝藻和蓝绿藻的情况也是同样道理。甚至有“蛋白质”的色素细胞似乎也不能小于一定的尺寸。

十二、身体的大小

身材大小绝非偶然，施尽百计千方，人都不可能小到像昆虫一样，反之亦然；只有在个别情况下，在花金龟科大甲虫身上才会发生小鼠和甲虫大小相似乃至部分相同的情况。哺乳动物的体重下降到5克左右时即戛然而止，甲虫的体长也不会短于0.5毫米，每一种动物的身材都有自己的上下限。于是，长串的细菌队伍也只能小到接近人类的视觉极限，还有一些更小的微粒，连超倍显微镜都只能看清一点点。小成这样的还有那些叫作“病毒”或“滤过性病毒”的物质。它们是因为诱发了如恐水症、口蹄疫、土豆和烟草的花叶病等疾病才进入了人类的视野。这些微粒的直径只有最小的细菌的1/10，它们没有可扩散的组成部分，不含水——在这一点上有别于一切生命物质。它们似乎是无生命的核蛋白胶体（甚或类晶体）聚集物，直径大约为普通蛋白质分子的10倍，不比巨大

① 亦参见费兰克豪泽（G.Fankhauser）以及其他人所做的一个非常有趣的研究，关于水螈幼体二倍体和三倍体的学习能力、神经元大小以及神经元数目之间的关系。

的血红蛋白或血蓝蛋白分子大多少。

贝杰林克把这种病毒叫作触染原。“传染性核蛋白”这个称呼则要新一些。我们仅跨了一步就从生命界走入了无生命世界，从细菌尺码进入了蛋白质化学中分子的大小。

但是说到底，我们需要的只是一个简单的列表，就能揭示极微小的生物是多么接近分子大小。事实上，动物的每个主群均有其典型的平均大小，而且有其变化幅度，有时大些有时小些。在一定的变化领域，也是一个狭小的范围中，生存着小鼠和大象，它们终日奔走；这也是我们人类生存的世界，在这个范围内，人的生命、四肢与感官和谐有序。身躯庞大的巨鲸因为有了水的支撑而超出了这个领域，恐龙在沼泽中打滚，河马、海象和大海牛则在河流或海洋中度过一生。飞行动物比起走和跑的动物来体型要小；飞鸟绝不会像大型哺乳动物那样巨大，身型相差无几的鸟类和哺乳动物只是少数，但昆虫在这个变化范围内则前进了一步甚至更多。不断减弱的重力有利于飞翔，但却使得行走和奔跑不那么方便，动用脚爪，还有钩突、吸盘和腺体毛发可以使昆虫站稳脚跟，以致飞檐走壁如履平地。鱼类由于避开了重力的部分束缚，其大小极限超出了陆生动物的变化幅度。比上述生物更小的则超出了我们的视野，进入了微型生命体领域，这里生活着原生动物、轮虫、孢子、花粉粒和细菌。除开它们中一些最大的个体，其他都是漂移而不是游动的；它们被空气或者水的浮力托起，以极端缓慢的速度下降。

十三、表面张力

我们已经知道，例如，表面张力或毛细引力的强大力量在大约0.05微米的范围内开始发挥作用，肥皂膜和水面上的油膜还可以比这更薄；通过各种测量方法得出的一致结果，人们知道肥皂泡上的黑斑厚度可以薄到6×10^{-7}厘米或0.6微米左右，瑞利和德沃甚至还得到过厚度只有0.2微米甚至0.1微米的油膜。尽管液膜有可能以如此分子尺寸的方式存在，在我们达到这个尺寸之前很久，必然已经存在着某种情形，但对此我们所知甚少而且很难想象。细菌生活在一个远离人类世界的王国的边缘，在那里，任何人类角度的先人之见都是枉然。

十四、黏　度

当我们在空间远足之时，很多时候，都会发现通常的物理行为准则令人失望。斯托克斯分析过人们非常熟悉的一个例子，即当物体小于一定尺寸后，周边环境的黏度对它就会产生相当强的影响。一滴水，直径若为25微米，则它在静止空气中的下落速度不可能高于每秒3.81厘米；水滴若是更小，它的阻力就会与半径而不是（像大一点的物体那样）与面积成正比；它的“临界”或终端速度与半径的平方或面积成正比。雾霭中的小水滴其大小也许只有标准水滴的1/10，于是下降速度要慢100倍，即每分钟2.54厘米；如果直径再小，再为1/10（即0.25微米，或者说只有两个微球菌那么大），那速度将达到每两个小时才下降2.54厘米。根据这个原理，不仅是尘埃颗粒、孢子和细菌在空气中下降很慢，而且一切微粒在液体中都会遇到与其运动成比例的巨大阻力。由于摩擦因数较大，盐水中的阻力要比在淡水中的更大；即使是相对较大的生物如硅藻和有孔虫，虽然它们有坚硬的或石灰质的重壳，似乎也能够悬浮在海水中，以极慢的速度下沉。

十五、布朗运动

尚需讨论的还有布朗运动。一百多年以前，罗伯特·布朗（洪堡眼里首屈一指的植物学家，细胞核的发现者）就研究过这个现象。在生物学家为自然科学提供的或帮助提供的诸多基本现象中，它是最有价值的。

从一个压扁的花粉粒中会释放出极微细的粒状物，它们不断颤动，并且伴有滚动而后平移，布朗证实了这种运动虽然没有生命意义，但是所有微粒都表现出这种运动形式，该现象多年以来始终无人能解。在布朗撰文论述三十多年以后，人们认为它“要么是由流体中一再发生的某些热量变化直接引起的，要么归因于热能间接推动下固体微粒与流体间某些隐蔽的化学作用”。在这些文字面世后不久，克里斯蒂·维纳将它归因于流体内部的分子运动，此说作为微粒原子（或分子）构成说的明显证据广受欢迎。现在我们知道，实际上这种运动是由于分子冲撞或轰击的是这么小的物体，以至于这种冲击一时之间不能在各个方向上达到相对平衡。微粒大约在20微米大小时即开始表现出这种运动，小到10微米左右时表现更明显，在某些胶状悬浮液或乳剂中尤为显著，因为其组成微粒的直径只有1微米不到。撞击使得微粒行为如同不寻常尺寸的分子，这种行为在数个层面上都有所体现。

人们进行理论研究的只是形态最为简单的微粒现象，至于复杂一点的微粒，如身体蜷曲的螺菌，我们可以确信其表现将大异其趣且更为复杂。至少有一点很清楚，正如布朗之前的早期显微镜专家从未怀疑过这些现象的生命意义，今天在某些时刻，我们仍然容易混淆各种现象。如果没有经过最仔细的观察，我们的确无法确定那些最微小生物的运动在本质上究竟是否属于"生命"（即从超乎物理机制或工作模型的角度而言）。例如，肖丁提出梅毒螺旋体的波浪式运动想必是因为存在一层很薄的看不见的"波动起伏的膜"；多弗莱因认为这种生物"它们经常执着地向一个方向缓慢轻微地运动"。多弗莱因描述了抖动或颤动，肖丁描述了波动或滚动，这两种运动都很容易也很自然地被当成布朗运动的一部分。

尽管布朗运动貌似生物的实际运动，但相反的论断在一定程度上也站得住脚。当人们在夏日的清晨醒来，有时会看到苍蝇在天花板下飞舞。这真是一场非常值得一看的舞蹈。舞者不是集体或单独旋转，而是前进和后退；它们看上去是在挨挨挤挤、跳来跳去；在两次跳跃间它们以短平快的飞行方式这儿那儿地猛冲，在每一次冲刺结束后猛地折返进行新的弹跳。它们的动作毫无规律可言，彼此独立、没有共同目的。整个景象就是一幅布朗运动的巨幅放大照或者影像；两种情况都彻底地无规律性，但这恰巧在它们之间构建了紧密的相似性。在一个熙熙攘攘的集市上，假使人群不是为做买卖，而是毫无目的地挤来挤去，那情形是完全一样的。卢克莱修和之前的伊壁鸠鲁也曾以类似方式观察过横梁上飞扬的尘埃，从中看到了原子永恒运动的一幅模拟影像。同样的现象在显微镜下也能得到证实，在一滴水中聚集着的草履虫和类似的纤毛虫中，用计数测试可以反映这种相似性。用一支铅笔跟踪每个小泳者的足迹，每隔几秒钟（跟着一台节拍器的敲击）点一下它的位置，卡尔·普拉日布莱姆发现从一条共同的基线量起，每个泳者的平均各次距离严格遵守了"爱因斯坦公式"，亦即可应用于布朗运动的"机遇律"的特殊形式。这些现象（当然）仅仅是一种类比，不可能和布朗运动一模一样；至于那些活跃的小型生物的活动范围，不论是蚊蚋还是纤毛虫，都要比在撞击下消极被动的微粒广泛得多；尽管如此，普拉日布莱姆仍倾向于认为，即使纤毛虫相对而言体型较大，也已经小到分子撞击足以诱发它们无规律的断续运动的程度了，即使这不是真正的动因。

斯托尼，这位提出了电子的名称和概念的著名人士，对此的研究更加深入，因为他猜想分子撞击可能是细菌生命能量的源泉。他设想快速移动的分子深深扎入生物小小的躯体内，这样反过来又可以利用这些能量的输入。

我们现在接近了本次讨论的尾声。首先我们发现“规模”对物理现象有着显著影响，大小的增减可能意味着静态或动态平衡的彻底改变。最后，我们开始看到大小的发展是不连续的，在各个确定的阶段中，存在着不同的主导力量和不同的优势条件。生命的大小幅度比起自然科学研究的范围来实在是比较窄小的；但它同时又是广阔的，它至少包括了三种相异的生存条件，人类、昆虫和细菌各得其所、各领风骚。人类在重力的巨灵之掌下，生息在大地母亲的怀抱里。池塘的水面是水生甲虫的乐园和墓地，既是危险的羁绊又是须臾不可分离的依靠。在细菌生活的第三世界里，重力被抛在脑后，液体的黏度、斯托克斯定律确定的阻力、布朗运动中的分子撞击，无疑还有离子环境中的电荷构成了物理环境，对生物起着强劲的直接影响。这些主导因素不是在人类世界的尺度之上；我们已经来到了一个陌生世界的边缘，在这里，一切成见都必须抛弃。

阅读思考：对于这种从常见概念展开，并应用到具体问题的科学说明的方式，你能给出另外的例子吗？

感受相对论[1]

伽莫夫

伽莫夫，美国物理学家，极有想象力的科普作家。此文，选自其科普著作《物理世界奇遇记》一书。该书，描述了一个外行在听教授讲科学报告时听得一知半解，不由得陷入梦中，却在梦中以将微观世界的量子效应放大到宏观世界，并将相对论效应通过夸张的方式应用于想象中的日常生活场景的故事。从中，我们可以看到科学理论与日常生活常识的极大不同。

汤普金斯先生好不容易才听明白，爱因斯坦理论的整个要点，就在于存在着一个最大的速度值——光速，这个速度是任何运动物体都无法超越的，并且，正是这个事实产生了一些非常奇怪、非常不寻常的后果。[2]比如说，当运动速度接近光速时，量尺就会缩短，而时钟就会变慢。不过，那位教授说，由于光的速度是每秒300000千米，所以在日常生活的各种事件中，就很难观察到这些相对论效应。在汤普金斯先生看来，这一切都是同普通的常识相矛盾的。他竭力想在脑海中描绘出量尺的缩短和钟表上那些古怪的表现会是什么样的，这时，他的脑袋渐渐耷拉到胸前了。

当他重新睁开眼睛的时候，他发现他自己并不是坐在演讲厅的长椅上，而是在市政当局为乘客等车方便而设置的长椅上坐着。这是一座美丽的古城，沿街矗立着许多中世纪的学院式建筑物。他揣摩他自己一定是在做梦，但是，大大出乎他意料之外，他周围丝毫没有发生什么不同寻常的事情。面对学院的钟

① [美]伽莫夫，[英]斯坦纳德.物理世界奇遇记[M].长沙：湖南教育出版社，2000.

② 根据相对论，当物体以接近光速的速度运动时，在运动方向上，它的长度明显地缩短，同时，在这个物体上发生的过程的速度将变慢（或者说时间将延长）。这里指的就是这些效应。

楼上那个大时钟的指针，这时正好指在5点上。

街上几乎已经没有车辆往来了，只有一辆孤零零的自行车从上方缓慢地驶来，当它来到近前的时候，汤普金斯先生的眼睛突然由于吃惊而瞪得滚圆。原来，自行车和车上的年轻人在运动方向上都难以置信地缩扁了，就像是通过一个柱形透镜看到的那样[①]。钟楼上的时钟敲完了5下，那个骑自行车的人显然有点着急了，更加使劲地蹬着踏板。汤普金斯先生发现骑车人的速度并没有增大多少，然而，由于他这样努力的结果，他变得更扁了，好像是用硬纸板剪成的扁人那样向前驶去。这时汤普金斯先生感到非常自豪，因为他能够理解那个骑车人是怎么回事——这正是他刚刚听来的，只不过是运动物体的收缩罢了。“在这个地方，天然的速度极限显然得比较低的，”他下结论说，“我看不大会超过每小时20千米。在这个城市里，人们是不需要使用高速摄像机的。”事实上，这时候在街上行驶的一辆发出全世界最嘈杂的噪声的小汽车，也跑不过这辆自行车，比起来它就像甲虫在爬行那样。汤普金斯先生决定追上那个骑车人（他看来是个和善的小伙子）问问他这一切是怎么回事，但是，怎样才能赶上他呢？这时，汤普金斯先生发现有辆自行车停靠在学院的外墙边，他想，这大概是属于某个去听讲座的学生的，如果他只是借用短短的一会儿，学生是不会发现丢失的。于是，他看准旁边没有人注意他，便偷偷骑了上去，拼命朝着前面那辆自行车赶去。他猜想他自己马上就会缩扁，并且很为此而感到高兴，因为他不断发福的体形近来已成为他的一桩心事了。然而，出乎他意料之外，不管是他自己还是他的车子，都没有发生任何变化。相反，他周围的景象完全改变了：街道缩短了，商店的橱窗变得像一条条狭缝，而在人行道上步行的人则变成他有生以来第一次见到的细高挑儿。

“真的，”汤普金斯先生兴奋地感叹着，“我现在看出点诀窍来了。这正是用得上‘相对性’这个词的地方。每一件相对于我运动的物体，在我看来都缩扁

---

① 特瑞尔于1995年著文指出，人眼观察高速运动物体所得的视觉图像，既受到相对论收缩效应影响，又受到因光速有限而使运动物体各部位相对于观察者同时发出的光不能同时到达人眼的“时差”影响，其综合效果是视觉图像等效于实物的偏转图像。据此，高速运动的球体的视觉图像仍是球体而不是椭球体。高速运动的自行车和骑车者的视觉图像因有偏转效果，在运动方向上的视觉长度确实会短了些，但由于车与骑车者具有体结构，观察者不会因此感到对方“缩扁了”。

了，不管蹬自行车的是我自己还是别人！”

他骑车一向骑得很出色，现在他更是使出浑身解数去追赶那个年轻人。但是他发现，骑在现在这辆车上，想加快速度可不是件容易的事。尽管他已经使出吃奶的劲头去蹬车了，车子的速度还是增加得微乎其微。他的双腿开始酸痛起来了，但他驶过路旁两根电灯杆的速度，却比开始时快不了多少。他为加快速度所做的一切努力，似乎什么结果也没有达到。现在他非常清楚地理解到，他刚刚碰到的那辆出租小汽车为什么跑得并不比自行车快了，于是，他记起那位教授所说的不可能超越光速这个极限的话来了。不过他注意到，他越卖力气地蹬，这个城市的街道便变得越来越短，而在他前面蹬车的那个小伙子现在看来也不是那么远了。过了一会儿，他追上了那个年轻人，在他们肩并肩蹬着车子的那一瞬间，他出乎意料地发现，那个小伙子和他的自行车实际上是完全正常的。

“哦，这一定是因为我同他之间没有相对运动的缘故。”他做出结论说。接着，他就同那个年轻人攀谈起来。

“对不起，先生！”他说，“住在一个速度极限这么低的城市里，你不觉得不方便吗？”

“速度极限？”对方惊奇地答道，“我们这里不存在什么速度极限。不管在什么地方，我想骑多快都行；至少，要是我有一辆摩托车来代替这辆使不上劲的玩意儿，我就可以想骑多快就骑多快了！”

“但是，刚才你从我面前骑过时，你的运动是非常慢的，”汤普金斯先生说，“我特别注意到这一点。”

“哦，你特别注意了，是吗？”年轻人说，他显然有点不高兴，“我想，你并没有注意到，从你开始同我谈话到现在，我们已经跑过5个十字路口了。难道在你看来，这还不够快吗？”

“不过，这些街道已经变得太短了。”汤普金斯先生争辩说。

“究竟是我们骑得快，还是街道变得短，这又有什么不同呢？我需要跑过10个岔路口才能到达邮局，如果我蹬得快一点，街道就会变得短一点，而我也就到得早一点。瞧，我们事实上已经到了。”年轻人一边说，一边从自行车上下来。

汤普金斯先生也停了下来，他看看邮局的时钟，时钟指着5点30分。“瞧，”他得意地指出，“不管怎么说，你跑过10个岔路口，已经花了半个钟头,我第一次看到你的时候，学院的时钟正好是5点整！”

“你真的发现已经过了半个钟头了？”对方问道。

汤普金斯先生不得不同意说，他确实觉得这仅仅是几分钟的事。不仅如此，当他看自己的手表的时候，他看到手表也只有5点30分。“啊！”他说，“是邮局的时钟走快了吧？”

“你可以说是它走快了，当然也可以说是你的手表走慢了。你的手表刚才一直在相对于那两个时钟而运动着，不是吗？那么，难道你还认为有什么别的结果吗？”他有点生气地瞧着汤普金斯先生，“可是说到头来，这又碍你什么事呢？难道你是刚刚从月亮上掉下来的？”说着，年轻人走进邮局去了。

经过这番交谈，汤普金斯先生意识到，没有那位老教授在身旁为他解释这一切奇怪的事件，他是多么不幸了。那个年轻人显然是土生土长的，他甚至还没有学会走路，就已经对这些事情司空见惯、不以为奇了。所以，汤普金斯先生不得不靠自己去探索这个奇异的世界。他把手表拨到邮局时钟所指的时间，并且等了10分钟，看看手表走得准不准。结果表明，他的手表并没有毛病。

于是，他继续沿着大街骑下去，最后来到了火车站。他决定用火车站的时钟再对一次表。出乎他意料之外，手表又一次慢得相当多。

“得，这肯定又是某种相对论性效应了。”汤普金斯先生下结论说。他决定找一个比骑车的小伙子更有学问的人，问问这到底是怎么回事。

机会很快就来了。一个约摸40多岁的绅士下了火车，朝车站的出口走过来。在那里迎接他的是一个很老的老太婆，但是更使汤普金斯先生吃惊的是，这个老太婆竟管那位绅士叫“亲爱的爷爷”。汤普金斯先生觉得这未免太过分了，于是，他便以帮忙搬行李为借口，同那个绅士攀谈起来。

“请原谅我打听你们的家务事，”他说，“但是，你真的是这位好老太太的爷爷吗？你知道，我是个外地人，从来没有……”

“哦，我明白了，”绅士说，他的胡子间露出一点笑意，“我看，你一定是把我看作流浪汉[①]或诸如此类的人了。其实，事情是十分简单的。我的业务要求我经常出去旅行，这样，由于我的生活大部分是在火车上度过的，我比起我那些住在这个城里的亲属来，自然要老得慢多了。这次我能够及时回来，看到我

---

① 在这个城市里，由于光速非常小，接近于车辆的速度，所以，一个人越常旅行，他就显得越年轻，这样，人们就很容易把那些显得比一般人年轻的人当作流浪汉看待了。

这最可爱的小孙女还活在人世，我是多么高兴啊！但是，对不起，我还得把她送走哩。”于是，他匆匆忙忙地叫了一辆出租车把汤普金斯先生撂下，让他又一次孤零零地去对付他那一堆问题。

火车站食堂里的两片夹肉面包大大加强了汤普金斯先生的思考能力，他想了很多、很远，甚至于认定他已经找出那著名的相对论原理的破绽了。

“当然啦，”他一面想，一面啜着咖啡，“运动使时间过得慢，这就是他变得比较年轻的原因了”。如果像那位教授所说，一切运动都是相对的，那么，那个旅行者在他的亲属看来，既然显得年轻，那么，他的亲属在他看来，也应该显得很年轻啊。不过，这不太对头啊，那个孙女看起来并不比他年轻，她确实比他老啊。白头发不可能是相对的。那么，这意味着什么呢？难道并不是一切运动都是相对的？

因此，他决定再作最后一次尝试，弄清这到底是怎么回事，于是他转向坐在食堂里的一个穿铁路制服的单身汉。

“劳驾，先生，”他开口说，“你能不能费心给我讲一讲，对于火车上的旅客比老住在一个地方的人老得慢这件事，谁应该负责？”

“我对这件事负责。”那个人说，干脆极了。

“啊！”汤普金斯先生喊了起来，“怎么回事……”

“我是火车司机。”那个人回答说，似乎这就能解释一切了。

“火车司机？”汤普金斯先生重复了一遍，“其实，我从小就一直想当个火车司机的。”“但是，这怎么能使人保持年轻呢？”汤普金斯先生十分惊奇地问道。

“这个嘛，我也不太清楚，”火车司机说，“但事情就是这样。我是从大学的一个老头那里听说的。他当时就坐在那儿。”他指着靠在门边的一张桌子说。“消磨时间嘛。他告诉我他在做什么工作，当然要比我高一头啦。他胡吹乱侃，我一个字也听不懂。不过，他说这一切都是由于加速和减速而造成的。我还记得一些。他说，不但速度会影响时间，加速度也是这样。每次在火车进站和出站时都要减速和加速，那就会使乘客觉得时间在倒退。不坐火车的人是不会感觉到这种变化的。当火车进站时，你会发现，那些站在月台上的人并不需要紧紧抓住栏杆，也没有像火车上的乘客那种似乎就要跌倒的样子。看来差别就在这里了……”他突然停下不说了。

阅读思考：你理解的相对论的主要观点是什么？

论教育[1]

爱因斯坦

爱因斯坦，美国物理学家，相对论的提出者，诺贝尔奖获得者，20世纪最伟大的科学家。爱因斯坦的名字，也许是在公众中最为家喻户晓的科学家的名字了，但爱因斯坦除了在科学上极为突出的贡献之外，在许多社会政治事务上也多有精彩的见解。本文是其一篇讨论教育的文章，其中的观点，在当下，仍然令人警醒。

在纪念的日子里，通常首先是追溯往事，尤其是要怀念那些由于发展文化生活而得到特殊荣誉的人们。这种对于我们先辈的亲切的纪念仪式确实是不可少的，尤其是因为这样一种对过去最美好事物的回忆适宜于鼓励今天的善良的人们去勇敢奋斗。但这种怀念应当由那些从青年时代起就同这个州联系在一起，并且熟悉它的过去的人来做；而不应当由一个像吉卜赛人那样到处流浪把各种各样国家的经验兼收并蓄起来的人来做。

这样，就没有什么东西可留给我讲了，除了讲一些同空间和时间无关的，而过去和将来始终同教育事业联系在一起的问题。在做这一尝试时，我不能以权威自居，特别是因为各个时代的有才智的和善意的人们，都已讨论过教育这个问题，并且无疑已清楚地反复讲明了他们在这些问题上的见解。在教育学领域中，我是个半外行人，除却个人经验和个人信念以外，我的见解就别无基础。那么我究竟凭什么有胆量来大发议论呢？如果它真是一个科学的问题，人们也许会被这样一些考虑弄得哑口无言了。

可是，对于能动的人类事务来说，情况是不同的。在这里，单靠真理的知

① 许良英等编译.爱因斯坦文集(第三卷)[M].北京：商务印书馆，1979.

识是不够的，相反，如果要不失掉这种知识，就必须以不断的努力来使它经常更新。它像一座矗立在沙漠上的大理石像，随时都有被流沙掩埋的危险。为了使这座石像永远照耀在阳光之下，必须挥手不停地为它工作。我也要出一臂之力。

学校向来是把传统的财富从一代传到下一代的最重要手段。与过去相比，这种情况更加适合于今天。由于经济生活现代化的发展，作为传统和教育的传递者的家庭已经削弱了。因此，比起以前来，人类社会的延续和健康，要在更高程度上依靠学校。

有时，人们把学校简单地看作是一种工具，靠它来把最大量的知识传授给成长中的一代。但这种看法是不正确的。知识是死的；而学校却要为活人服务。它应当发展青年人中那些有益于公共福利的品质和才能。但这并不是意味着个性应当消灭，而个人只变成像一只蜜蜂或蚂蚁那样仅仅是社会的一种工具。因为一个由没有个人独创性和个人志愿的规格统一的个人所组成的社会，将是一个没有发展可能的不幸的社会。相反地，学校的目标应当是培养有独立行动和独立思考的个人，不过他们要把为社会服务看作是自己人生的最高目的。就我所能判断的范围来说，英国学校制度是最接近于实现这种理想的。

但是人们应当怎样来努力达到这种理想呢？是不是要用道德说教来实现这个目标呢？完全不是。言词是并且永远是空洞的，而且通向地狱的道路总是伴随着理想的空谈。但是人格决不是靠所听到的和所说出的言语，而是靠劳动和行动来形成的。

因此，最重要的教育方法总是鼓励学生去实际行动。这对于初学的儿童第一次学写字是如此，对于大学里写博士学位论文也是如此，就是在简单地默记一首诗，写一篇作文，解释和翻译一段课文，解一道数学题目，或者进行体育运动锻炼，也都无不如此。

但是在每项成绩背后都有着一种推动力，它是成绩的基础，反过来，这种推动力也通过任务的完成而得到加强和滋养。在这里存在着非常大的差别，这种差别同学校的教育准则的关系极为重大。做同样的工作，它的出发点，可以是恐怖和强制，可以是追求威信和荣誉的好胜心，也可以是对于对象的诚挚的兴趣和追求真理与理解的愿望，因而也可以是每个健康儿童都具有的天赋的好奇心，只不过这种好奇心往往很早就衰退了。同样一件工作的完成，对于学生所产生的教育影响可以很不相同，这要看推动这项工作的主因究竟是怕受到损害的恐惧，是自私的欲望，还是对快乐和满足的追求。没有人会认为学校的管理和教师的态度对塑造学生的心理基础会没有影响。

我以为，对于学校来说，最坏的事是，主要靠恐吓、暴力和人为的权威这些办法来进行工作。这种做法摧残学生的健康的感情、诚实和自信；它制造出来的是顺从的人。这样的学校在德国和俄国成为惯例，那是没有什么可奇怪的。我知道在美国这个国家里，学校中不存在这种最坏的祸害；在瑞士，以及差不多在一切民主管理的国家里也都如此。要使学校不受到这种一切祸害中最坏的祸害的侵袭，那是比较简单的。教师使用的强制手段要尽可能地少，学生对教师的尊敬的唯一源泉在于教师的德和才。

第二项动机是好胜心，或者说得婉转点，是期望得到赞许和尊重，它根深蒂固地存在于人的本性中。要是没有这种精神刺激，人类合作就完全不可能；一个人希望得到它的同类赞许的愿望，肯定是社会对他的最大约束力之一。但在这种复杂的感情中，建设性的力量同破坏性的力量密切地交织在一起。想要得到赞许和表扬的愿望，本来是一种健康的动机，但如果要求别人承认自己比同伴或者同学更高明、更强，或者更有才智，那就容易在心理上产生唯我独尊的态度，这无论对个人和对社会都是有害的。因此，学校和教师必须防范使用那种容易产生个人野心的简单办法去引导学生从事辛勤的工作。

达尔文的生存竞争以及同它有关的选择的理论，被很多人引证来作为鼓励竞争精神的根据。有些人还以这样的办法试图伪科学地证明个人竞争这种破坏性经济斗争的必然性。但这是错误的，因为人在生存竞争中的力量全在于他是一个过着社会生活的动物。正像在一个蚂蚁窝里的个别蚂蚁之间的交战说不上什么是为生存所必需的，人类社会中各个成员之间的情况也是这样。

因此，人们应当防止向青年人鼓吹那种以习俗意义上的成功作为人生的目标。因为一个获得成功的人，从他的同胞那里所取得的，总是无可比拟地超过他对他们所做的贡献。然而看一个人的价值，应当看他贡献什么，而不应当看他取得什么。

在学校里和在生活中，工作的最重要动机是工作中的乐趣，是工作获得结果时的乐趣，以及对这个结果的社会价值的认识。启发并且加强青年人的这些心理力量，我看这该是学校的最重要任务。只有这样的心理基础才能导致一种愉快的愿望，去追求人的最高财产——知识和艺术技能。

要启发这种创造性的心理能力，当然不像使用强力或者唤起个人好胜心那样容易，但它是更有价值的。关键在于发展孩子对游戏的天真爱好和获得赞许的天真愿望，并且把孩子引向对于社会很重要的领域；这种教育主要是建立在希望得到有成效的活动能力和社会认可的愿望之上的。如果学校从这样的观点出发，工作很成功，那么它就会受到成长中的一代的高度尊敬，学校所规定的作业就会被当作一种礼物来领受。我知道有些儿童就对在学时间比对假期还要喜爱。

这样一种学校要求教师在他的本职工作上成为一种艺术家。为的是要在学校中得到这种精神，我们能够做些什么呢？对于这个问题，正像无法使人永葆健康一样，并不存在包医百病的万灵丹。但是还有某些必要的条件是可以满足的。首先，教师应当在这样的学校里成长起来。其次，在选择教材和使用教学方法上，应当给教师以广泛的自由。因为强制和外界压力无疑也会扼杀他在安排他的工作时的乐趣。

如果你们是一直在用心地听取我的想法，有一件事也许你们会觉得奇怪。我所讲的完全是，依照我的见解，应当以怎样的精神来教导青少年。但是我既没有讲到课程设置，也没有讲到教学方法。究竟应当以文科为主，还是应当以理科专业教育为主呢？

对这个问题，我的回答是：照我的见解，这一切都是次要的。如果青年人通过体操和走路训练了他的肌肉和体力的耐劳性，以后他就会适合任何体力劳动。思想的训练以及智力和手艺方面的技能锻炼也类似这样。因此，有个才子讲得不错，他对教育下这样一个定义："如果一个人忘掉了他在学校里所学到的每一样东西，那么留下来的就是教育。"就由于这个理由，对于古典文史教育的拥护者同注重自然科学教育的人之间的抗争，我一点也不想偏袒哪一方。

另一方面，我也要反对认为学校必须直接教授那些在以后生活中要直接用到的专业知识和技能这种观点。

生活所要求的东西太多种多样了，不大可能允许学校采取这样的专门训练。除开这一点，我还认为应当反对把个人当作死的工具来对待。学校的目标始终应当是：青年人在离开学校时，是作为一个和谐的人，而不是作为一个专家。照我的见解，在某种意义上，即便对技术学校来说，这也是正确的，尽管技术学校的学生将要从事的是一种完全确定的专门职业。发展独立思考和独立判断的一般能力，应当始终放在首位，而不应当把获得专业知识放在首位。如果一个人掌握了他的学科的基础理论，并且学会了独立地思考和工作，他必定会找到他自己的道路，而且比起那种主要以获得细节知识为其培训内容的人来，他一定会更好地适应进步和变化。

最后，我要再一次强调一下，这里所讲的虽然多少带点绝对肯定的样子，却并不要求它比一个人的个人见解具有更多的意义，这种见解所根据的只不过是他自己在做学生和当教师时所积累起来的个人经验而已。

阅读思考：对于中国目前的教育现状，爱因斯坦的观点最重要的启发是什么？

爱因斯坦论和平①

内　森

内森，爱因斯坦遗嘱执行人。此文选自其选编的《巨人箴言录：爱因斯坦论和平》一书。我们曾说过，爱因斯坦除了科学上的伟大发现，在诸多社会政治领域的议论也引人关注，被人们称为“科学家—哲学家”。此文，总结了爱因斯坦关于和平问题的主要见解，从中，我们可以充分体会到像爱因斯坦这样一位伟大的科学家的良心和社会责任感。

我最后一次与爱因斯坦谈话，仅在他逝世之前几小时。他谈到自第一次世界大战结束和德国重新武装以来，美国对公民自由层层设防，他认为这是最不明智的，这是为世界确立真正的和平秩序设置了严重的障碍。几天前，他一生最后一次在9位科学家的声明上签了名，这篇声明告诫世人，除非在不远的将来取消战争体制，否则就要冒毁灭世界的危险。

这篇声明发布到全世界的几个月之后，我来到伦敦。我与伯特兰·罗素讨论了爱因斯坦在反对战争的斗争中所起的独特作用，这一斗争现在比以往任何时候都更为关键、更为紧迫。正是在那时，我构想出一个计划，它在本书中实现了。由于爱因斯坦再也不能够向世人讲话了，再也不能够亲自为全球和平奋斗了，我觉得把他反对军国主义和战争所做的永不休止的努力的记载加以出版，也许有助于为争取一个较健全的世界而斗争。

在爱因斯坦逝世后出版爱因斯坦著作的第一部选集，应该是专门记录他在和平事业中的活动的集子，这样做也许是适当的。爱因斯坦对宇宙知识的渴求使得他一生中的其他一切事情都黯然失色。当他还是一个孩子的时候，指南针

① [美]欧·内森，诺登.巨人箴言录：爱因斯坦论和平[M].长沙：湖南出版社，1992.

使他心荡神驰，这首次激起了他对自然规律的好奇心。他的思想盛满了对科学的兴趣，直至他逝世，其他一切东西都没有他的科学工作那么重要。但是，我从多年享有他的友谊和信任所获得的经验知道，除了献身科学之外，就其内心而言，再也没有什么事业比他决心永远消除战争体制更重要、更关切了。这种决心的根源何在？激励他的力量又是什么？

爱因斯坦为消除战争而斗争，不仅仅因为他憎恨暴行，而且因为他认为企图通过人类屠杀解决国际争端是骇人听闻的。他深信，只要战争作为一种被接受的惯例而存在，那么个人的思想自由（他把这种自由视为人类社会的基本原则）就不会实现。军事机构的存在，把年轻人训练成为最臭名昭著的为自私目的服务的毫无思想的工具，战争将在平民生活中引起道德沦丧——爱因斯坦认为这一切都是与自由人的尊严水火不容的。

爱因斯坦是一位社会主义者。他之所以相信社会主义，是因为他作为一位令人信服的平等主义者，反对资本主义的阶级分化和人对人的剥削，他觉得资本主义制度比先前的任何经济组织更能巧妙地为这一切大开方便之门。他之所以是一位社会主义者，是因为他确信，资本主义经济不能充分地改善全体人民的福利，资本主义经济的无政府状态是当代社会许多罪恶的渊薮。最后，他之所以是一位社会主义者，是因为他深信不疑：在社会主义制度下，比在人们已知的任何其他制度下，更有可能达到与公共福利相一致的、最大程度的个人自由。

爱因斯坦的社会主义乃是他深深地感受到了对他所生活的世界的不公正所做出的反应，它既不是有条理研究的结果，也不是局限在意识形态信条的范围内。他的自由的、无拘无束的思想以及对管制厌恶的天性，不会容忍对他的思想、行为或表达方式施加任何强制。由于他的思想在系统的推理中受到训练，他相信中央计划经济的必然性，中央计划经济能使生产和分配井井有条，能够为作为一个整体社会利益使用人的劳动能力。但是，他也清醒地认识到彻底的计划经济可能引起的问题，这些问题实际上也许是“伴随着个人的完全奴役”。爱因斯坦总是对权力集中忧心忡忡，不管产生权力集中的经济体制是什么。他坚持发展真正的政治民主，这不仅仅反映了他内心深处对他的同胞怀有平等和兄弟般的情感；他认为真正的民主对于滥用经济力量来说是一副必不可少的解毒剂，在他看来这种滥用对社会福利构成了持续不断的威胁。正是对被集中起来的权力的担心，以及对权力集中可能导致的野心和强制的忧虑，使得爱因斯坦不可能期望社会主义会成为反对战争的保证。他不具有其他社会主义者的信念：社会主义国家相互之间不会进行战争；他担心在它们之间驱使的力量，也许会变得像在资本主义国家之间驱使的力量那么强大有力，那么富有灾难性。因此，对爱因斯坦来说，即使在社会主义国家范围内，销毁武器和废除战争体制也是和平的须臾不可或缺的先决条件。

我常常感到，这种理性的分析并没有充分地说明爱因斯坦对于人们生活的太平世界的焦虑。要揭示一个人促使他像他期望的那样去做或不去做的行为的内在动机，即使并非不可能，也是相当困难的，个人的内在动机对他本人来说往往也是未知的。尽管意识到这些困难，我仍然应该乐于记下在我试图理解爱因斯坦这位非凡人才时所产生的某些看法。他自己曾经说过，他的和平主义并不是受到任何理智的理论的促动，而是建立在对种种残忍和敌意深恶痛绝的基础上。这种深恶痛绝使他在40多年间成为一位反对战争的斗士，他把许多时间和精力投身于斗争，另外又谨慎地照管他的科学工作，然而这种深恶痛绝是如何萌生的呢？ 这种深恶痛绝之所以存在或愈演愈烈，是由于他作为一位社会主义者的动力，这种说法可以成立吗？ 就能够成立而论，他在1914年战争爆发后首次公开表达了和平主义的信念。当时爱因斯坦已在全世界科学家中获得了显赫的声望；他在科学史中的地位已确立起来。他是一个深沉的宗教徒——正如他曾经自称的那样是一位异教徒。他以深深的谦卑之情敬畏大自然，他一再面对他的研究之树肃然起敬，沉思它们枝叶的繁茂和美丽，沉思人们在数千年探究和观察中获得自然规律的细微的理解力。1914年夏天，当他把战争厌恶地视为“某种难以置信的东西”时，当他为自己属于“堕落的”人种而痛心疾首时，我相信他必定感到，人们在战争中的行为亵渎了庄严的宇宙规律，千百万人的任性屠杀与自然进程格格不入，而他作为科学家却对宇宙规律和自然进程怀有最深厚的敬畏之情。这恐怕是他对残暴行为深恶痛绝的真正根源，也是他热情而虔诚地努力促进消除每一个战争体制的动力的真正根源。也许正因为作为一位科学家，他从事的是试图增加人对自然理解的最抽象的工作，所以他才觉得迫切需要使人深信不可藐视大自然的意志，并决定献身于为人类的幸存而斗争的最具体的、即使有时是不切实际的目标，以及创造性地实现这一目标。

一些人非难爱因斯坦在政治事务中是幼稚的，指责他把自己的名声给予非正统的事业是过于慷慨了，这些人大概没有认识到，爱因斯坦从来也没有支持过那些有可能违背指导他的原则的事业。尽管他的基本的政治原则在他的一生中没有改变，但是，在他的信念方面或者在这些信念应用于他所处时代出现的实际问题方面，他远不是固执己见的或教条主义的。在德国纳粹主义的早期，他宣告他再也不能够倡导反战政策了，而在此前一些岁月里，他曾如此热情地宣传过这一政策。当时他处在和平主义运动的极其猛烈的攻击之下；可是，他本人从未感到他抛弃了和平主义事业，他继续把自己看作是一位令人信服的、一心一意的和平主义者，和平主义者不能在面临变化着的环境时固守僵硬的政策。在爱因斯坦看来，和平主义意味着建立世界机构，这些机构在不诉诸强权和暴力的情况下就能够消除战争，维护国际和平。但是，和平主义并不意味着在纳粹德国这样的国家面前，其他国家应该依然不设防，当时纳粹德国正在公开地为战争和侵略做准备。事实上，当爱因斯坦要求西方国家重新武装起来以反抗纳粹主义的威胁时，他认为他正在服务于他所理解的和平主义事业；他觉得，如果德国知道西方国家在冲突事件中做了军事上的准备，那么就存在避免战争的较好机会。

在1939年夏所写的那封预言性的信函中，当爱因斯坦劝告罗斯福总统，原子弹的生产已变得明显可能时，当他建议美国政府关注支持和加速当时正在进行中的、与生产原子能有关的实验工作时，他就是按照类似的前提行动的。爱因斯坦之所以向罗斯福总统提出这一建议，并不是因为他想要美国利用这种可怕的武器扩大死亡；相反地，他希望美国拥有原子弹可以使德国人更不情愿爆炸原子弹，爱因斯坦担心德国人很快就会成功地生产原子弹。1933年和1939年，在反战和原子能的事件中，爱因斯坦对积蓄起来用于罪恶和破坏的力量作了现实主义的估价，他正是从他所相信的估价出发而行动的。他并不认为手无寸铁的国家不防备和爱好和平就能阻止法西斯的侵略，而且，他知道法西斯国家是从来也不会加入或遵守国际保护和平协议的。

爱因斯坦就其本质而言是一位国际主义者；他极其厌恶国家主义和沙文主义，他认为无节制的国家主义和沙文主义对世界上的许多罪恶负有责任。他痛惜政治国界的存在以及它们给人类造成的危害和分裂。作为科学家，爱因斯坦从事的最多的工作必然是国际性的，尽管最后20年的许多努力与科学秘密有关，但爱因斯坦曾尖锐地批评了这些努力。当爱因斯坦在1914年倡导联合欧洲时，当他欢迎1919年国际联盟建立和1945年联合国建立时，他都希望增强世界各国之间的文化和科学联系。但是，他向往世界组织的信念甚至更多地是由另外的考虑激起的：爱因斯坦早就认识到，维护国际和平需要部分放弃国家主权，以便支持可以拥有为和平调解国际争端所必需的行政和司法机构的国际组织，该组织唯一地被授权保持一支军事力量；他希望，国际联盟盟约和后来的联合国宪章能够及时加以修正，为的是出现一个有能力维护世界和平的组织。爱因斯坦坚持认为需要一个合适的世界组织，这随着现代武器惊人威力的增加而获得了契机。原子弹的生产和1945年在日本城市的投掷，使爱因斯坦比以往任何时候都更不能容忍对和平所做的象征性的姿态。他从来也不相信，小规模地裁军是反对战争的切实可行的政策以及这项政策永远能导致全面裁军与和平；他深信，一个国家不会同时既武装又裁军。在1945年后，当核战争的可能性构成对人种灭绝的威胁时，他更为强烈地感受到这一点。正是在第二次世界大战后的那些年间，他开始积极地投身于世界政府运动之中。他没有把世界政府想象为一种取代现存国家政府的基本功能的机构；相反地，他设想的组织是一种把权威仅仅约束在直接与维护和平有关的事务中的组织：在国际安全事务中，任何对于成员国最高权力的侵犯都受到世界组织契约的限制。爱因斯坦也许是倡导建立一个其复杂程度超过具体的、直接需要的庞大权力的最后一个人。他支持建立一个集中的、超国家的实体，该实体的唯一目的是保证国际安全；另外，他也是分散化的坚定的倡导者。

本书收集的许多文献将揭示出，对于“所有事业中最伟大的事业——人与人之间的善良意愿和地球上的和平”，爱因斯坦是一个具有几乎入迷着魔的劲头的人。本书有意识地只涉及爱因斯坦异常丰富和有创造性的生活的一个方面，但是不管描述他科学兴趣或非科学兴趣的哪一个片断，他的个性都栩栩如生地显露出来。与同代人中的其他人不一样，爱因斯坦享有非凡的世界声望：他受到尊崇、赞美、敬重和爱戴。就伟大和谦卑而言，爱因斯坦的名字具有不可界定的意义，这部分是因为它成为具有重大意义的科学发现的象征，也更多的是因为爱因斯坦天生的、以奇妙的方式与世人沟通的品格。世人必定会觉察到只有与他进行个人接触才能充分显露出的东西：生性热情、具有魅力，随和而不拘礼节，对朋友和陌生人一视同仁，丝毫没有优越感，常常表现出坚强有力和令人满意的秉性，从不多愁善感，言谈爽直坦率。他的谈吐、衣着、饮食以及他书房的家具——这一切都显得十分简朴，表现了他的个性，实在叫人难以充分描绘。他从不使用那些对人的生存不是必需的或非基本的东西；他在物质和时间方面极其节俭地安排自己的生活，尽量避免一切多余的东西，全神贯注地从事看来是重要的、充实的或有趣的事情。就人们所知而言，简朴甚至是他的感情生活的特征。尽管他很热情，但是除了稀有的场合以外，他与外界有着几乎无法逾越的鸿沟。虽然爱因斯坦和几个朋友交情甚笃，但他却是一个孤独的人，他因这种孤独感而痛苦，他的悲痛的眼睛常常流露出凄凉的、恍惚的神色，仿佛想要看穿宇宙的奥秘。他以挖苦的方式充分意识到这样一个事实：世人也在肉体方面使他的生活变得孤独了。他的罕有的声望和人所共知的容貌，使他成为他自己的房子和房子周围环境的事实上的囚犯；他处处受到人们的注意，这给他带来了不便，他不能像千百万人那样过日常生活，他不能到他乐于去的地方，他不能做自己喜欢的事，他不能与看来情投意合或志趣相投的人打成一片。在例外的情况下，他会坐在杂货铺的柜台旁，或沉迷于某种类似的"活动"——这种活动无论在哪里都是人们经常的、平淡的习惯，此时他才能得以感受他的困惑和欢乐。

爱因斯坦了解人们对他的崇敬，他在这种尊敬中被束缚住了。他无法向自己解释这种崇敬，他认为这是不应得到的。不管他为此感到多么窘迫，他仍然承认，他在共同体和世界中的独有地位，给他为个人和整个社会的利益而行动提供了特殊的机会。他深感有责任付出他的努力和影响，他无论何时都希望它们是富有成效的。他时刻准备中断他的科学工作——甚至为他忙于其他事情时，他也全神贯注于科学工作——以便把时间和精力奉献给个人的或公共的事业。他接待来访者，研究文件，准备公开声明或提供所需要的任何服务。无论他接触大学者还是公众的喝彩，或者是接触某个对他和世界一无所知的人，这都是无关紧要的。他毫不迟疑地去行动，他对与他交往的任何个人的情感总是十分敏感，而不管这个人在世间的地位多么低微。

他给予支持的事业不会遭到任何拖延；这些事业都是紧迫的：公民自由、民主、社会主义、犹太人问题、社会正义和经济公平，以及为使生活更为丰富和有益的普通教育。但是，随着岁月的推移，没有什么事情比为废除战争而斗争更令爱因斯坦觉得迫不及待了。伟大的科学发现（他在其中扮演了如此突出的角色）在他的时代没有首先用来改善人们的工作和生活条件，而被用来作为扩大恐怖和破坏的手段，这的确是悲剧性的。在爱因斯坦生涯的最后几年，扩军备战日益加剧，世界和平的维护危如累卵。在美国，由于和平的拥护者变成了不爱国活动的嫌疑分子，并且横遭政治迫害，反对战争的斗争也越来越变得寸步难行了。随着和平拥护者人数的减少，爱因斯坦也深深地感到日渐孤立。他哀叹学术共同体的迟钝，也哀叹许多沦为国家主义宣传的牺牲品的人的无知。反对战争的准备软弱无力，与原子武器有关的十足的蠢行触目皆是，爱因斯坦越发为此而心急如焚；但是，他实际上从未感到绝望。我认为，他之所以没有绝望，是因为他从未对理性的威力丧失信心。他常常建议，具有无可置疑的成就和个性的一批人，都要呼吁世人的良心；他觉得，被认为是通情达理的人的声音是不会永远充耳不闻的。这就是他为什么毫不犹豫地加入伯特兰·罗素和一小群科学家的团体之中，以唤醒人类认清和估计威胁他们的巨大灾难。这件事发生在1955年4月。正如已经提到的，它是爱因斯坦的最后一次行动。

当我决定筹备本书时，我希望爱因斯坦论和平的著述日益增大的影响，依然能够构成又一次对理性的呼吁。这就是我在1955年秋描绘该目标时曾经说过的话："世界现在已进入了这样一个时期：人们愈加清楚地认识到，为和平而斗争必须全力以赴地废除国家武装和战争本身；在刚刚过去的几年中的发展，不仅在国际安全问题上引起了量的变化，而且也产生了质的变革。如果我们不得不妥善处理人类面临的重大问题的话，那么传统类型的裁军谈判就远远不够了。爱因斯坦40多年间在他的著作中明显体现出来的远见卓识和坚定不移，可以用来激励人们从事一种现在已迫在眉睫的、必不可少的谈判——废除战争的谈判。"

这一切现在对我来说就好像我在将近5年前写它时那样真实。为无战争世界而进行的真正谈判实际上还没有开始。但是，对于这样的谈判，人类在精神上比爱因斯坦逝世时有了更充分的准备，时机也更成熟了。历史的力量以微妙的方式对人的理性施加了影响，历史的力量正在爱因斯坦预见的方向上运动：一个没有战争的世界。

阅读思考： *爱因斯坦对和平问题的主要观点是什么？*

第三编

科学家传记

列奥纳多·达·芬奇①

萨　顿

萨顿，美国科学史家，当代科学史学科的奠基人。达·芬奇是文艺复兴时期最重要的科学家之一，在多个科学领域有重要贡献，其研究范围更是远远超出科学领域，在艺术等领域亦是顶级大家。萨顿，作为当代科学史学科的奠基者，其科学与人文的修养令人敬仰，在此篇他所撰写的达·芬奇的传记中，我们可以看到一个与平常所知达·芬奇有所不同的科学家形象。

塞尔·彼耶罗·丹东尼奥出生于公证人世家，他本人也在一个名叫芬奇的小村庄担任公证人，这个小村庄坐落在瓦尔达诺的蒙特阿尔巴诺山脉丘陵地带。他和村中的一位女子卡泰里纳生了一个男孩，取名列奥纳多。男孩出生不久，他的双亲就各自结了婚。卡泰里纳嫁给了村里的一个农民，而塞尔·彼耶罗娶了一位贵族小姐。这个孩子则归他父亲抚养。他的继母死得很早，此后又先后有过3个继母。塞尔·彼耶罗有许多婚生子女，在他们中间，列奥纳多由于是私生子而备受歧视。然而，尽管出身暧昧和微贱，他终于成长起来，并成了意大利文艺复兴的真实化身，我们甚至可以把他比喻成至尊至美的文艺复兴之花。他之所以成为文艺复兴的代表，就在于他深深地扎根于中世纪；而他成为现代世界杰出的先驱者之一，则只不过是他自身天才的象征。他的另一个与众不同之处在于：他不仅是一个出色的艺术家，而且还是一个出色的科学家，这使他成为人类历史中独一无二的人物。

如果他是婚生子的话，那么，他的父亲很可能会为他提供在当时所能受到的完全的教育。列奥纳多就会在拉丁语方面而且可能在希腊语方面受到良好

① [美]基·萨顿.科学的历史研究[M].北京：科学出版社，1990.

的训练，他很可能会被送进大学，或被送去学习法律或医学。他受的教育就会是他那个时代的传统教育；他的脑袋就会塞满修辞学、辩论术和形而上学之类的东西——这些都是靠死记来学习的东西，与实际完全脱离，更不用说做实验了。幸而，他是一个私生子，教给他一些美术工艺或手艺就足够了。我们可以设想，这个小私生子很早就显示出了他艺术家的脾性，对什么都好奇，对什么都着迷。不管怎么说，塞尔·彼耶罗把他寄居到安德烈·德尔·韦罗塞奥①家中的时候，他还很小（比如说13岁，或许更小）。这大约是在1465年，从这时起列奥纳多就离家生活了。他父亲仍住在芬奇村，直到1469年才在佛罗伦萨定居下来，当时他被任命为这个城市的公证人。塞尔·彼耶罗一直是一个有财产的人；这时，他比以往更富裕了，他的家庭也更大了，但列奥纳多不在其中。然而，我们必须感激他把这男孩从一个不相宜的家庭放逐到维亚德拉格诺罗的韦罗基奥家里。这是一个恰当的抉择。韦罗基奥原是金银匠学徒出身（至1471年，这仍是他的主要职业，因为那时他称自己为“金银匠”—— *orafo*），但他也是一位画家和雕塑家；由于建筑的需要，他曾学过几何学（但他的建筑设计一份都未流传给我们）；他是一个木器镶嵌工，一个青铜器铸造工，有时他还不得不做一名机械工人的工作。在他的工作室中，列奥纳多能够得到他那个时代最好的教育，不仅可学到艺术，而且学会了独立的、科学的思考。那时，艺术家必须事事亲自动手，他们得准备合适的油画板或油画布，研磨并配制颜料，还得准备油料、清漆和胶水。雕塑则有雕塑的特殊困难，因为必须准备好内部的骨架，而且雕塑家在做大于实物尺寸的作品时（如韦罗基奥为巴托洛米奥·科莱奥尼②雕像就必须那样做），他可能需要各种各样的机械装置。韦罗基奥是文艺复兴时期最伟大的艺术家之一，正是他把多那太罗③的艺术观点传给了列奥纳多，我们都知道但未予以充分评价的是，他把许多科学研究的技术细节和对科学的热爱传给了列奥纳多。

列奥纳多在韦罗基奥的家中和工作室中至少待了10年，几乎他全部的教育都是在那里获得的。不仅如此，他和老师傅之间的情谊既长久，又亲密，以

① 安德烈·德尔·韦罗塞奥（1435—1488），意大利佛罗伦萨派画家和雕刻家。

② 巴托洛米奥·科莱奥尼（1400—1476），意大利雇佣军统领。

③ 多那太罗（1386—1466），15世纪伟大的雕刻家，意大利文艺复兴初期写实主义创始人。

致彼此影响了对方，所以，要在韦罗基奥的作品中找出列奥纳多的特点，就像在列奥纳多早期的绘画中找出韦罗基奥的特点一样容易。除了和韦罗基奥的相互教育之外，列奥纳多还受到其他许多人的教育，因为韦罗基奥的名望很高，引来许多人登门拜访，其中有佩鲁吉诺[①]、波提切利[②]、洛伦佐·迪·克累提[③]，波拉约洛兄弟[④]的工作室也就在近旁。我们不难想象，这些人你来我往，情同手足（当然也免不了争吵），交流感想和经验。韦罗基奥和列奥纳多除了那些天天都碰到的实际问题之外，他们尚有机会来仔细考虑所有那些使他们同时代的人心灵焦虑不安的问题，以及那些不是从学术要求上，而是在直率的思想交流中向他们提出来的问题，比如说生活本身就会展现出的种种问题。

韦罗基奥的工作室是列奥纳多天赋的极好摇篮。我们不知道他受教育的详情，要描述这些细节恐怕是不大可能的了。这不像大学生所受的传统教育，大学生学习了哪些门课程，校长办公室能提供出一张课程表。校长提供的资料虽然非常表面，但它指引并限制着我们的好奇心。对于列奥纳多，我们什么指导也没有，有的只是他留传下来的艺术作品和丰富的笔记。

他很早就养成了把出现在脑海里的想法草草记下的习惯，这些想法他是用文字或草图来表达的，它们大量地留传了下来。好几个图书馆和博物馆中都有许多这类笔记和草图珍藏品，它们都被复制成带有誊写、译文和解说的摹真版本。还有两本精心推敲过的选集。这些誊写和翻译是必需的，因为笔记是为了他自己使用而记录的，经常是缩写，而且实际上全是以倒写写成的[⑤]。他为什么这样做呢？我们只能猜测。可能他是个左撇子，他开始时无意识地用这种方式来写作。（我们不妨做个小实验，尝试用两手同时写几个字。）列奥纳多头脑敏锐，他懂得，这样做有一个好处：他的笔记不会因言语失检被人抓住把柄，而当记笔记的笔记本随意放在他屋里时，他的笔记也多半不会被人偷走。这些笔记的

---

① 佩鲁吉诺（约1450—1523），意大利画家，拉斐尔的老师。

② 波提切利（1445—1510），15世纪意大利佛罗伦萨杰出的画家。

③ 洛伦佐·迪·克累提（约1459—1536），意大利文艺复兴时期的艺术家。

④ 安托尼·波拉约洛（1432—1498）、皮耶罗·波拉约洛（1443—1496），意大利雕刻家、画家、雕工和金饰工。

⑤ 即通常写法在镜子中的映像那样的书写法。阅读它时，得将其置于镜前看其映像。

主要毛病是它们很少有标上日期的；虽然有一些笔记本里注明了日期，但也没有多大用处，因为很显然，列奥纳多经常在可以利用的空白处插入一篇笔记（我们应该记住，当时纸张不像现在这么便宜，所以人们不像我们这样浪费纸张）。因此，许多页纸不是一次写就的，而是在不同的时候逐渐填满的。在一本笔记本中的笔记不像在一本日记本中的条目那样以严格的日期顺序一篇一篇接。因此，尽管我们知道列奥纳多对各种各样问题的看法，但我们很少能确定其日期；当这些思想发展时，我们一般说不上它们往哪个方向发展。我们不久就会回到这个问题上来。

在进一步深入评论之前，简要地讲一下列奥纳多的生活经历是有益的。他最初30年的生活主要是在佛罗伦萨度过的。尽管在1472年他被佛罗伦萨画家行会接纳为师傅，他还是继续和韦罗基奥一道工作，迟至1476年，他仍然寄居在韦罗基奥家中。他在佛罗伦萨起码一直待到1842年或1843年（即使不再待在韦罗基奥家中），那时候他在米兰的公爵路德维柯·斯福尔札[①]手下服务。

他尽一切可能来丰富自己的头脑，训练自己的技能；他最早的努力似乎是在素描和雕塑方面，可是他也已经开始用颜料绘画了，他的第一件杰作“古波斯僧的崇拜”就是在此早期阶段中创作的。他还开始思考工程问题，例如，怎样使阿诺河从佛罗伦萨通航到比萨，怎样改进水力磨坊的设计。他毕生强烈地迷上了水力学的问题，这并不奇怪，因为水流的动力是当时唯一能俘获和制服的自然动力（风力也可以利用，但要差些，因为它太多变了）。此外，他虽然几乎已经熟悉了他那个时代所有的科学问题和技术问题，但却未能确立起自身的前程。无疑，塞尔·彼耶罗曾断言他会失败。他本人也许对此有些觉察，因而渴望要做更了不起的作品，以保证有一个美好的未来。

我们有一封他1482年左右寄给路德维柯·斯福尔札的信件草稿。这封信写得哀婉动人，因为它说明了天才在竞争面前的懦弱。每一个具有起码智力与常识的讲求实际的人到30岁都找到了他前进的方向，已经有了适当的职位，而且随岁月的流逝，职位还会越来越好；到那个年纪，一个才干出众的人已经是名望卓著了。而列奥纳多不仅是一个有才能的人，不管好坏，他还是一个天才。他由于沉溺在他的工作、思想和理想中太深，无暇顾及自己的前程，到了而立之年，他发现自己没有着落，没有财产，没有职位，没有希望。因此，他不得不

① 路德维柯·斯福尔札（1452—1508），文艺复兴时期杰出的王公之一。

为自我鼓吹，并把自己“出卖”给米兰的暴君。这是命运的一个令人辛酸的嘲弄：讲求实际的人恐怕绝不会这样地“出卖”自己，因为他每时每刻都在暗中从容地出卖自己，他会把自己“安插”在一个机构中，并且，不是通过言辞，而是通过他对工作和上司要求的适应来证明自己有用。这位天才就想不到这一切，他不能使自己适应于指定的任务，反而试图使任务适应于他在精神上的需要；然而有一天到来了，那时他必须解决吃饭穿衣问题，于是他不得不以一种使讲求实际的“体面人”感到震惊的方式来自吹自擂。让我们以这种眼光来看看列奥纳多的简介吧：

最卓越的阁下，在充分考虑到所有那些声称自己是有技能的兵器发明者制造出来的各种样品，以及上述兵器的发明和操作与通用器械毫无差别之后，我将在无损他人权益的条件下向大人表白我自己，向阁下透露我的秘诀，并把它们奉献给阁下，以期厚惠与恩准，在适当的时候有效地做出这样一些事，兹将一部分简述如下：

（1）我知道一种极其精巧坚固的桥梁，搬运起来很方便，利用这种桥梁，任何时候都可追击敌人，也可避开敌人。此外它安全牢固，不易为战火摧毁，撤除与安置都容易方便。我还有烧毁和破坏敌人桥梁的办法。

（2）当一个地方遭到围攻时，我知道如何突然离开战壕，如何建造无穷多种的桥梁、暗道、云梯以及这种快速行动所必备的其他机械装置。

（3）在围攻一个地方时，若由于堤防的高度，或敌方兵力和地形而不便实施炮击的方案，我仍有方法摧毁每块岩石或其他的堡垒，即使此堡垒建在岩石之上，等等。

（4）我还知道几种运载极其方便的迫击炮，使用它们投掷大小石子，几乎能像暴雨一般；这些石子的烟雾使敌人丧魂失胆，给他们带来极大的损伤和混乱。

（9）[①]如果是海战，我知道许多种最有效的攻防机械，以及能抵御最大的枪炮、火药和重点进攻的舰船。

（5）我有办法不发出一点声音就能修成弯弯曲曲的坑道与道路，通向预定

① 原文顺序如此，下同。

地点，即使这要穿过壕沟或河流。

(6)我会制造安全而不易受到攻击的有掩蔽的战车，它们拖着大炮进入到敌人中间，敌人再多也能粉碎他们。我方步兵则可跟在战车后面，不受伤害而无所阻挡地前进。

(7)需要的话，我将制造与普通类型不同的精巧实用型大炮、迫击炮和轻便武器。

(8)在炮战不能奏效的场合，我会发明出弹射器、军用射石机、石弩和其他有神奇功效的专用机械。总之，根据情况的变化，我能发明出无穷多样的进攻和防御手段。

(10)在和平时期，我相信，在公共和私人建筑的结构设计上，以及在把水从一地点引到另一地点方面，我能够和任何其他人一样安全并使人满意。

而且，我能够用大理石、青铜或黏土做雕塑，我还能绘画，不论什么都可画，画人画物惟妙惟肖。

我现在就可以着手雕塑青铜马，它将是伯爵您那已逝的父亲和杰出的斯福尔札家族不朽的荣耀和永恒的光荣。

若是有人以为上面提到的事情任何哪一项都不可能办到的话，我随时都可以在您的花园中，或在阁下高兴的任何地方进行实验。我极其谦卑地向阁下推荐自己。

在这篇自荐书中，最引人哀怜的莫过于列奥纳多没有多谈他的艺术天赋，尽管他唯一的成就（对比他的思想和设计）是在艺术领域之中。他知道，米兰的公爵是一位讲求实际的人，对于艺术家，他可以庇护，也可以不庇护，但他需要工程师和机械师，尤其是出于战争的考虑。因此，他的“简介”首先举出桥梁（如何建造桥梁以及如何破坏敌人的桥梁）、云梯、大炮和其他战争工具，举出围攻敌人和挖掘坑道的方法等等。前9段都用来讲这类事情，只是在最后的第10段，列奥纳多才谈到他作为一位建筑师、金属铸造工、雕塑家和画家的创造能力。人们经常嘲笑、谴责化学家们从事制造原子弹或毒气，但在这里我们一定亲眼看到，所有时代中最伟大的艺术家之一以一位军事工程师的身份出现。

他的提议被接受了。从1483年起，列奥纳多受雇于路德维柯·伊尔·莫罗。他对于公爵的主要义务责任，就是一位工程师为和平或战争所要负的责任，但是，幸好他为艺术与科学耗费了足够的时间。他继续就许多艺术和科学问题进行试验与思考，并且同那些被吸引到米兰宫廷的名家大师讨论这些问题。在离开佛罗伦萨之前，他曾经见到了他的师傅、正在为巴托洛米奥·科莱奥尼骑马塑像的庞大工程艰苦奋斗的韦罗基奥，他希望同老师展开竞赛。这是一次多么光荣的挑战！ 他首先想到的是建筑一座佛朗西斯科·斯福尔札①的塑像，但他未能完成这一骑士塑像或任何其他塑像。《岩间圣母》和《最后的晚餐》是米兰时期（1483—1499）的作品。当路德维柯参加抗法联盟，被路易十二战败监禁之时（1499），这一时期就结束了。列奥纳多和他的朋友卢卡·帕奇奥利（1450—1520）逃到威尼斯避难。

这就揭开了列奥纳多一生中的第3个时期，也是最后的时期（流浪的岁月）一个流亡者从意大利的一个城市到另一个城市的游荡生活。我们发现他在曼托瓦和威尼斯，在皮翁比诺、锡耶纳、乌尔比诺、切塞纳、伊莫拉、罗马、佛罗伦萨、米兰，又在罗马，他频繁地在这些地区活动，经常是以艺术家和工程师的身份，但更多的则是以科学家和哲人的身份出现。

在这些流浪的岁月中，最富有成果的日子是在法国统治之下的米兰度过的。他在路德维柯手下时就开始了挖掘运河的工作，在法国人统治下，这项工程仍继续着，然而他大部分的时间还是用在了艺术上，特别是绘画上。他当时是米兰学派（现在我们称为列奥纳多学派）公认的大师；米开朗琪罗②不在那里打搅他（这两位巨人在同一城市中就不自在），年纪较轻的艺术家则尊敬这位上年纪的大师。他的《勒达》和《圣徒约翰》就是在此期间创作的。他也没有忽视对科学的探索。他大多数的解剖标本和解剖图大概是这时搞的。在这方面他得到解剖学家马尔坎托尼奥·德拉·托雷（1478—1511）的鼓励。另一方面，他同卢卡·帕奇奥利讨论数学问题，多半是他为后者《神圣的比例》这本书提供了插图。

这个第二米兰时期是他人生旅程中最后一块绿洲，当神圣联盟（包括罗马教皇、西班牙和威尼斯）成功地战败了法国人时，这一时期就不愉快地结束

① 佛朗西斯科·斯福尔札（1401—1466），路德维柯的父亲，1450—1466年间米兰的公爵。

② 米开朗琪罗（1475—1564），意大利文艺复兴时期的雕刻家、画家、建筑设计家和诗人。

了。1512年底，马克西米利安（路德维柯的儿子）得到许可重新回到米兰。3年后，佛朗西斯一世[1]入侵伦巴第[2]，赢得了马里尼亚诺战役（1515年9月13日），米兰再度落入法国人手中。与此同时，列奥纳多收到了朱里安诺·第·美第奇[3]的邀请去了罗马；1513年底，他们到达了不朽城[4]。列奥纳多应邀逗留在梵蒂冈，从事各种实验。然而，环境气氛不像在米兰时那么友好。不仅米开朗琪罗使这个地方笼罩在他巨大的影响之下，而且一位德国的机械师朱万尼·德利·斯佩基由于妒忌也在制造麻烦。在1516年或1517年初，列奥纳多和年轻的佛朗切斯科离开罗马，去领受佛朗西斯一世的款待。后者为这位年老的艺术家提供了一笔养老金，和昂布瓦斯附近克鲁克斯的城堡，那里，当时曾是他自己的住宅。就是在这个地方，列奥纳多度过了他生命中最后的年月。在许多方面他仍然很活跃，还在规划一条连接罗讷的运河，他随身携带了他收藏的解剖图和三幅油画：《圣徒约翰》《圣安娜和圣母玛丽亚及圣婴》和一位女士的肖像。最后这幅画大概就是《蒙娜·丽莎·德尔·乔康多》，因此这三幅画今天才会都在罗浮宫。

1519年4月23日，列奥纳多叫了一位公证人来立他的遗嘱，将他的主要财富（他的手稿）遗赠给佛朗切斯科·梅尔齐。此后不久，1519年5月的第二天，他去世了。

列奥纳多是一位天生的机械师。当时，机械尚属罕见，几乎每一种工作，不论是家务的、农业的还是工业的，都是手工劳动，在这样一个时代里，他总是在考虑设计精巧的新发明。请再考虑一下前面提到的他那封给米兰大公的信。他清醒地知道需要机械，以及机械会开辟无限美妙的希望。事实上，人们，至少有些人，是一直熟悉战争器械的，而这些器械在历史过程中又逐步得到改进。列奥纳多生活在一个暴力的时代，他将很多的心思用于考虑战争工具，但他也考虑别的机械，这些机械不是用来屠杀人民的，也不是用来摧毁人们的财产的，而是用来增进人民的财富的。

---

① 佛朗西斯一世（1494—1547），法国布列塔尼公爵。

② 伦巴第，意大利北部一地区。

③ 朱里安诺·第·美第奇（1479—1516），1512—1513年间佛罗伦萨的统治者。

④ 不朽城，罗马的别称。

从少年时代起，列奥纳多就梦想运河和水力。河道曾是提供运输的最佳手段，而且是唯一方便的手段，但是除非江河为人所充分控制，否则是不会有用的。如何才能够沿着阿诺河顺流而下，将沉重的货物安全地从佛罗伦萨运到比萨和运到海上？此外，流动的水能使轮子转动，而轮子又可以用来带动各种机械。列奥纳多满脑袋都是有关这个问题的主意。

风力也可以开发利用，不仅是用风车，而且是以鸟类利用风力的方式。飞翔是人类老早就有的一种梦想，像戴达罗斯和伊卡鲁斯[①]的那种早期神话就可以为证，但是列奥纳多的梦想比他先辈中任何一位都更深刻，或者更确切地说，他一开始就像实验家和工程师那样地思考这个问题，而不是像诗人那样模糊地、无效地梦想。鸟在飞翔，不是吗？它们在空中如何设法支撑自身来飞翔，来指引它们的飞行？他曾仔细观察鸟如何调节和弯曲翅膀及用于顺风和逆风时滑翔、平衡和降落的各种各样的羽毛与可调节的尾翼。直到19世纪，还没有人重复过这样复杂又准确的观察。列奥纳多可以公正地被称为是航空学的开拓者之一。

他的头脑里有很多事关机械的思想，这些思想表述在笔记、草案图和描图（等同于我们的蓝图）中。这些图中有一些是如此的清楚、精确，根据它们就可以造出列奥纳多的机械和新装置的模型，不能否认他发明了它们，但他并不因此就是最初的发明者。在现代发明的情形中，对于技术优先权的调查有时是困难的，而在更古老的发明中，调查则是不可能的。那时有许多发明者，而他们几乎全都是文盲或不能用文字描述其发明。他们的头脑不以这种方式工作，他们热心的是机械而不是文字。即使他们能够描述其发明，但他们为什么一定要这样做呢？那时没有专利局，唯一的保护方法就是保密。对于这一规则，列奥纳多的情况也不例外，因为他没有发表他的图样，显然他也从未打算要发表它们；只要他尽可能精心地造出它们，他就满意了，然后就会合上他粘贴图样的本子。

在另一方面，列奥纳多的情况又是独一无二的。他和一般的发明家正相反，那些人的动机是世俗的，如果他们发明了任何东西的话，在机器运转并有收益之前他们是不满足的。列奥纳多则深深地沉浸在他的想法中，他并不试图

---

① 伊卡鲁斯，希腊神话中发明家戴达罗斯的儿子，插上蜡制的翅膀飞行，因飞近太阳，翅膀熔化，落入海中而死。

要使机器运转和有收益。他的兴趣是哲学上的，因此，他不仅考虑特殊的机器，而且还考虑力学和一般的机械理论。在这方面，他在好几个国家中都有许多中世纪的先辈，因为存在一种追溯到阿基米德的古老传统，它在整个历史中时时再现。所有这些先辈都被力学思想迷住心窍。没有必要假定列奥纳多·达·芬奇知道他们的著作，他可能并不知道，或者他对于它们的了解只不过是模糊而又漫不经心的。那些理论上的“纯”力学问题已有若干世纪悬而未决了。像这些人一样，他反复地自问这样一些问题，例如：重的物体和轻的物体之间的差别何在？重力是什么？一个物体的重量是什么？它的重心是什么？力和运动、原动力和冲击力是什么？这种力学原理是什么？人们如何拖拉或举起一个物体？如何切割、破碎、旋转它？这些议论不仅适用他的机械发明，也适用于他有关水力及其应用，或空气动力和飞行的思考。他不仅是一位机械师，而且是一位力学家，人们甚至可以称他是水力学和空气动力学领域中的一位先驱（这意味着在我们谈论他时，这些技术名词是正确的）。

这并不是说，在列奥纳多的时代，这些问题的大多数是不能解决的，甚至不可能以科学的方式给予阐述。它们是逐渐地被分离、识别和用公式表达的，最后由像伽利略、惠更斯、雷恩[①]和牛顿这样的人所解决的。列奥纳多·达·芬奇的独创性就在于，他在自己的心灵中将这种理论上的抱负与想要解决的、日常的、工业问题的奢望结合在一起，他的矛盾心理表现为这样一个事实：当他想出了一个答案并且画出了蓝图时，他就满足了。他突然在这当口上停下，而那时一位讲求实际的发明家则会开始感到兴奋，并一本正经地干起来。

列奥纳多巧妙发明的机械装置引起了我们对机械时代的赞美，当今的某些发明家们可能会由于他非凡的榜样而感到自己是合格的。我好像听说他们中有一个人惊呼：“意大利文艺复兴时期有一个人是最伟大的艺术家之一，他具有像我们一样的愿望和抱负。”不，他与我们完全不一样，这在前面已经提到了，在后面我将更充分地证明这一点。

列奥纳多的新发明给科学史家留下了深刻的印象，但他在解剖学领域中长期而有耐心的工作给他们留下的印象要更为深刻。为了理解其独创性，我们必须以恰当的观点来看待它。人们经常反复地说，由于宗教上的偏见，解剖学在中世纪被忽视了。解剖学并未完全被忽视，解剖标本，甚至人类的解剖标本

① 雷恩（1632—1723），英国天文学家、几何学家和建筑师。

还是不时地被制作出来，但这些标本非常之少，它们不是在有充分的应用和充分的思想自由的情况下制作的。中世纪的解剖学家在学术上的束缚多于宗教上的束缚。医学家们没有养成不带偏见地注意观察的习惯。实际上，他们在很大程度上为盖伦和阿维森纳那样的古代名家所支配，这使得他们不仅看不到实际存在的东西，而且能够看到根本不存在的东西；他们相信盖伦的话胜过相信事实本身！ 对我们来说，要想象这样一种精神状态是有点困难的，尽管它还没有完全消失。解剖学的革新最后是由这样的人所完成的，他们是健全的观察者，具有灵巧的双手和敏锐的眼睛，而且不囿于偏见。在半个世纪中相继有两个这样的人：头一个就是我们谈的列奥纳多，第二个人出生在列奥纳多去世的前几年，他就是弗莱明·安德烈斯·维萨里。主要的荣誉应当归于后者，因为列奥纳多没有发表任何东西，而维萨里的伟大著作则是现代解剖学的基础。

列奥纳多完成了许多解剖标本，他在生命临近终结的时候，可以有资格说，已经解剖了约30个人的尸体，包括年轻人和老人，男人和女人，甚至还有一个妇女，她子宫里有一个未出生的孩子。几乎可以确信，他解剖尸体之多，胜过了在他以前的解剖学教授，因为不仅大学的解剖标本极为罕见，而且教授们不肯降低自己的身份去做这种肮脏的工作。解剖标本通常是由一位下手在教授的监视下做的，而教授则在讲坛上，在面前捧着教科书，偶尔给解剖尸体者一些指点。教授从他高高在上的座位上很难看到很多东西，他注意更多的是他的书而不是解剖用的尸体。列奥纳多的态度则完全不同。他独自一人工作，并不是要去教任何人，而是要教他自己；他不是利用尸体作为实例来解说盖伦学说的人，他首要地是一位研究自然界的学者，渴望要解开自然的奥秘。今天的医科大学生们在装备完善的实验室中解剖已在冷冻箱中保藏并且经过仔细消毒的尸体，他们几乎不能想象在那样的条件下做这种工作的困难和恐怖，以及它所需要的无比耐心。也许不去描述那些条件要好些，我们设想列奥纳多已经做好了预备工作，拿起了一张纸正站在桌子旁边，试图要尽可能准确刻画出他所看到的东西。

这引起不同等级的新困难。描出骨骼的图要相对容易些，但是要清楚地画出内部组织，画出掺合有血液和其他液体的内脏，就很困难了，轮廓模糊而且透视混乱。列奥纳多擅长此道，他的一些解剖画从来没有人能比得上。这是科学——艺术的作品，蕴含明智的选择和删略，以及如实描绘经过选择的细节的能力。

列奥纳多对解剖学的好奇心并非是一时的爱好；留传给我们的大量解剖图证明，他必定为此耗费了大量的时间，几乎就像他是一位职业解剖学家而别的事都无价值一样。这种好奇心是科学的，也是艺术的。他想要知道人体是如何构成的，以及它如何活动；已完成的文字说明部分好得令人叫绝，但他从未将他的观察结果以论文的形式编辑起来，而他的解剖图比他对这些图所作的补充笔记精致得多。

努力再现人的外貌与精神的艺术家都会有学习解剖学的需要，这种符合艺术家需要的解剖学就是艺术解剖学，它是佛罗伦萨画派的一个独特的课题。它不仅涉及雕塑家，而且影响到画家，尤其是佛罗伦萨的画家，他们对轮廓、线条和明暗的兴趣胜过色彩。由多那太罗和卢卡·德拉·罗比亚开始的这一伟大传统，被安东尼奥·波拉约洛推行到极端，然后又由韦罗基奥和列奥纳多恢复到了绝好的适中程度。不论雕塑家还是画家，艺术家都必须了解人体的表层肌肉，他的绘画必须十分准确、感人，暗示出皮肤下面的那些肌肉，不论它们是静止的还是在运动中，然而他却不可强调它们。旁观者应该不知不觉就意识到它们的存在。

远古以来，另一种艺术解剖学在数学和神秘主义的影响下发展起来。一些渴望要揭示大自然和谐的哲学家试图发现人体各部分之间的数学关系。这种先入为主的偏见存在于埃及、希腊和印度。他们锻炼了列奥纳多的心智，也影响了比他年轻的同代人阿尔布雷特·丢勒[①]的心智。

列奥纳多是研究一本书（自然之书）的学者。他的那些研究多半集中在人体上，但也遍及自然史的整个领域；他一直在观察和描绘花卉与动物，并且研究今天所谓的自然地理学、矿物学和地质学。他是一个首先采用理性的方法来解释化石的人，他得出的结论是，在丘陵高处发现的贝壳是曾经生活在海底的生物的遗迹，它们先是被埋在沉积的淤泥中，然后又上升到高处。他是一个首先登上崇山峻岭，以艺术家和科学家的眼光来观看高山植物界的奇花异草的人。这比大多数人所想象的要惊人得多，因为他们不了解，西方人过去通常害怕高高的阿尔卑斯山脉，相信那里是妖魔鬼怪居住的地方。基督教没有能够消除这些迷信，而佛教反倒特爱相反的看法。中国和日本的佛教徒将高耸入云的

① 阿尔布雷特·丢勒（1471—1528），文艺复兴时期德国最重要的油画家、版画家、装饰设计家和理论家。

山峰同上帝般的神联系起来，许多庙宇就建造在通向山顶的路上和山顶上，而且吸引了无数的香客。在这方面（就像在许多其他方面一样），列奥纳多是一位东亚人。他关于艺术和自然的言论会使印度、中国和日本的读者感到高兴。

列奥纳多比他那个时代的大多数人更为理性，而且非常不受迷信的影响，但他没有摆脱成见。谁都摆脱不了成见，甚至在我们自己这个“开明”的时代也摆脱不了。天才比其他人要看得更远些，天才的眼光不仅更深刻，而且一般地是更清晰，更清晰得多。虽然如此，他们的眼光还是有局限的，其敏锐也是有限的。列奥纳多的眼光是极其广阔清晰的，但在他那个时代可以得到的知识并不足以保证他动用脑筋的自由。他受到两套偏见的支配，我们可以分别称它们为柏拉图的偏见和盖伦的偏见。

从柏拉图、新柏拉图主义和希伯来神秘哲学那里，他继承了微观宇宙与宏观宇宙对应的观点：在我们自己的身体所展示的小世界和宇宙大世界之间存在一种对应。就像对于在他之前的无数人一样，这观点将他引入各种错误类比的歧途。人的骨骼就像是地球上的岩石；在人体内有一个血液的湖泊，正如地球上有海洋；海潮类似于人的脉搏；人体中的血液“循环”就像是地球中水的环流；毛发就像是草地上的青草或树上的叶子；地震就像是我们自己肚子中不舒服的咕咕作响和突然的呕吐；在一小尺度上和在一大尺度上都能观察到有节奏的变化和循环。列奥纳多从什么地方获得了这些富有想象力的看法呢？他可能从许多来源获得了它们，他无法逃避它们。艺术家都很喜欢类比，也许是因为类比可以很容易地想象；列奥纳多这位科学家没有遭到指责，是因为这一组类比如此众多，而且很复杂，还因为绝大多数有思想的人都认为其真理性是理所当然的。我设想，列奥纳多时代的许多“知识分子”会认为，他们比从未受过教育的下层民众要优越，对此最好的证明之一恰恰就是：他们了解微观宇宙（他们自己的身体）是这个更大宇宙缩小了的映像。

柏拉图的偏见几乎染遍了所有的事物，而盖伦的偏见所涉及的范围则要狭隘得多，尽管列奥纳多没有像解剖学教授那样精读过盖伦的论文，也没有责怪死尸，如果它们不符合大师的描述的话，但他不得不受某些名言的影响。他如何说明心跳和脉搏呢？盖伦并不相信血液在人体中循环，而是相信血液在血管中涨落。列奥纳多似乎接受了这种看法，它符合柏拉图的偏见。盖伦为了证明他的看法有道理，曾被迫假定，进入右心室的血液通过中膈膜，由此到达心脏的左边部分。血液怎样通过中膈膜呢？人们不能在中膈膜上看到任何通道。

这很容易，它通过看不见的孔眼。列奥纳多为柏拉图的偏见与盖伦的偏见的汇流所蒙蔽，他这位出色的观察者和无瑕疵的制图员画了一部分中膈膜，其上看不见的孔眼变成看得见的了。关于人类的头脑为一种不可抗拒的偏见所蒙蔽，大概很难找到一个比此更好的例证了。因为我们这里面对的是一个天才，一个所有时代中最伟大的人，一个自由的心灵，然而他却被柏拉图和盖伦迷惑到那样的程度，能看到事实并非如此的东西，他不但能看到不可见的孔眼，而且还把它们展示给其他的人。

这就引起了一个令人烦恼的问题。列奥纳多真的是一位科学发现者、一位有创造性的科学家吗？他值得名列于过去伟大的科学家之中吗？

我提这些问题可能会使钦佩他的人震惊。他的科学天才是没有问题的，他对于科学问题的献身也是没有问题的。不能否认，他的很多工作实质上是一位科学家或技术专家的工作，而不是一位艺术家的工作。于是人们可能会问，我究竟为什么要提出这个问题。

这很简单。科学发现的过程是很复杂的。当然，开始是看到某种新的、真实的东西，是要清楚地看到它；这可能仅仅是适当的观察与实验的结果；在多数情况下，它暗含着将不同的观点凑到一起，并能够以一种观点来丰富另一种观点。这一切是足够复杂的，可能包含有长时间的沉思；可它仅仅是开始。一个人在发现新事物时是够幸运的了，他首先必须向自己证实，然后还要向别人证实它。人们很可能会声称，一个新发现，在它被公众证明是正确的之前，是未完成的（只要它仅仅存在于你的头脑中或你自己秘密的笔记中，它就不是真的存在）；实际上，只有已经使发明或发现为有资格的鉴定人都能承认时，这个战役才赢了。

根本性的发现即闪过人们头脑中的聪明看法，它就像植物的种子一样是根本，然而它像种子一样也仅仅是一个开端。若不允许这颗种子发育，它就仿佛从来不曾是种子。

列奥纳多具备科学家的许多品质：他对大自然的所有奥秘永不满足地感到好奇，而且他的好奇心是不偏袒的；他充分地了解，需要正确而又谨慎的观察，当不能进行这样的观察时，就需要能够许可新观察的实验。

“经验是在造型的大自然与人类之间的翻译者，它教给人们，那个大自然在人类中如何发生作用；为必然性所制约，除了像其掌舵的理性所要求它的那样起作用之外，它不可能生发别的作用。”“经验是智慧之母。”他对于自然的一般理解是一个唯理主义者的理解。“必然性是大自然的主旋律和女发明家，是制约、法律和主题。”“在我进一步工作之前，我将首先用经验来检验，因为我的打算首先是要请教经验，然后再利用推理，说明为什么这种经验非以这样的方式起作用不可。这是确切的规则，那些分析自然效应的人必须遵照它才好继续进行；尽管自然始于原因而终于经验，但我们必须遵循相反的过程，即（正像我前面所讲的那样）从经验开始，并利用经验来探究原因。”他屡次用不同的说法表述了这种思想。他否认奇迹的可能性，他用不着奇迹，并且藐视迷信。

让我们来最后看一下这位崇高的老人，就好像他站在克鲁克斯城堡的庭院中，或者就好像我们在美丽的自画像中看到他。这是他在都灵用红粉笔画的，他的面貌是很苍老的，然而当时他还不到67岁，也许还不到65岁，由于世间的残酷和他自己的苦恼，他已饱经沧桑。他仪表堂堂；更重要的是，他有一颗出淤泥而不染的高尚心灵；作为画家和追求尽善尽美的人，他是一个尽了他最大努力的伟大艺术家；他是一个渴望要发现真理，渴望要理解上帝、自然以及他自身和其他人的科学家。

他的活动帮助我们领会意义深远的知识统一性和连续性，因为，尽管他有无与伦比的独创性，但几乎他的思想的各个方面还是都可以在古代或中世纪的著作中追踪出来源。这并不是说他不自觉地抄袭它们或暗记它们，在某些问题（例如，中国艺术的种种理论）上，他无论如何也不可能有它们的任何知识。

他的杰出贡献就是他亲自证明追求真理和追求美绝不是不相容的。许多人不是在追求真理就是在追求美的方面已经赶上或超过了他，但没有任何人在对这两方面的追求上都赶上或超过了他。因此，他仍然是尽善尽美的典范，而且可谓是所有以同等热诚热爱美和真理的人们之最初的领导者。

他是理性的捍卫者，他一生对于比当今盛行得多的迷信充满了轻蔑，但他本质上是唯灵论者，认为人的本质是在他的灵魂之中，自然的本质也是精神上的。

请把他看成是一位桥梁建造师吧，他在科学与艺术之间建造了一座桥梁，在不完善的中世纪思想和现代唯理论之间建造了另一座桥梁。

瓦萨里评论说：“塞尔·彼耶罗·达·芬奇的儿子列奥纳多是奇迹般的、神圣的。如果他不是这般变化无常和动摇不定的话，他就会非常精通专门知识和科学原理（文化）。他竭力设法学习很多东西，而在开始学了之后，就又把它们放弃了。”

“变化无常和动摇不定”，是的。他是他那无休止的好奇心和毫不留情的创造才能的傀儡。他聪明，太聪明了，而且，人们还会补充说（就像瓦萨里说的那样），对于持续有利可图的事业来说他太容易动摇了。在一个放肆情欲的年代中，他奇妙地不带偏见，经常受他想象力的诱惑；然而他的创造能力却控制了他。在他身上有现代科学家的本能，但也有艺术家和诗人的本能。他在大动乱中依然保持宁静安详，多半是由于他非常深地沉浸在自己的思考中。不过，说他动摇不定那是无聊的，他对于小事是动摇不定，但是对于实质性的问题则不是这样。“他命中注定不改变他的主意。”

我不是一个很实际的人，可是当我想到列奥纳多时，我还是免不了要为偶尔讲求实际而羞愧。他不能“计划”任何事情，或不能坚持他的计划，因为他是一个富于创造性的天才，而不是一个管理方面的天才。我们在个人方面和社会方面计划得太多了，以“组织”为名，充当管闲事的人，把事情搅得乱七八糟。在科学中，计划愈少愈好，在艺术和文学中，就更是如此了。让最少的管理和最大的自由存在吧。列奥纳多正是这样做的。虽然他没有明白地表示这些看法，但它们深深地铭刻在他心中。

最重要的修养就是爱的修养，“对任何事情的热爱就是知识的幼苗，热爱随着知识更加确凿的程度而更加强烈……”人们也许可以补充说，没有热爱，真正的知识就是根本不可能得到的。

阅读思考：作为一位追求美的艺术家，达·芬奇为什么会在自荐信中提及自己的那么多军事武器发明？

达尔文其人[①]

迈　尔

迈尔，美国动物学家、作家。在科学史上，达尔文因其提出“进化论”而成为对人类思想文化影响最大的科学家之一。在此文中，作者简要地介绍了达尔文的生平和工作，为我们了解这位伟大的科学家和他的“进化论”提供了一个概貌性的框架。

一系列颇具特色的思想成为历史时期的标志，这些思想构成了社会思潮。古希腊哲学、基督教、文艺复兴思想、科学革命和启蒙运动就是系列思想成为历史时期标志的例子。一般从一个时期到另一个时期的思想转变是逐渐的，也有一些转变很突然，人们一般称之为革命。在所有的知识革命中，影响最深远的就是达尔文革命。1859年《物种起源》发表前后，西方世界的世界观有了很大的不同。现代人已经不可能再回到19世纪上半叶，像前达尔文时期的人那样去思考，达尔文主义对于我们观念的影响就是这么大。

达尔文所策动的知识革命超越了生物学领域，颠覆了他所在时代的多数基本信念。例如，达尔文不相信每一个物种都是被单独创造出来的，取而代之的是所有生命都来自于共同祖先的概念。进而，他引入了人类并非特殊的产物而是根据在生命界到处起作用的原理进化来的思想。达尔文推翻了当时人们认为的自然是完美设计出来的而且是温良的观点，并以生存斗争的概念取而代之。达尔文通过证实进化可以导致变化和适应，但是不一定导致进步，而且也绝不会导致完美，严重动摇了维多利亚时代的进步和完美性的观点。

而且，达尔文为哲学新的发展趋势奠定了基础。正值基于数学原理和物理

---

① [美]恩斯特·迈尔.很长的论点——达尔文与现代进化思想的产生[M].上海：上海科学技术出版社，2003.

定律的方法论统治科学哲学之际，达尔文将或然性、偶然性和独特性的概念引入到科学的范畴中。他的工作中体现出一个原则，即，对于知识的进步来说，观察和形成假说像实验一样重要。

即使达尔文从未谈论过进化，他也会作为一名杰出的科学家而被人们记住。实际上，进化论者霍尔丹就曾经说过，达尔文最具独创性的贡献并不是进化理论，而是在他生命后期出版的一系列有关植物试验的书籍。非生物学家并不太知道这一成就，而且也不太知道他关于花的适应、动物心理学、藤壶以及蠕虫等富有想象力的出色工作。在所有这些领域，达尔文都是一位先验，而且即使人们已经在他所奠定的基础上努力了一个世纪，但是最具独创性的重要问题显然还是达尔文提出的那些，他因此成为现今若干不同学科的共同创始人。是达尔文首次提出了一种坚实的分类理论，这个理论至今仍为多数分类学家所采用。他在研究生物地理学的时候非常强调生物的行为和生态特征是生物分布的因素，这种观点比起达尔文死后半个多世纪以来统治生物地理学的纯描述性的地理研究来说，更接近现代的生物地理学。

这样杰出的人是谁？ 他的思想是怎么来的？ 他的成功是由于他所受过的训练，还是他的个性、勤奋或者天赋？ 实际上，正如我们将要看到的那样，这些因素都有。

一、生平与工作

1809年2月12日，达尔文生于英国的施鲁斯伯里，他在家中的六个孩子中排行第五，也是第二个男孩，他的父亲罗伯特·达尔文是一位成就斐然的医生。他的祖父伊拉兹谟·达尔文是《动物生理学》一书的作者，这部书通过试图根据进化原理来解释生命现象，预示了他的孙子的进化兴趣。他的母亲是著名陶器师乔赛亚·韦奇伍德的女儿，她在查尔斯8岁时就去世了，查尔斯的大姐充当了母亲的角色。

达尔文很小的时候就非常喜欢户外活动。他曾经说过“我是一个天生的博物学家”。他对大自然的许多方面都感兴趣。他热爱采集、钓鱼和狩猎，喜欢阅读有关自然的书籍。施鲁斯伯里是一座乡镇，两万人口，比起大城市或者是闭塞的郊区来，是更适合博物学家发展的地方。

学校因为要求学习大量的古典课程而叫这位博物学家难以忍受。达尔文即将17岁的时候，父亲送他进入了爱丁堡大学，希望他像哥哥一样去学医。但是医学令查尔斯感到惊骇，他依然把大部分时间用来研究自然。当他父亲发现他显然不想去当医生时，便于1828年初把他送到剑桥大学去学神学。这似乎是一个合理的选择，因为实际上当时英国的所有博物学家都是正式的牧师，他们同时也是剑桥大学的教授，或者教授植物学，如亨斯洛；或者教授地质学，如塞奇威克。达尔文的一些通信和自传式笔记给人一种印象，他在剑桥将大部分时间都用来采集甲虫，与他的教授讨论植物学和地质学问题，以及和志趣相投的朋友一起去狩猎和骑马，而不是用来学习指定的课程。不过他的考试成绩还不错，他在1831年获得学士学位时，成绩在班里列第十名，属于中等。更重要的是，当达尔文结束在剑桥的学习生涯时，他已经成为一名年轻的博物学家了。

达尔文刚一完成学业，就接受邀请以博物学家和船长菲茨罗伊的绅士伴侣身份参加英国海军的“贝格尔”号航行。菲茨罗伊曾经受命对巴塔哥尼亚、火地岛、智利和秘鲁海岸进行过考察，目的是为绘制更好的海图收集资料。按计划，这次航行需要两三年的时间，但实际上延长到了五年。“贝格尔”号于1831年12月27日离开普利茅斯港——达尔文时年22岁，于1836年10月2日回到英国。达尔文充分地利用了这五年的时光。他在一本极具可读性的游记《“贝格尔”号旅行记》中，讲述了所有他造访过的地方，如火山和珊瑚礁岛，巴西的热带雨林，巴塔哥尼亚广袤的草原，从智利连绵到阿根廷图库曼的安第斯山脉，等等。每一天他都有难以忘怀的新体验，都对他终生工作有至关重要的收获。他采集了不同生物类群的标本，在巴塔哥尼亚挖掘出重要的化石，他将更多的时间用于地质学研究，但是最重要的是，他通过对自然的观察，不断地扪心自问大量有关自然的现状和成因的问题。他不仅提出了有关地质学和动物生命的成因问题，而且提出了有关政治和社会状况的成因问题。他有能力提出深刻的问题，而且有毅力试图解答这些问题，正因为如此他成了伟大的科学家。

尽管达尔文在气候恶劣时严重晕船，但他还是大量阅读了自己携带的重要科学文献。其中对他未来的思维影响最大的科学著作就是赖尔的两卷本《地质学原理》（1832），这部书不仅使达尔文深入了解了均一论地质学——该理论认为在漫长的时间里地表发生过逐渐的变化，而且使他知道了拉马克的进化论论点（赖尔反对这一论点）。

达尔文在随“贝格尔”号航行期间，像赖尔和他在剑桥的所有老师一样，依然相信物种是固定不变的。不过当“贝格尔”号在美洲航行期间，达尔文所做的许多观察使他感到非常的困惑，动摇了他的物种固定不变的信念。但是实际上，直到1835年9—10月期间，在游历加拉帕戈斯群岛的时候，他才获得关键的证据，不过由于他当时致力于地质学研究，并没有认识到这一点。然而，九个月之后，也就是1836年7月，他在日记中写下了这样的话："当我分别考察这些岛屿并采集到一些动物标本、其中就有这些结构略为不同并占据自然界中同样位置的鸟类的时候，我肯定会想到它们是变种……如果这种观点略有一定的基础支持的话，海岛动物学就值得重新审视；因为这些事实会动摇物种固定不变的信念。"

达尔文于1836年10月抵达英国后，便对采集的标本进行了分类，并将它们送给不同的专家，以便用作"贝格尔"号考察的官方记录。1837年3月，著名的鸟类学家J.古尔德坚持认为，达尔文在加拉帕戈斯群岛的三个岛屿上采集的嘲鸫属于不同的物种，而不是变种（达尔文也曾这样认为），这时达尔文第一次认识到地理成种事件的过程：当一个群体在地理上与亲种隔离时，有可能产生出新的物种。而且，如果变成三个物种的迁来者来自于南美单一祖先的话，那么南美大陆上的所有嘲鸫都可能来自同一个祖先，再早一些，同一属的所有种都可能有一个共同的祖先，以此类推。达尔文著述中的许多陈述都可以证实，从1837年春天起，他就开始坚定地相信新物种可以通过地理隔离而逐渐产生，并相信共同由来的进化理论。但是过了一年半他才设想出进化的机制——自然选择原理。这件事发生在1838年9月28日，当时他正在阅读马尔萨斯的《人口论》。

1839年1月达尔文与他的表姐艾玛·韦奇伍德结婚，1842年，这对年轻伉俪迁居到一个名叫唐恩（肯特郡）的小村庄的乡间别墅，这个地方离伦敦25千米，达尔文直至1882年4月19日去世一直住在这里。达尔文因健康状况需要搬到僻静的乡下。他在30岁以后，长期以来每天工作不能超过两三个小时，有时甚至几个月根本无法工作。对于他到底得的什么病一直有争议，但是他的所有症状表明是一种自主神经系统障碍性疾病。

二、论物种起源

在接下来的20年里，达尔文并没有发表有关进化的理论，他只是在1842年和1844年写了一些概括性的草稿。在这20年间，他将大部分时间用来撰写他的地质学书籍和文章，以及两卷本关于藤壶的著名论著。为什么达尔文要花上两年的时间从事这种细碎的分类学工作，而不去抓紧时间写作他所做出的通过自然选择和共同由来进化的重要发现？吉瑟林等现代史学家的研究表明，对于达尔文来说，藤壶研究是一项高级的分类学、形态学和个体发育研究课题，根本就不是浪费时间。他从这些研究中所获得的经验对于写作《物种起源》是极为重要的准备。

到了1856年4月，达尔文开始写作他所称的“宏大的物种著作”。大约过了两年，也就是在他完成这部书的前九章或十章的时候，他接到了博物学家华莱士寄来的一封信，华莱士当时正在摩鹿加群岛采集标本。达尔文于1858年6月所收到的这封信中还附有华莱士的一份手稿，华莱士希望达尔文审阅这份手稿，并且提出，如果达尔文认为这份手稿可以接受，就请送交某本杂志上发表。达尔文在阅读这份手稿时备感震惊。华莱士也像他一样得出了通过自然选择和共同由来发生进化的观点。1858年7月1日，达尔文的朋友赖尔和植物学家胡克在伦敦林耐学会的一次会议上宣读了华莱士的手稿和达尔文手稿及信件的摘录。这次宣读等于同时发表了达尔文和华莱士的发现。达尔文很快便放弃了写一部有关物种的鸿篇巨著的想法，而是写成了一部他所谓的“摘要”，这本摘要便是著名的《论物种起源》（现在以《物种起源》著称），该书于1859年11月24日出版。

《物种起源》的影响是巨大的，称它为“震惊世界的书”很恰当。这部书出版后的第一年就卖出了3800册，在达尔文的有生之年，这部书仅在英国就印制了27万册，此外还有许多美国的版本以及无数的译本问世。不过，只是在我们这个时代，历史学家才理解这部著作所造成的根本性影响。有关人类未来、人口爆炸、生存斗争、任何宇宙存在的目的以及人类在自然界中的位置的现代讨论，都是建立在达尔文理论的基础上。

达尔文在出版了《物种起源》之后的20年里，依然在研究着进化的某些方面。在一部两卷本的著作《动植物在家养下的变异》中，他勇敢地探讨了遗传变异如何产生的问题。在《人类的由来及性选择》（1871）一书中，他论述了人类物种的进化，并发展了他的性选择理论。《人及动物情感的表达》（1872）奠定了动物行为研究的基础。《食虫植物》（1875）描述了茅膏菜及其他捕捉和消化昆虫的植物的适应现象。达尔文在《植物的异花和自花授粉》（1876）、《同一种植物中的不同花型》（1877）和《植物的运动能力》（1880）等书中，讨论了植物生长和生理的许多方面，对此我们从书的题目中就可以看出来。最后，在《腐殖质的形成，通过蠕虫的作用以及对其行为的观察》（1881）一书中，他描述了蚯蚓在土壤形成中的重要作用。

尤其当我们考虑到他病弱的身体时，我们更会惊奇，他怎么会在一生中取得这么多成就？达尔文只有躲在僻静的乡下，谢绝接受公职或担任各种委员会的成员，依靠父亲的慷慨，依靠继承下来的遗产生活，才能完成他的工作。但是达尔文并不是隐士，他通过广泛的通信和偶尔造访伦敦而与科学界保持着联系，而且他是一位忠诚的丈夫和10个孩子尽职的父亲。

达尔文的同代人将他描述为温文尔雅的人，他能够尽量避免伤害他人的感情。他之所以努力工作是因为他渴求知识，不仅是为了取得成就或荣誉，从他发表的著作看，他是科学家中的科学家。他并没有为公众写什么东西，当他的一些著作成为流行书时，他感到很惊讶。

总之，达尔文曾经为使科学家们认可他的发现而斗争过，只有少数忠诚的朋友支持他，其中包括赖尔、胡克和形态学家T.H.赫胥黎，人们常称赫胥黎是达尔文的猎犬，因为他经常在公众争论的场合捍卫达尔文的理论。最热情支持达尔文的人都是博物学家，其中包括自然选择理论的共同发现者华莱士、昆虫学家贝茨和博物学家F.穆勒。

有一个忠诚捍卫者的圈子是非常重要的，因为达尔文受到了异常凶猛的攻击。1860年，哈佛大学的动物学家阿加西写道，达尔文的理论是“科学上的错误，不符合事实，方法不科学，具有危险的倾向”。当时著名的哲学家、神学家、文学家和科学家广泛地评论了《物种起源》。其中的多数评论都对《物种起源》持否定态度，还有一些则充满敌意（胡尔，1973）。奇怪的是，这种否定的态度一直持续到达尔文1882年去世以后，而且直到今天有一些圈子仍然持这种态度。

三、达尔文的科学方法

在达尔文准备他那部有关物种的鸿篇巨著的那些年，恰好科学哲学这一研究领域在英国兴起。达尔文还是学生的时候，就满怀热情地阅读过赫谢耳的《自然哲学研究导论》（1830），而且这部书一直是他钟爱的书籍之一。他还读过休厄尔和J.S.穆勒的书，并试图有意识地遵循他们有关研究自然史的教诲。这样做很难，因为不同学者的建议通常相互矛盾，结果，达尔文自己对于科学方法形成了一定的看法。达尔文为了使读者感到满意，声称他遵循的是“真正的培根方法”，即直接归纳的方法。实际上，他针对遇到的许多问题都做出了“猜测”。他认识到一个人只有根据某些假说才能进行恰当的观察。因此他说：“我毫不怀疑，怀有猜测的人有了一定的依靠，能做出最好的观察。”他在给福西特的信中非常清楚地阐明了这种观点。“大约30年前，人们经常谈到地质学家应该去观察，而不应该专注于理论；我还记得有人曾经说过，最好是深入到砂石坑中，数一数石头，描述一下石头的颜色。真是莫名其妙，如果认识不到所有观察都必须依赖于某些观点的话，观察有什么用！”

达尔文所用的方法是最好的博物学家们所使用过的经过时间考验的方法。他们观察了大量的现象，而且试图理解这些现象如何形成以及为什么形成。如果发现什么现象异常的话，他们就会做出猜想，并且根据其他的观察来检验这种猜想，从而证实或者否定最初的设想。这种程序并不十分符合经典科学哲学的规定，因为其中包括了连续反复的观察、提出问题、建立假说或模型、通过进一步的观察检验这些假说或模型等。达尔文的推测是一个熟练的过程，他使用这种推测，就像现代科学家使用这种方法一样，可以直接确定如何安排实验，并能指导下一步的观察。就我所知，在达尔文之前没有谁坚持使用并且这么成功地使用了这种方法。

除了早期的一些贬低达尔文的人之外，人们不再怀疑达尔文是一个天才。但是肯定有一些生物学家的智力并不比达尔文的差，却没有取得他那样的成就。达尔文与其他人有什么区别呢？我们只有了解了达尔文是什么样的科学家之后才能回答这个问题。正如他所说，他首先而且主要是一个博物学家。他是名杰出的观察者，而且像其他博物学家一样，他对生物的多样性和生物的适应性感兴趣。总的说来，博物学家从事的是描述和详细说明的工作，但是达尔文也是一名伟大的理论家，只有很少的博物学家可以做到这一点。在这方面达尔文很像他那个时代的一些杰出的物质科学家。但是达尔文在另一方面也和一般的博物学家不同。他不仅是一位观察者，而且当他所面对的问题需要用实验来解决的时候，他也是一位杰出和不知疲倦的实验家。

我想这样我们便知道了达尔文伟大之处的某些根源。他的天赋和兴趣已经为他成为不同领域之间的沟通者做好了准备。这些天赋和兴趣使他可以利用自己的博物学家背景，从理论的角度探讨许多令我们迷惑并且非常富有挑战性的问题。而且，面对众人的异议，达尔文依然非常勇敢地构建他的理论。思维上睿智，智力上果敢，能够将博物学观察者、哲学理论家和实验家的能力结合起来，在这个世界上具有这种综合素质的只有一个人，他就是达尔文。

阅读思考：达尔文的进化论的主要观点是什么？

亚历山大·冯·洪堡[1]

罗　丝

罗丝，广播电视播音员，野外科学支持专家和作家，有多种优秀电视作品。洪堡，对于许多人来说也许并不太熟悉这个名字，然而，他也是科学史上的一位重要人物，此文，将其定义为“伟大的旅行科学家”，其实，他的贡献，就像文中所说的，更在于地理学、植物地理学领域。

一、最伟大的旅行科学家（1769—1859）

你将洪堡称作有史以来最伟大的旅行科学家，我认为这种说法是十分恰当的。

——查尔斯·达尔文给J.D.虎克的信，1881年8月6日

亚历山大·冯·洪堡不仅是一位英勇的旅行家和富于开创性的科学家，他还被看作最后一位伟大的全才，并被视为现代生态学的奠基人。1769年9月14日，洪堡出生于启蒙时代的柏林；拿破仑、威灵顿、夏多布里昂和居维叶都出生在这一年。作为一名年轻的大学毕业生，洪堡和好友格奥尔格·福斯特来到英格兰，后者曾作为科学插图画家加入詹姆斯·库克的探险船队，他们两人一起拜访了约瑟夫·班克斯爵士并参观了班克斯杰出的植物标本集和植物学图书馆。

①［英］罗宾·汉伯里·特里森.伟大的探险家[M].王晨，译.北京：商务印书馆，2015.

二、现象级的工作效率

随后，洪堡又在1791年进入弗莱贝格矿业学院学习。他将自己投身到繁重的学习任务中去，但把所有宝贵的闲暇时光都花在了自己的博物学调查上面。对于这段学习生涯，他这样写道："我这一生从来没有这么忙过。我的健康因此受到了影响，但是整体来说我非常高兴"，并以"我所从事的事业必须充满激情地追求，才能享受到其中的乐趣"这样一句话作为结论——这句话总结了他一生的生活方式。他的第一份工作是矿区检查员；通过这份工作，他旅行了许多地方，还设法将废弃的矿井转变为可以开工的场所，并开设了一家技工学校。洪堡对于矿井中瓦斯气体的研究让他发明了矿工呼吸装置和四种安全灯。

这时的洪堡年方26岁，受过良好的教育，家世背景优越，有着无穷的精力。他把自己的创造力用在了一些非凡的自我试验上。为了理解他称之为"动物电"的东西，洪堡曾在青蛙和植物身上做过试验。但为了证明自己的理论，他将电极用在了自己身上。

我在背上弄了两个水泡，每个都有一克朗硬币那么大……我将水泡割掉，并用锌和银电极接触伤口，我立刻感到一股尖利的疼痛感，这感觉是如此剧烈以至于斜方肌猛地膨胀起来，震颤感向上传递至头盖骨基部和脊椎的神经突……据观察，放置在我背上的青蛙跳了起来……这现象太不可思议了，我又重复了一遍。

洪堡的工作效率是现象级的。他所做的4000多个试验中有一个需要将电极用在他拔牙后留下的空腔里，这几乎让他发明了第一块电池。在当时，他如是记录道："你如何能够阻止一个想要发现事物并了解周遭世界的人呢？无论如何，广博的知识对于一个旅行者来说是至关重要的。"

三、独立性和准备

1796年，洪堡的母亲去世并给他留下一大笔遗产；这让他能够脱离矿业，并开始为自己的科学旅行做计划。洪堡非常渴望进行探险，并在1798年4月同意加入"半个疯子半个天才"的布里斯通勋爵的尼罗河远征。然而当洪堡还在巴黎采购科研设备的时候，拿破仑突然入侵了埃及而布里斯通勋爵在米兰被捕，于是计划就这样流产了。然后他遇到了自己儿时仰慕的英雄安托万·德·布干维尔，后者邀请洪堡加入自己由法国政府赞助的新的环游世界科学探险。洪堡没有浪费任何时间。两周之内他就做好了准备，并收到了启程上船的命令。然而这次探险却在最后一分钟被取消了，法国政府突然意识到自己承担不起这样一次行动的开销。

“男人不能只是坐下来开始哭，他得做点儿什么。”他这样表明了自己的态度，并决定和植物学家艾梅·邦普朗一起组织自己的北非探险。他们会成为探险史上最重要的搭档之一。但他们面临着更多的困难。洪堡的想法是他们先航行至阿尔及尔并在阿特拉斯山脉过冬，然后和一支从的黎波里去往开罗并穿越沙漠的朝圣旅行队会合。当正在寻找船只的时候，他们听说所有从法国抵达阿尔及尔的乘客刚一上岸就会被扔进地牢里。1798年12月，仍然渴望旅行的他们决定步行走到西班牙。这一次他们终于出发了，花了6周抵达马德里，并在这段旅程中进行了大量科学观察，其中之一的发现是证明了西班牙内陆是一片高原，而且当时该地区的地图已经远远过时了。

四、史诗般的远征

在马德里停留了很短的时间之后，洪堡很快得到了西班牙国王的接见并向国王请求支持进行一次南美洲探险，洪堡的名声和人脉关系也许会让这件事显得很简单，但这件事很不平凡。国王给了两人官方许可，并让他们带着洪堡已经得到的所有设备登上了“皮萨罗”号，他们在5月份从拉科鲁尼亚出发。

这个时候正是去往南美洲的高峰期。“皮萨罗”号上人满为患，船上还爆发了一场伤寒，但洪堡对于疾病、晕船和任何程度的不适都无动于衷。没有任何事情能够分散他对于科学的注意力，他把在船上的时间全都用来进行天文学、海洋学和气象学观测。

抵达委内瑞拉的库马纳之后，洪堡和邦普朗受到了当地总督的欢迎，并得到了总督提供的房屋和配备的人员。洪堡后来回忆道：“当我还是个孩子时，就一直梦想来到美洲，而这里是我踏足美洲的第一站。我最常回忆的并不是科迪勒拉山脉的种种美景奇观，而是尘土飞扬的库马纳。”他在这个时期的笔记显示他已经完全沉浸在新事物中了：“赤裸的印第安人，电鳗，鹦鹉，猴子，犰徐，鳄鱼，让人吃惊的植物，夜晚在金星的光芒下记录我的六分仪读数。”但他的欢欣中又掺杂着对奴隶贸易的厌恶：他的房子距离城镇广场很近，从非洲运来的奴隶就在那里被卖掉。洪堡在此后的生活中常常公开批评奴隶贸易。

7周之后，洪堡和邦普朗前往高地进行了两个月的实地考察，洪堡在那里记录了一些鸟类和昆虫的新物种，探索了一处洞穴直至当地向导不敢再前进为止，记录了当地的文化和语言，第一次经历了地震和一场难以置信的流星雨，还遭受了一个“疯狂的混血儿”的攻击。1799年11月，他们航行至加拉加斯。这座城市中他们的大房子里已经安排好了工作人员，他们也很快融入了当地的上流社会。这里的天气状况不佳，无法进行天文观测，于是洪堡进行了一次登山，登上了当地最高的山峰——海拔2424米的加拉加斯锡拉山，这是该山峰第一次有记录的登顶。洪堡对于奴隶贸易的厌恶并没有阻止他使用18名奴隶搬运登山时的行李。

1800年2月，他们离开加拉加斯朝内陆进发，不久之后，洪堡就得到了继续研究动物电的机会。他曾尝试让海岸边的印第安人为他捉一条电鳗，但那里的印第安人害怕这种鱼类。在内陆，他发现卡拉沃索地区的人们会使用马当作诱饵捕捉电鳗，他们将尽可能多的马和骡子赶拢到一起，然后把它们赶进池塘并不停遭受电鳗的攻击。一些马招架不住被电死了，其他想要逃脱的马会被赶回水中，要么淹死，要么幸存，因为电鳗已经用完了它们有限的高达650伏的电量。在死马和奄奄一息的马匹之中，印第安人可以安全地捕获暂时耗光了电的电鳗。洪堡和邦普朗花了4个小时对电鳗进行试验和解剖并不时受到电击，这让两人“肌肉无力，关节疼痛，浑身不舒服的感觉一直持续到第二天才消失”。

穿越了这片南美大草原或称高地平原之后，他们又进行了一次长达2400千米的河流之旅，测绘了奥里诺科河的河道。当他们返回安戈斯图拉的时候，他们不但已经造访了通过尼格罗河联系奥里诺科河和亚马孙河两大水系的卡西基亚雷河，还对这些河流进行了精确的测绘，进行了大量的磁力观测并收集了12000件标本（包括一些当时科学界还未发现的植物物种，以及一些人类骨架标本。这两个人一起体验了许多不可思议的经历）通过划桨和陆上运输，他们将船只运过了地球上最险峻和最偏远的区域，几乎饿死并被迫以蚂蚁充饥，他们被昆虫叮咬得几乎发疯，并和吃泥土和吸大麻的部落在一起生活。即使如此，满怀激情的洪堡仍然情不自禁地夸大了这次旅行，在报告中兴奋地声称他的旅行距离超过了9600千米，而且所进入的任何一个印第安人小屋中几乎都残留着人肉宴会后留下的残羹冷炙。

1800年8月，他们从安戈斯图拉出发回到了库马纳，两人都得了热病，而且他们收集的珍贵标本由于极高的温度而损失了三分之一。已经在委内瑞拉河流水系探险上取得成功的洪堡没有时间休息，他和邦普朗在1800年11月航行至古巴；1801年3月，他们回到了卡塔赫纳，并继续向利马前进，准备在安第斯山脉进行为期两年的科学探险。

在内陆的旅行又成为了另一次史诗般的河流探险——他们在河水暴涨的马格达莱纳河中行进了805千米，穿过了茂密的森林。他们又一次饱尝昆虫叮咬之苦，陪同他们的20名印第安人中有8人因为热带性溃疡和精疲力竭而被送回。不过洪堡和邦普朗保持着健康抵达了翁达港，准备进行去往波哥大（哥伦比亚）的高原之旅。1801年9月，他们出发前往基多。当地矿业官员使用印第安搬运工通过崎岖难行道路：当地的印第安人身上会被装上椅子形状的装置，官员坐在上面就这样被运过去。洪堡和邦普朗拒绝了这个方法，选择步行。

1802年1月抵达基多（厄瓜多尔）之后，他们把接下来6个月的时间都花在了研究当地火山上。在当时人们还没有理解海拔对于人体的影响，而洪堡不得不放弃对皮钦查火山的首次攀登，因为他感到很不舒服并昏了过去。毫不气馁的他又做了第二次尝试，并在经过几座裂缝桥下降一些距离之后成功登顶。洪堡的身体状况极佳，他在第二天又登上了皮钦查火山进行更多的观测。他还和邦普朗一起试图登上钦博拉索山，但在海拔5878米的时候被一片覆盖着柔软冰雪的陡峭斜坡挡住了去路。在接下来的30年中，洪堡保持着人类攀登高度的纪录。在他晚年时，当对喜马拉雅山脉的调查发现钦博拉索山实际上并不是世界第一高峰的时候，洪堡表现出了不难理解的失望，他写道："我在一生中都认为自己是世界上所有人中攀登得最高的人——我指的是钦博拉索山的山坡上！"

在所到之处，洪堡常常对碰到的所有东西进行一丝不苟的观察。他在去往太平洋沿岸的特鲁希略途中所做的磁力观测在接下来50年的地磁研究中一直被用作参考资料。他还从当地农民那里了解到海鸟粪具有很强的肥力，并把这个发现带回了欧洲。

在利马逗留了一段时间之后，1802年12月洪堡和邦普朗起航前往墨西哥，中间经过瓜亚基尔。在海上洪堡当然还在进行他永不停歇的科学研究：他对于秘鲁海域海水温度的测量揭示了该洋流的存在，该洋流后来以他的名字命名

（现亦称秘鲁洋流）。1803年3月，他们抵达了墨西哥的阿卡普尔科，并花了一年的时间进行去往火山的旅行、研究阿兹特克文化并造访了一些矿山。1804年3月，他们起航前往哈瓦那，然后又来到费城，洪堡在那里拜访了当时的美国总统托马斯·杰斐逊。洪堡深受杰斐逊的鼓舞，认为这次会面非常重要。两人讨论了许多事情，包括刘易斯和克拉克进行的美国西部远征，为洪堡最伟大的探险画上了句号。1804年6月，洪堡和邦普朗起航前往波尔多。

五、巴黎以及那些“未必如实的岁月”

这场历时5年之久的宏大探险行动花费了洪堡所有财产的三分之一。如今他拥有6万件标本以及浩瀚的动物学、地球物理学、天文学、地质学、海洋学和文化学数据。洪堡常常说他的目标是“收集想法而不是物品”，他花了30年时间才将南美之旅的结果提炼出来，并出版了包含多卷的大部头著作，这部著作后来又从法语翻译成英语，标题为《1799—1804年在新大陆热带区域旅行记》。由于这本书也基本上是他自己出资出版的，于是也给他造成了经济问题。

从南美洲回来之后，洪堡定居在巴黎，在经拿破仑批准的一笔津贴的帮助下，他在那里生活了接下来的24年。就像从前那样，他进入了巴黎科学界、社交圈和政治圈的上层，生活得风生水起。但他对巴黎的爱并不像他对旅行和发现的爱那样热烈，1805年，洪堡和法国科学家盖·吕萨克一起进行了一次为期6周的穿越阿尔卑斯山之旅，目的是进行磁力和大气观测。他还有一个自己称之为“我一生中第二大任务”的计划——去亚洲北部进行科学探险。1811年，他希望离开巴黎前往西伯利亚、喀什和西藏，但拿破仑对俄国的侵略阻止了计划的实施。1827年，洪堡返回柏林，但他探索的动力仍然丝毫未减。为去俄国探险做前期准备，他曾几次前往伦敦，其中一次他和伊萨姆巴德·金德姆·布鲁内尔在泰晤士河里的一口潜水钟下待了一个小时；浮上水面后，洪堡胸中的血管发生了破裂，当时出现了咳血和流鼻血的症状，直到第二天才消失。

1829年4月，年近六十的洪堡前往圣彼得堡并在6个月内返回柏林，走过了18500千米的路程，又一次进行了大量天文学、地质学和地理学观测，并证明了俄国境内有钻石矿藏。他还在俄国境内建立起了地磁和气象观测站网络，这促使欧洲大陆、英国和美国完成了同样的工作，建立起了世界性的地磁和气象观测网。

洪堡如今重拾起了他早期的一个想法，并开始撰写一部野心勃勃的巨著《宇宙》，在这部著作中，他试图收集和记录科学和自然界已知的所有事物，并找到不同分支之间的联系——“对于宇宙的物理性描述”，他要在其中论证自然的统一性。这部书花了他25年的时间，当第一卷出版的时候他已经76岁了，第三卷出版时81岁（他称自己的这段时间为“未必如实的岁月”）；而当洪堡在90岁诞辰前夕去世时，最后的第五卷只完成了一半。

洪堡对于各种科学门类都做出了真正的开创性的贡献，大量动植物物种、地理景观、地名和大学都以他的名字命名。

至于他自己，洪堡这样说道：

我只完成了三项重要并且最独特的工作。植物地理学以及与之相关的对热带世界的自然描绘。等温线的理论。对地磁的观测——在我的建议下，它导致了遍及全球的地磁观测站的建立。

洪堡博得了所有他应得的掌声和称赞，他对于许多科学分支的影响在今天仍然可以感受得到。

阅读思考：旅行和探险对于地理学的意义是什么？

海森堡[1]

戈　革

戈革，石油大学教授，中国著名物理学史家。海森堡，是当代德国物理学家，量子力学的创立者之一。对于19—20世纪之交的物理学革命，及其后续的影响，有许多值得关注的人与事。海森堡，除了在科学上的突出贡献之外，因为在第二次世界大战期间的经历，也成为科学史上颇有争议的科学家之一。在这篇传记中，作者比较详尽地描述了海森堡的生平、贡献和关于他的争议，并给出了自己的看法。

沃尔纳·卡尔·海森堡的大名在全世界物理学家中间是极其响亮的。例如"我的朋友"艾瑞克（尼尔斯·玻尔文献馆的前任馆长）就坚决断言海森堡是20世纪第三位最伟大的物理学家，泡利和狄拉克都得靠后。伊瑞克曾向我历数了海森堡的"十大功劳"。他在哥本哈根开的一门量子史课程叫作"从玻尔到海森堡"，用他的话说就是"从一个伟人到另一个伟人"。

另一方面，关于海森堡的立身行事，人们的见解却分歧极大，大家议论纷纭，莫衷一是。

本文拟对这些问题作一概括的评介。限于篇幅，许多细节不得不忍痛割爱。

① 《自然辩证法通讯》杂志社.科学精英：求解斯芬克斯之谜的人们[M].北京：世界图书出版公司，2015.

一、生平简历

海森堡于1901年12月5日生于德国的维尔茨堡，父亲是古语文学家，于1911年移家南德任慕尼黑大学“拜占庭学”教授，母亲是一位中学校长的女儿。海森堡有一个哥哥，比他大一岁半。

海森堡从上小学时成绩就很好，学习毫不吃力。1918年夏天，由于受当时经济条件的影响，他曾停学一年，到一个农场中从事体力劳动，以赚些钱来补贴家用。那时他就有志研习康德哲学。他一生爱好音乐，擅弹钢琴。欧战结束后，德国政局混乱，在某次地方性的战乱中，海森堡曾替军队干过装子弹和放哨之类的工作。这时他结交了一些青年朋友，并参加了后来兴起的“青年运动”。但是他当时已经不喜欢空洞浮泛的政治议论，觉得不如科学和哲学有意义。这时他接触了原子概念，并自学了外尔的《空间、时间和物质》一书。

1920年入大学时，他起初想学数学，但是遭到了一位数学教授的拒绝，于是他进了慕尼黑大学索末菲的物理学研究所，很快和比他大一岁的泡利交上了朋友。他们两位都不喜欢实验，上实验课时敷衍了事。结果就使泡利后来得到了“泡利效应”的名声，并使海森堡在博士学位考试中遇到了麻烦。

海森堡在索末菲那里过得很好。1922年夏，他随索末菲到哥廷根听玻尔讲学，他在讨论中的发言引起了玻尔的注意，这就是他和玻尔结交的开始。1922—1923年的冬季学期，索末菲赴美讲学，海森堡转往哥廷根的玻恩那里，很得玻恩赏识。回到慕尼黑以后，他很快就以一篇关于流体力学的论文获得博士学位。然后他去玻恩那里当了助教。1924年7月，他又以一篇关于塞曼效应的论文取得大学授课资格。

1924年9月，他按照两年前和玻尔的约定去了哥本哈根，在那里接受了玻尔对他的深远影响。他后来回忆说：“我在索末菲那里学到了乐观精神，在哥廷根学到了数学，在玻尔那里学到了物理学。”这句话深刻而生动地集中反映了三位大学者的不同特征，是值得我们反复体会的。

海森堡在丹麦待了7个月，在那里考虑了玻尔对应原理的更好表述，并和克拉末一起研究了光的色散，这都为他不久以后的创立矩阵力学做好了准备。他于1925年回到哥廷根。同年7月，完成了一篇新的论文，标志了矩阵力学的诞生。他的概念在和玻恩、若尔当的合作中得到了进一步的发展和表述，很快地形成了第一种形式的量子力学。1933年，由于“他对量子力学的创立，而该力学的应用导致了许多发现，包括氢的同质异形体的发现”，海森堡被授予了1932年的诺贝尔物理学奖。

1926年，克拉末回荷兰去当教授，海森堡被聘到哥本哈根去接替他任玻尔的助手，并成为研究所领取薪金的正式讲师。在他的推动下，玻尔邀请薛定谔在那年10月间访问了哥本哈根，并且在那里进行了有关量子力学问题的大辩论。1927年初，海森堡完成了关于测不准原理的重要论文，把人们对于量子力学的物理理解推进了一大步。同年10月，德国莱比锡大学聘他为理论物理学教授。从那时起，他在莱比锡一住十几年（到1941年）。他经历了社会上的许多动荡，并于1937年4月与夫人伊丽莎白结了婚。他在莱比锡培养了许多很有成就的理论物理学家，其中包括他的第一位博士研究生F.布洛赫以及后来和他过从最密的魏茨泽克，我国的前辈物理学家周培源先生和王福山先生也在他那里工作过。

当第二次世界大战在欧洲战场上展开时，德国的某些人士开始考虑研制原子武器的问题。经过错综复杂的发展，德国军方终于把这方面的技术领导任务交给了海森堡。在此期间，他的主要精力都用到了这一方面。战争末期，海森堡和另外九位德国科学家被盟军送往英国拘留一年。后来盟方同意重建德国科学事业，他们先后被释放。1948年以后，海森堡在慕尼黑任马科斯·普朗克物理学和天体物理学研究所所长，兼任慕尼黑大学教授，后于1970年退休。从1975年起，他的健康状况日渐衰退，于1976年2月1日在慕尼黑逝世。他一生中获得了包括诺贝尔奖在内的许多荣誉。

二、学术成就

从前有一位文学家说过，一个人平生应该有一两件最值得踌躇满志的事，例如王勃作《滕王阁序》或武松的打虎。对海森堡来说，平生最得意的当然是他的创立矩阵力学。但是，一位伟大的学者通常不会只有一项“老本儿”。他除了最重要的一项贡献以外，通常还有许多不那么著名但确实也很重要的成就。海森堡也如是。我已不能准确地记起伊瑞克当时（我们在哥本哈根逛大街时）所列举的海森堡“十大功劳”是哪些项目，现在只能根据自己掌握的资料来作一概述了。

早期工作

海森堡入大学的那一年(1920),正赶上玻尔正式提出他的“对应原理”。当时人们正在起劲地研究多电子原子,而索末菲在这方面也正做着重要的工作。因此,海森堡也就理所当然地卷入了原子问题之中。

按照当时德国的教育制度,学生们至少要在大学中读6个学期(3年),才能提出博士论文。得了学位以后,再经过一段时间努力,可以再提出一篇有分量的论文,以取得“大学授课资格”。这样的人通常是先在大学中当“无公薪讲师”(收入主要来自听课的学生),然后才能逐步提升为“非常教授”(副教授)和“正常教授”(正教授)。

海森堡在索末菲指导下于1921—1922年完成了三篇论文。其中第一篇处理了原子的双重态和三重态的塞曼效应;其余两篇是和索末菲合撰的,讨论了原子多重谱线的宽度和强度等问题。1922年冬季,海森堡去了哥廷根。他在那里也在玻恩的指导下完成了2篇处理多电子原子特别是氦原子的结构的论文。

除此以外,他还对流体问题有兴趣。他在慕尼黑写的第一篇这方面的论文就引起了流体力学权威普兰特尔的注意。正是这个人,后来多次向纳粹头子希姆莱和戈林进行游说,在海森堡得到纳粹政权的信任方面起了重要的作用。

另外,他于1923年回到慕尼黑以后,所提出的博士论文也是有关湍流问题的。索末菲对这篇论文大为赏识,但是在学位考试(口试)中老实验物理学家维恩提出的有关光学仪器分辨率之类的实验问题却一个也没有得到满意的答复,想必是通过索末菲的努力,海森堡才勉强通过了考试。

获得博士学位以后,海森堡到哥廷根去做玻恩的“第二助教”(第一助教是洪德)。一年以后,他就以一篇关于反常塞曼效应的论文取得了大学授课资格。

在丹麦的工作

1924年,海森堡到了哥本哈根,在玻尔的研究所中受到了深远的思想影响。他考虑了如何更好地表述对应原理的问题,并和克拉末一起研究了原子对光的色散问题。他们一起推广了拉登堡的理论,得出了很重要的色散公式。后人认为,这一工作实际上打开了矩阵力学的门径。

矩阵力学的创立

关于这段历史,人们已经论述得很多了(也很重复了)。一方面,这种新力学必须看成玻尔理论特别是对应原理的嫡传后代，所以矩阵力学一出现，玻尔就伸出双臂欢迎了它。另一方面，新的理论当然不可能仅仅是旧原理的再表述，它肯定是包含了很重要的新想法和新觉察的。例如，人们常常强调海森堡放弃了“轨道”概念而强调或只运用了在实验中可以观测的量。就连海森堡本人，也一度认为这是受了爱因斯坦对“同时性”概念的分析的启示。但是，根据他自己的回忆，当有一次和爱因斯坦谈起这个问题时，爱因斯坦却说：“只有理论才能确定什么是可以观察的。”这就一下子把问题“翻”了过来。也许可以说，这个事例突出地指明了主观片面地、望文生义地诠释历史事件或前人思想的危险性！

海森堡于1925年初从丹麦回到了哥廷根。当时他心中已经充满了一些新的想法。同年5月，他得了“枯草热”（一种花粉过敏症），被迫到一个海岛上去疗养。在岛上幽静的环境中，他把玻尔—索末菲量子化条件（积分表示式）改写成了简单的代数表示式，并证明了这种表示式的自洽性及其和能量守恒概念的相容性。这就标志了新力学的最初诞生。

当时海森堡对自己的结果还有点信心不足，但是眼界甚高的泡利却支持了他。于是他终于在7月底通过玻恩而寄出了自己划时代的论文《论运动学关系式和力学关系式的量子论备释》。玻恩很快地意识到，海森堡的结果可以用数学上的矩阵理论来表示。于是在海森堡、玻恩和若尔当的合作下，很快地就发表了著名的“三人论文”。这篇论文在矩阵论的数学形式下大大发展了海森堡的原始想法，初步确立了矩阵力学的理论体系。随着薛定谔波动力学的出现，随着海森堡力学和薛定谔力学的数学等价性的被证明，随着狄拉克变换理论的确立，新量子力学的数学表述形式很快地达到了阶段性的完成。

测不准原理的提出

新力学的应用取得了巨大的成功。在具体问题中取得的结果，或是和以前已有的结果相一致，或是比已有的结果更好。有些以前很困难的问题也有了水到渠成的解。这一切都很可喜。但是，新的一套理论体系到底代表着什么物理内容，例如动力学变量的不可对易性到底反映的是什么物理事实，这在当时却还是很不清楚的。

这样的“物理性的”问题最能够吸引玻尔，而1926年秋天他和薛定谔之间的大辩论更加迫切地触动了他。于是，大约从1926年的年底开始，他和海森堡一起对这种问题进行了强有力的探索。他们进行了不遗余力的讨论。到了1927年的2月中旬，他们觉得受不住了，需要休息。于是他们一起去挪威滑雪。玻尔疲倦得如此厉害，以致他在挪威一直待了4个星期，而正是在此期间，他酝酿成熟了关于“互补性”的思想。

海森堡提前返回了研究所。他自己继续思考了问题。到了2月23日，他就在一封给泡利的长达14页的信中报告了自己的结果。1927年3月23日，德国的一家期刊收到了他的论文《论量子理论的运动学的和力学的直观内容》，文中阐述了所谓测不准原理的思想。

玻尔大约是在2月18日的前一两天返回哥本哈根的。当他回来时，海森堡的论文是已经寄走了呢，还是没有寄走，现在人们有些不同的说法（这问题涉及海森堡对待玻尔的态度，所以并不是无关宏旨的）。无论如何，他们继续进行了讨论。按照海森堡的回忆，他们有时争论得如此激烈，以致把他气得哭了起来。

海森堡在自己的论文中分析了一些“假想实验”，其中最有名的就是所谓“γ射线显微镜实验”。说也凑巧，当年他因为不懂得光学仪器的分辨率，曾经触怒了老一辈科学家维恩教授。这一次，在自己的历史性论文中，他又在分辨率的问题上摔了一跤。玻尔指出，在讨论显微镜的分辨率时，他没有照顾到透镜的有限孔径。另外，玻尔也把自己关于互补性的观点告诉了海森堡。结果，在最后发表论文时，海森堡就在校样上增加了一条后记，对玻尔的帮助表示了感谢。

众所周知，测不准原理的大意就是说，微观粒子的位置和动量不能同时有准确的依据。因此，任何微观体系的态，永远不可能按照经典力学的意义被准确地认知。这样一来，牛顿力学中的那种因果链就发生了问题（根本无法测定“初态”）。这样一种结论，当然会极大地震撼物理学界和哲学界。几十年来，人们围绕测不准原理写了许多本书和不计其数的有意义的或东拉西扯的论文。直到今天，它的“余震”也还远远没有平息呢！

对铁磁性的探讨

海森堡于1927年秋天到莱比锡大学任理论物理学教授。由于教学任务和出国访问（1929年访问过美国）的影响，他的论文发表得不像从前那样频繁，但是他的研究工作并未中断。当时他和他的学生们主要考虑了由量子力学所能得出的各种推论。

海森堡在莱比锡发表的最初两篇论文，处理了铁磁性的理论。实际上，物质的磁性根本没有经典的理论解释。一般物理学教科书上的所谓解释，例如用拉摩尔定理来“解释”抗磁性的那种做法，其实是只能培养学生不良思想方法的欺人之谈。尤其是关于次磁性问题，人们习惯于说物质中的“分子磁体”结合成“磁畴”，但是它们是怎样结合的，它们彼此之间有什么样的相互作用力，却从来不予说明。这怎能算是解释了在海森堡以前，也有人研究过铁磁性(例如皮·外斯)，但是他们的理论大多是从一些专设性的观点出发的，所以到底不能令人稍微有点满意。海森堡利用量子力学中所特有的“交换力”的概念处理了问题。他得出的主要结论是，物质的铁磁性是在泡利原理的规定下由电子之间的静电相互作用引起的。这样，就第一次给出了各“基元磁体”之间的相互作用的物理本性。因此，虽然他所用的微观模型还有许多有待改进的地方，但是他的开创性工作毕竟代表了后来一系列重大进展的开端。

量子电动力学

量子力学刚一出现，人们几乎立刻就想到了用这种新方法来处理电磁场的问题。这一工作首先要把量子力学加以“相对论化”。事实上，薛定谔在他的波动力学论文中，若尔当在“三人论文”中，克莱恩在所谓五维空间理论的研究中，狄拉克在他的电子理论中，都触及了电磁场的量子化问题。但是，把包括静电项在内的整个电磁场当作一个量子体系来进行首尾一贯的系统处理，则是由泡利和海森堡合力完成的。他们在1929年联名发表了两篇很长的论文，在当时的知识水平上系统地表述了量子电动力学。从那时起，这两篇论文已经变成了量子场论这一领域中的基本文献。两位作者后来也对这一领域继续保持了历久不衰的兴趣，做出了重要的贡献，培养了杰出的人才。

原子核

在中子于1932年被发现以后，许多人各自独立地得到了一种想法：原子核是由质子和中子组成的，而不是像人们以前所想的那样由质子和电子组成的。海森堡也在这种想法的基础上考察了原子核，而且他比别人更进一步，试着对原子核作了动力学的描述。

1932—1933年，他以《论原子核的结构》为题接连发表了3篇论文。文中虽未明说，但他实际上是把中子看成了质子和电子的复合体。他又是利用“交换力”的概念来处理了核内各粒子之间的相互作用，特别是中子和中子之间的相互作用。在表述交换作用时，他引用了一个和自旋算符相仿的新算符。这个算符后来得到了广泛的应用，叫作“同位旋算符”。

战时的工作

海森堡被德国纳粹军方所重用，是这位伟大学者生活中的一幕悲剧。他在这方面的努力，从社会政治的角度来看是不值得赞许的。但是，海森堡和他的同事们在“铀计划”的执行中也还是取得了一定进展的，而作为技术总负责人的海森堡也想了许多办法，进行了大量的计算。从“认识自然”的角度来看，他的成绩也还是不容否认的。

除此以外，海森堡在战时也做了另外一些理论工作，其中1942—1943年关于S矩阵的研究，后来在有关的理论方面带来了重要的影响。

战后的工作

第二次世界大战以后，海森堡在德国科学的重建中起了重要的作用。他承担了繁重的行政方面和科学政策方面的任务，但是他的科学探索绝没有中止。早在大战以前，他就研究过宇宙射线。战后他继续研究了宇宙射线中的簇射和介子产生等问题，发表了一系列的论文。他也重新提起了早年的兴趣，研究了流体中的湍流等问题。此外他也考虑过超导性，但取得的进展不大。

统一场论

大约从20世纪40年代中期开始，宇宙射线的研究和用加速器做的实验，导致了层出不穷的新品种基本粒子的发现。这种情况向理论物理学家提出了严重的挑战。按照一般的理解，每一种真正的基本粒子，都需要用一种特定的场来加以描述，而粒子之间的相互作用，则需要用相应的“耦合项”来描述。既然“基本”粒子的品种很多，普遍情况下的场方程就会变得十分繁复，而它的解也会变得复杂得可怕了。于是很自然的一个问题就是，在这许多种“基本粒子”的背后，是否有某种更基本的东西和更简单的规律？ 要探索这种十分根本的问题，所要克服的困难也是十分可怕的。海森堡勇敢地承担了这种探索任务，并尝试了一种简化的可能性。他假设，所有不同种类的基本粒子可以用单独一种

“基本场”来描述。通过对场加上适当的条件，也许就可能得出那些基本粒子来，正如量子力学中的量子化条件能够给出原子的线光谱一样。这种设想确实太美妙和太大胆了，使人简直不敢相信它的可能性。但是海森堡还是努力推进了他的设想。他假设了那个唯一的场有四个分量，分别代表着自旋变量和同位旋变量。在最简单的情况下，场方程只包含一个非线性的耦合项，该项的系数就是理论中唯一的一个参量。

海森堡曾经指望从泡利那里得到鼓励和协助，泡利也曾一度有点热心，但是后来又回到了最初的批评态度。尽管如此，海森堡的态度却一直是乐观的。大约从1950年开始，他把自己的主要精力都用到了这一课题上。除了简短的报道和评述以外，他在这一领域中大约写了20篇论文（有的论文是和他的学生合写的），并且写了一本小书。当然，由于理论设想太大胆，它的成功（如果可以成功的话）现在还非常没有把握，但是我们不能不佩服海森堡的这种勇气。

必须指出，除了“统一”这一颇为笼统的思想以外，海森堡的理论在基本设想和处理手法方面是既不同于爱因斯坦的统一场论也不同于近来人们谈得很多的弱电统一理论或所谓“大统一理论”的。目前，这可以说是一种已被淡忘的理论，但是科学思维的前进从来不会是直线式的，谁能断定这种理论将来不会有一天重新放出灿烂夺目的奇光异彩呢？

三、有争议的人品

在纯学术方面，海森堡的伟大功绩和崇高地位是绝无争议的。但是在为人处世上，特别在他和德国纳粹政权的关系问题上，他却起码是使人感到惋惜的。在这方面，伊瑞克所说的“两个伟人”可就大不相同了。

海森堡为人一生好胜，他最关心事情的成败，不够超脱。作为世纪初的一位德国知识分子，他成名甚早，特别爱面子，这就使他有时走上文过饰非的道路①。特别是有那么一批“爱护”他的人（以他最密切的学生魏茨泽克为代表），到处替他掩饰过失，编造了许多不能自圆其说的“论点”，这就更加使正直的和

① 有一位科学史家说，当时大多数的德国学者都是一些“mandarin”，用我们的话说就是一些“精神贵族”。他们大多思想保守，忠于政府，行动多礼，往往有架子等等。其中最突出的例外是爱因斯坦——他根本不是什么mandarin。

知道内情的人们对他增加了反感。当然，也有些人出于义愤，说过一些过分贬低他的话，但那也是有目共睹的，并不会严重地影响海森堡的声誉。

由于海森堡在德国和在国际上都有过非常广泛而复杂的社会关系，牵一发而动全身，所以要比较全面和细致地评价他的为人就绝不是一两篇文章所能奏效的。在这里，我们只能举几个有代表性的事例来略加评介。

和纳粹势力的“矛盾”

1933年初，希特勒攫取了德国政权，不久就迫不及待地推行了反动的政策，迫害犹太人，整肃知识界，发狂地叫嚣战争。这一切，像海森堡这样的学者当然是不会心甘情愿地接受的。于是他发表了一些“不合时宜”的言论，触怒了某些有权势的纳粹分子。他们在纳粹组织的报刊上对海森堡发动了凶狠的攻击。

其实这种冲突来源很久。早在第一次世界大战刚结束时，一小撮以勒纳德为代表的反动人物，就倡导了所谓“德意志物理学”，这基本上是指那种直观的、可以按经典观点来理解的实验物理学。后来，这种观点被另一个反动人物斯塔克接了过去，逐渐改名为“雅利安物理学”。勒纳德和斯塔克都是老牌的纳粹分子，早在希特勒得势以前就支持过他。希特勒一上台，这些人便成了党的“老战士”。他们得意忘形，企图从普朗克手中夺取科学院院长的职位。他们疯狂地攻击他们弄不懂的现代理论物理学（以相对论和量子论为主），妄称那都是“犹太人”弄出来的玄虚，是应该彻底抛弃的“伪科学”，等等。

对于这样的谬论，亲自创立了量子力学的海森堡当然不会接受。于是斯塔克等人又发明了一个名词叫作“白色犹太人”。这是指的一些很有声望的德国学者，他们本来不是犹太人，但是据说他们在思想上和犹太人相通，所以应该和犹太人一样受到惩处。有了这样一个名词，纳粹分子就可以攻击他们所不喜欢的任何一个人。于是当海森堡触怒了他们时，他们就疯狂地发动了攻击。

但是，早在希特勒垮台之前，所谓“德意志物理学”和“犹太物理学”之争就渐渐平息了。由于斯塔克之流太无能，纳粹当权派渐渐觉悟到依靠这种人无助于战争胜利的取得，所以斯塔克等人渐渐失去了当权派的宠信。另一方面，有几个和最高当局关系密切的知名人士（普兰特尔便是一个）多次向戈林等人陈述了真正科学的重要性。所以到了最后，相争的两派不得不达成协议，而斯塔克之流也勉强承认了相对论和量子论。当海森堡正式主管了“铀计划”时，那些“德意志物理学家”就完全沉默了。

至于“党报”之类对海森堡的攻击，海森堡也采取了釜底抽薪的办法。他通过自己的母亲和希姆莱的母亲之间的熟识关系，向特务头子希姆莱提出了直接的申诉。起先希姆莱没有理睬。一年以后，当普兰特尔等人的说项起了作用时，他才回答了海森堡，向海森堡发出了保证安全的许诺。

大战以后，海森堡的辩护士们大肆渲染海森堡对“德意志物理学”的斗争，并把它升格为反纳粹的斗争。这当然是违反历史事实的，因为斗争的胜利正是通过纳粹最高人士（一些最大的战争罪犯）的介入而取得的，根本不是单凭海森堡个人的努力，更不是通过广大人民的努力而取得的。至于海森堡向最大的特务头子提出申诉一事，考虑到他急于保护自己的心情，当然也并不是不可原谅，但无论如何是不值得引以为“荣”的！（“聪明的”辩护士们一般不太多提此事。）

和玻尔的会晤

这是一件奇怪的历史悬案，不同的人作出了许多极不相同的评述，而辩护士们也做了不少的“文章”。

当时的纳粹德国，也有侵略的“两手”，于军事侵略之外还执行“文化帝国主义”。在他们占据了的各国，都设有“德意志科学研究所”，进行各种反动的乃至惨无人道的所谓“研究”。例如，设在波兰境内的一个研究所的所长（海森堡的朋友柯布里兹），在1941年写的一篇文章中提到东部的犹太民族需要“一种基本科学的处理，以便为‘领袖’在战后对问题取得最后的全欧洲的解决做好准备”。这意味着用科学方法来最有效地执行种族灭绝政策。由此可知那些研究所到底是什么货色。

从1941年开始，海森堡在纳粹政府的安排下到过许多被占领国和中立国（例如瑞士）去演讲，其中包括波兰的上述研究所。当时纳粹当局严格控制德国人的出国访问，但他们对海森堡的信任超过了对普朗克的信任。因此有人说，当时的海森堡实际上成了纳粹德国的“文化大使”。

丹麦的“德意志科学研究所”设在离玻尔的研究所不远的地方。但是玻尔和他的人员从来不参加德国人主持的任何活动。有时德国人请不动他，宁愿把活动改期，但玻尔还是婉言谢绝。有一位理论物理学家摩勒更有意思，他用复写纸把推辞时的回信打印若干份（那时还没有静电复印），每当收到德国人的请柬就寄回去一份。这样明显的不合作态度当然使玻尔和德国占领当局之间的关系相当紧张。

1941年10月，海森堡应邀到丹麦的“德意志科学研究所”参加一次会议。在当众演说时，他表示因为在听众中看不到玻尔而感到遗憾。这等于公开地向玻尔“叫阵”。玻尔得知后，就邀请海森堡和随行的魏茨泽克到玻尔的研究所中来演讲。于是发生了著名而神秘的海森堡—玻尔密谈。

有一位作家莫雷在她写的玻尔传中说密谈是“在大街上散步时进行的”。当时是玻尔最亲密助手的罗森塔尔博士对这种谣传嗤之以鼻。他曾向笔者坚决指出，在当时的局势下，玻尔绝不会和一个“德国人”一起走在大街上①。其实那次晤谈是在玻尔的家中（卡尔斯伯荣誉府）中进行的。晤谈时没有第三个人在场，所以谈话的内容就成了一个不解之谜。当时肯定谈到了有关原子武器的问题，但是当时讲了些什么，就无人能够知道了。玻尔事后只字未提，而海森堡则说他已记不清楚，“可能”是说了如何如何的话，云云。

关于当时海森堡会见玻尔的动机，后来有人提出了种种不同的解释。一种流行甚广的解释可能起源于魏茨泽克，那就是说，海森堡企图通过玻尔来和全世界的科学家达成谅解，大家都不要研制原子弹。这种说法是极可怀疑的。因为，第一，海森堡当时还不是“铀计划”的总技术负责人，而玻尔由于处境闭塞也还没有意识到制造原子弹的具体可能性，这样两个人如何能发动世界范围的“攻守同盟”？第二，海森堡正如一般的德国人一样，有很浓厚的“爱国”思想，提出那样的倡议在他看来会显得几近“叛变”，他是不可能打这种主意的；第三，他也不敢——许多年以后，当初是他的学生的罗森塔尔当面问过他：“当年你若提出那种倡议，希特勒不会枪毙你吗？”对此海森堡也只好点头。尽管如此，所谓海森堡就对待原子武器的态度问题向玻尔请教之说，至今仍然十分流行。甚至去年出版的一本丹麦文的小说，居然也还沿袭了并传播了这种无稽之谈。

另一方面，也有人指责海森堡去见玻尔是要刺探原子情报，是替希特勒当间谍。这种猜测也同样没有根据。实在说，当时玻尔的研究所中并没有什么可

---

① 当时的丹麦人民对德国人实行“视而不见”运动。就是说，在任何地方遇见德国人，除了被强迫时以外，大家都不理睬。丹麦人之间照常问候、聊天，就仿佛旁边那个德国人完全不存在一样。

以窃取的秘密（只有公开的学术成就），而海森堡也还没有很深地卷入原子武器的研制之中。

两位大物理学家就原子武器问题到底谈了些什么，现在已不清楚，但是当时他们两位的心理状态，应该说还是清楚的（如果不故意曲解的话）。尽管很可能是出于对玻尔的爱护海森堡的活动在实质上就是劝降。这就大大伤害了玻尔的民族自尊心。首先，海森堡在那样的场合下向玻尔（他的老师）公开“叫阵”，这想必本来就引起玻尔周围的人们的不满。

后来他来到玻尔的研究所中，又在吃午饭时和人家说什么“战争是生物学上的需要”，请想，这样的话（观点显然荒谬）如何能向正处于法西斯铁蹄下的丹麦人说！

另外，据知情人罗森塔尔的亲口叙述，当时还发生了一件十分不愉快的事。玻尔和海森堡、魏茨泽克在办公室里谈话，罗森塔尔正在外间屋（女秘书舒尔兹的办公室）中坐着，忽然有一位先生推门进来，说是要找魏茨泽克。于是魏茨泽克就出来把那人领进了玻尔的办公室，后来才知道那位先生竟是纳粹德国驻丹麦的大使！ 在外国，不得主人同意就带客人进人家的办公室，这本身就是一件失礼的行为，更何况带进去的是人家最不想见到的敌国的官方代表！要知道，魏茨泽克的父亲曾是希特勒政府中的高级官员（相当于外交部长），而魏茨泽克本人又是一个八面玲珑的人物，他不可能不明白自己这种巧安排意味着什么——用中国的俗话来说这就叫“霸王硬上弓”，早已不仅仅是礼貌与否的问题了。

按照玻尔在1961年最后一次访问苏联时的回忆，当时“一位很杰出德国物理学家”曾到丹麦来劝他不要对德国纳粹势力那么强硬，因为据说希特勒帝国在全世界取胜已成定局，物理学家们应该证实自己对希特勒有用，以便在将来的帝国中有一个位置等等。这种说法，是完全符合当时海森堡的思想状态的，但是海森堡和他的朋友们矢口否认。海森堡还曾说过，偶尔出席一次德国人主办的“学术”会议或见见“德国大使”，这是当时玻尔所应付出的“最低代价”。然而，此事关系到一个人和一个民族的尊严和气节，恐怕玻尔是绝不会等闲视之的。

因此，德国人（以及后来许多别的人）后来宣称，玻尔在那次会晤中“误解”了海森堡的用意。这种说法也很滑稽。要知道，玻尔是一个心思最细密、胸怀最宽广的思想家，他完全不是那种粗枝大叶或小肚鸡肠的庸人，他不是那么容易“误解”别人的人。他要争的恰恰是大是大非问题。那么，按照以上的如实介绍，揆情度理地看来，恐怕当时大大地“误解”了别人的，根本不是玻尔吧！

所谓“怠工”

德国的“铀计划”失败了。失败的原因，人们也讨论得相当清楚了。但是有些人不肯承认事实，他们发明了“怠工”之说。

在大战末期，海森堡等十个科学家正被拘留在伦敦附近。美军向日本投掷原子弹的消息大大震惊了他们，当时他们有过种种的议论。那时英国人在他们住处装了窃听器。窃听的结果迄今未予公开，但是也透露出来了一些对某人不利的内容。于是德国的聪明人又发明了一种理论：英国人没有真正听懂他们的话。这真是太玄妙了。英国的情报机关再无能，也不会找不出一个精通德语的人来。

当时Alsos小组的技术负责人荷兰物理学家高德斯密①，肯定是能够充分地听懂德语的。他报道的一个情况很值得注意（而且似乎迄今无人否认）。当德国科学家们因为自己没能制成原子弹而自怨自艾时，“一个比较年轻的人”想出了一种托词，那就是说，他们的“科学家的人道主义”使他们没有认真研制这种可怕的杀人武器。换句话说，他们用“磨洋工”来“骗了希特勒”。这种理论很合海森堡的口味，他后来不止一次地提到它。甚至指责说，真正制造了这种武器的不是他们（这些“人道主义者”！），意思是，玻尔他们才真正犯了“杀人罪”。

然而，战时留下来的大量文件表明，海森堡当时在执行“铀计划”中是十分卖力的。当已经兵临城下而不得不从研究基地出走时，他还命令部下把所存的铀原料等坚壁起来。在此以前，当希特勒的破灭已成定局时，海森堡还在1944年的一次演讲中宣称：“假如我们能够打胜这场战争，那多么好啊！”甚至到了1947年，海森堡还在伦敦一位从德国流亡出来的犹太化学家（他的许多亲人都死在纳粹集中营中）的住所中说过：“应该让纳粹继续掌权50年，那时他们会

① Alsos是希腊文，意为“树林”。当时美国负责“曼哈顿计划”的军方人员是基洛福斯将军，而基洛福斯的英文意思也是“树林”。当大战即将结束时，美国军方组织了一个“工作组”，归基洛福斯领导，负责收缴德国的原子物资，搜捕有关人员等等。这个小组的代号就叫Alsos。后来高德斯密就用Alsos这个标题写了一本书。

变得完全正直起来。”这真是太“人道”了！ 实际上纳粹掌权不过12年。

在这12年中，死于战场的不算，光在集中营中被他们用最不人道的手段屠杀掉的就有大约1400多万人。这个数字大大超过了两枚原子弹所杀死的人数！

问题是，当年创立“怠工”理论的那个“比较年轻的人”究竟是谁？ 这个人才真正是海森堡最忠实的辩护者！

迈特纳的一封信

犹太女物理学家迈特纳比哈恩大1岁。当她在柏林工作时，实际上她才是研究所中的学术带头人，后来她通过友人的协助逃到了瑞典。大战刚刚结束以后，她曾经给哈恩写过一封信。在信中，她首先表示了对留在德国的朋友们的关切；听到哈恩还算平安，她很高兴。接着她就语重心长地提出了规劝。她指出，凡是留在德国的科学家，都在希特勒的罪恶战争中帮了忙；他们不应回避这个问题，应该实事求是地认识自己的过错。接着她就特别提到了海森堡。她认为，像海森堡那样的人，应该到波兰的几个集中营（死亡营）中去参观，以便让他具体了解纳粹匪徒到底对人类犯下了多么严重、多么惨无人道的罪行。这封信写得十分亲切而又十分坦率，充分体现了一位卓越科学家的平易近人和刚正不阿。至少笔者在初次读到这封信时是很受感动的。然而，恐怕海森堡的印象不一定是这样。

战后的表现

大战以后，海森堡在重建德国科学方面是有功劳的。在政治上，他反对联邦德国拥有核武器，并大力提倡在德国发展核科学。这些都是值得肯定的。但是他对自己在战时的言行却一直没有正确的认识，总是用一些虚假的叙述来替自己推卸责任或评功摆好，这就在很大程度上影响了别人对他的敬重。

在战后，盟军当局曾经在德国进行过清查纳粹罪犯的工作。由于当局对海森堡很尊重，当时许多人曾请他写过证明材料。结果海森堡来了个“以我划线”。凡是在反对“德意志物理学”中或在别的方面帮过他忙的，即使是原先在希姆莱总部任职的那位“朋友”，他都认为是“反纳粹”的“好人”。反之，如果跟着斯塔克跑过，即使是不值一提的小人物，他都认为是“坏人”。这种做法，肯定也远远不是那么客观和公正的。

玻尔奖章的受奖演说

1955年10月7日是玻尔的70岁寿辰。10月12日，丹麦工程师协会(DIF)正式设置了"尼尔斯·玻尔国际奖章"，以资纪念。按规定，这种金奖章每三年颁发一次，发给"在原子能的和平利用方面做出了巨大贡献的科学家或工程师"。受奖人不受国籍的限制，但必须是"工程技术界人士"。

1970年度的玻尔奖章发给了海森堡。我曾经问过伊瑞克："你们为什么把奖章发给海森堡，"他说："无论如何他是一个伟大的科学家。"这话我当然不否认。但是，问题在于：第一，海森堡根本不是"工程技术界人士"；第二，他当年研究"原子能"，几乎把丹麦置于万劫不复之地，而20多年后丹麦人却经由国王之手发给他一枚奖章；第三，这个奖章居然还冠以玻尔的名字！更妙的是，在发奖的过程中，DIF的主席和海森堡一起拍了照，照片的背景恰恰是一幅玻尔的画像。因此我常常纳闷：玻尔有知，不知对此作何感想，海森堡站在这幅画像前面让人照相，不知心中又是什么滋味。

1970年10月8日，海森堡在接受了奖章的次日向DIF发表受奖演说，回顾了原子能研究的历史。他当然不可避免地提到了重核的裂变，但是他对在裂变现象的确认中做出了重要贡献的迈特纳和弗里什(两个"犹太人")却连名字也不屑于提一下。相反地，他却用了一半以上的篇幅来宣扬了他那位较年轻的朋友魏茨泽克的贡献。要知道迈特纳和弗里什都和玻尔及其研究所有过很密切的关系，而魏茨泽克则由于种种原因而很不为某些丹麦学者所欣赏，从而海森堡的这次演说实际上又是对丹麦人的一种冒犯(也理所当然地引起了一些丹麦学者的反感)。这似乎表明，直到他的晚年，海森堡对他自己在战争期间的言行还没有一个比较清醒的认识。

海森堡夫人的那本书

那些千方百计为海森堡掩饰的论点，其最初"版权"不知谁属。这些论点，在几本书中得到了广泛的流传。例如容克那本《比一千个太阳还亮》，无知妄论，哗众取宠，造了许多谣言，早已声名狼藉，在国际上被说成"疏陋得无以复加"了。海森堡逝世以后，他已经不能亲口反驳谣言了。于是个别人继续造谣、传谣，企图通过洗刷海森堡来表白自己。很可能，海森堡夫人的《一个非政治家的政治生活》，就是在那种人的劝诱下写成的。由于作者的特殊身份，这本书也迷惑了许多天真的读者。我个人认为，这种责任，不在作者身上，而主要在她背后的谋士身上，不论海森堡和他夫人之间的感情多么亲密，有些事情也并不是他夫人所能深透了解的。特别是对于有些事情的“评价”，更不是局外人所能意识其真正要害之所在的。这些事情，例如英国情报人员“听不懂”德语的说法，现在都历历在目地写在书中，那恐怕多半是别人出谋划策的结果吧。

有一种情况也许值得介绍一下。海森堡夫人也认识玻尔夫妇，他们两家本来是很亲密。当她写成了这本书时，她曾把稿子寄给玻尔夫人去征求意见。玻尔家的人们向来极端隐忍，多不高兴的事情他们也不肯明白地形于颜色。但是玻尔夫人则不然，她比较坦率，容易直言无隐。看了书稿，她就提了许多尖锐的批评。她的一位女友是史学家，精通德文，看了那些批评觉得太尖锐了些，劝她改用婉转一些的口气。她答应了，但是到了晚上她又打电话通知说，她要坚持原则，口气就是要那么尖锐。后来书出版了，人们发现玻尔夫人的那些意见全都没有被接受。这种情况也是很值得玩味的。征求人家的意见，到头来又概不接受，这算什么：我不是指责海森堡夫人本人，而是有憾于替她出主意的人。他（或他们）似乎准备把历史一直玩弄下去！

阅读思考： 你认为应该如何评价海森堡的学术和人品？

勒纳德[①]

王克迪

王克迪，中共中央党校哲学教研部教授。在科学史上，还有特殊的一些科学家，尽管其科学贡献很大，但却因其在科学之外的社会、政治、伦理等方面的问题而被人谴责。德国物理学家勒纳德就是这样一个科学家，他在世纪之交的物理学革命中曾做出重要的科学发现，并获得了1905年的诺贝尔物理学奖，但却因其效忠纳粹的立场和所作所为，被人们当作一种反派的科学家的典型。

一个优秀的实验物理学家在科学革命大潮中落伍，他转而投靠纳粹势力，兴风作浪，最终身败名裂，成为著名科学家队伍中少数几个永远被钉在历史耻辱柱上的人。

在科学精英之林中，菲利普·冯·勒纳德属于极少数十分特别的人物，他的前半生有着辉煌的科学经历，对科学做出过重要贡献，获得过崇高的诺贝尔物理学奖，但是他的后半生却几乎乏善可陈，他在极端民族主义和纳粹狂潮中兴风作浪，迫害犹太人和爱因斯坦，编造所谓的“德意志物理学”，劣迹斑斑，以至于许多史家学者往往出于厌恶，在著述中不愿提到他。我国著名科学家钱临照先生在一次与研究生的座谈中提到勒纳德时也曾评价道：“显而言之，这个人是科学界的败类！”然而，这个曾几何时风云一时的人物距离我们还不太远，为了历史的真实，也为了后世的科学界吸取教训，本篇在此根据所掌握的

① 《自然辩证法通讯》杂志社.科学精英：求解斯芬克斯之谜的人们[M].北京：世界图书出版公司，2015.

资料、勒纳德的生平特别是他的后半生的一些活动记述如下。

一、勒纳德生平

勒纳德生于1862年6月7日，出生地是当时的奥匈帝国普雷斯堡，即今天的斯洛伐克共和国布拉迪斯拉发。他的父亲在普雷斯堡很有名气，是个富裕的葡萄酒制造商兼销售商。勒纳德早年丧母，由其姨母（后成为他的后母）抚育成人。

勒纳德的早期教育来自家庭。据他晚年回忆，他的祖母向他灌输了对昔日“伟大人物”的崇拜之情，这深刻地影响了他的一生。勒纳德9岁时进入当地天主教学校就读，后升入当地普通中学和高级文科中学。他偏爱理工课程，对他而言，数学和物理课程比之于其他课程，“犹如沙漠中的绿洲”。他自修这两门课的大学课程，还在家中进行物理和化学实验，曾利用整个暑假钻研当时新兴的照相术。

中学毕业后，勒纳德因为未来的去向问题与父亲发生争执，他父亲要他参与并继承家族的生意，而他本人希望继续求学深造。后来两人都做出妥协，勒纳德就近在维也纳和布达佩斯两地的工科学校就读，同时兼顾酿酒化学研究。

1883年夏，勒纳德用一年的积蓄到德国旅行。在海德堡，他见到了本森，这是勒纳德长期崇拜的偶像之一。本森讲授的课程征服了勒纳德，他决意献身科学，当年年底，他移居海德堡。

随后两年中，勒纳德分别在海德堡和柏林两地学习物理学。在柏林，赫尔姆霍兹交给他博士论文题目：“下落雨滴的振动研究”，勒纳德在海德堡的导师昆克指导他完成这篇论文，他在1886年通过论文答辩，获得博士学位，成为昆克的助手。

在海德堡期间，勒纳德每逢假期都返回普雷斯堡，一是向他父亲兑现诺言，照顾家族生意；二是与他中学时代的老师克拉特合作研究磷光现象。克拉特是勒纳德在这方面的启蒙老师，勒纳德在随后的40年时间里一直对该领域有着浓厚兴趣，在他晚年出版的3卷本《科学论文集》中，第2卷全部讨论磷光现象。

滞留海德堡3年后，勒纳德开始感到德国的学术界沉闷压抑，竞争好的职位时，人情关系比才能更为重要。于是，他在1890年转到英国寻求发展。此前他通过阅读达尔文的《物种起源》自修了英文。他认为在莎士比亚、牛顿、威灵顿和达尔文的故乡，应该能找到在德国已然无存的“昔日伟大人物的崇高品格”，然而他很快发现自己错了，英国科学界根本就没有人把他这个混了个德国文凭的斯洛伐克乡下小子当回事，英伦之行完全无助于他的科学工作。半年之后，勒纳德失望地回到了德国，这次访问，为他日后强烈的反英情绪和排外思想埋下根由。

回到德国后，勒纳德开始令人费解地频繁变动工作职位。之所以说费解是德国的大学教职薪俸优厚，又有社会地位，一般是高度稳定的职业，但是勒纳德不断变换职位和地点，甚至还走过一段“逆行”。他先在布列斯劳做了一个学期的助教，1891年4月，在波恩跟随著名的赫兹做助手，1895年又回到布列斯劳任理论物理教授，仅一年后他放弃了这个令人羡慕的职位，居然放得下身段到亚琛技术学院当个物理实验助手。几个月后，勒纳德又到海德堡任理论物理学教授，但1898年又改任基尔大学物理教授。在基尔的几年是勒纳德一生中最有成就的时期，在那里他做出了一生中最重要的物理学发现，发明“勒纳德窗”，并因此获得1905年的诺贝尔物理学奖。1907年，勒纳德再次回到海德堡，任物理学教授和放射学实验室主任。这时，勒纳德已经年满45岁，他才终于“安顿”下来。在海德堡，勒纳德度过了他漫长而无科学创造，但却劣迹斑斑的后半生。

勒纳德功成名就之时，正值物理学的基础急剧变革，新物理学和科学革命喷薄欲出。然而勒纳德无论在心态上、知识储备上和观念意识上都远不能及时跟上前沿进展，在20世纪初这样的物理学家不在少数，但是由此而走向科学革命的对立面，进而借助政治势力排斥新物理学、敌视外国人、仇恨犹太人、宣扬日耳曼物理学、追随希特勒、迫害科学家，沦为科学界的败类者，确实并不多见，人们容易想到的一例是斯塔克。

勒纳德一生中获得过许多荣誉。在纳粹兴起以前，他的荣誉来自科学界，除诺贝尔奖外，1905年他获得富兰克林奖，1911年被授予克里斯蒂安尼亚(现挪威奥斯陆)大学博士学位，1922年获德累斯顿大学博士学位。

勒纳德更多的“荣誉”来自纳粹政权。1933年，他被授予日耳曼帝国鹰徽勋章，同年“当选”海德堡自由人称号；1935年，任海德堡菲利普·勒纳德研究所所长；1942年，被授予纳粹占领下的布雷斯堡(他的出生地)大学荣誉博士学位。他还是第三帝国研究协会执行委员会主席。1937年，勒纳德在75岁生日时加入纳粹党，帝国当局祝贺他的寿辰，向他颁发了金质奖章。勒纳德一生中最引为自豪的事情不是曾经获得过诺贝尔奖，而是1928年希特勒曾经亲自登门拜访过他。

勒纳德的主要科学著作有《论以太和物质》《论阴极射线》《论相对性原理、以太和引力》等。他晚年服务于纳粹意识形态，著有一本科学史著作《科学大师评传》、一部4卷本《德意志物理学》，还有一部从未出版过的自传。

二、勒纳德的科学研究

勒纳德的科学生涯虽然始于1883年，但他真正"找到点感觉"，还是在跟随著名的赫兹之后。赫兹因为证实电磁理论并发现电磁波而享有巨大声望，是勒纳德心目中的英雄，不乏崇拜之情，而赫兹也赏识他的才干。然而勒纳德还是没有在波恩找到他向往的"昔日伟大人物"的境界，反而时时感到被忽视和排挤，这其实只是一种病态的主观感受，似乎应当归因于带有病理性的过度敏感和异乎寻常的出人头地的愿望。

无论如何，事实是，勒纳德到波恩的第二年就得到了讲师资格，赫兹还把一个极有前景的研究课题交给了他：关于阴极射线的研究。虽然此前勒纳德也曾在昆克的手下研究过阴极射线，但这不能与赫兹的指导同日而语。

1892年，赫兹向勒纳德演示了一个新发现：在放电管中，阴极射线可以穿透铝箔而使铀玻璃发光。赫兹对他说，"我们应该用铝箔把放电管分成两个腔室，在一个腔室中像通常那样产生阴极射线，而在另一个腔室中可以看到空前纯净的这种射线。即使由于铝箔很软，两个腔室的气压差很小，也可以把观察室完全抽成真空，观察一下这样做是否妨碍阴极射线的传播。换句话说，看看阴极射线究竟是物质中的现象还是以太中的现象。"虽然勒纳德本人抱怨得到赫兹指点和"秘传"的机会"很遗憾地……不经常有"，但是至少这次面授机会对勒纳德而言却是点石成金。

当时产生阴极射线的主要方法是，在真空放电管中，两个相互分离的电极上分别加有正的和负的高电压，则两电极之间有阴极射线生成。使研究者深感不便的是，射线的产生与传播都只能局限在阴极与阳极之间，两个过程混合在一起，不能像研究普通光线那样把光源与其传播严格分离开来，从而可以对光线的传播机制进行从容而不受干扰的单纯研究。赫兹的发现使对阴极射线进行这种研究显现出可能性，余下的只是加以具体实现。赫兹当时体质很差，又集中精力于电磁理论的基础研究和撰写《力学原理》一书，他把这项工作交给了勒纳德。在随后的几年时间里，勒纳德的实验天才和技巧得到广阔的施展天地，取得了令人瞩目的成就。

1894年1月1日，仅比勒纳德年长4岁的赫兹突然病逝，人们把整理赫兹遗稿和出版赫兹全集的工作交给了勒纳德。由于赫兹生前已经赢得物理学大师的名声与地位，勒纳德被委以如此重任，应该不能作为他在赫兹的圈子里遭受排挤的证据。另一方面，当时勒纳德的阴极射线研究已经接近突破，此刻却被迫暂时搁置，全力以赴地处理赫兹遗稿问题。当时，阴极射线是物理学最大的研究热点，同行竞争极其激烈。我们知道，1895年伦琴发现X射线、1897年J.J.汤姆逊发现电子，都是在研究阴极射线的基础上完成的，因此整理赫兹遗稿一事后来也成为勒纳德与汤姆逊、伦琴等人争吵发现优先权问题的重要借口。不过公正地说，当时勒纳德还是做到了立即中止卓有成效的研究，尽心尽力地整理了赫兹的遗稿，并为赫兹《力学原理》一书的编辑加工和出版核校工作耗费了大量心血，使之如期出版。

应该说，勒纳德对于赫兹还是有感恩之情的。赫兹有一半犹太人血统，此时及随后一些年中，勒纳德的反犹态度尚未表现出来。当时全心全意地在学术上提携勒纳德的还有一位海德堡数学教授克尼希斯伯格，他也是个犹太人。勒纳德之倒向国家社会主义大约发生于1914年一战爆发之时，而他的彻底的反犹面目则是在1921年爱因斯坦获得诺贝尔奖之后才完全暴露。1929年，勒纳德发表科学史著作《科学大师评传》，其中还收入了赫兹传，该书于1941年出版了第4版。

大约始自整理赫兹《力学原理》，勒纳德厌恶理论的情绪已经开始显现。1895年，他得到接任布列斯劳大学理论物理学教授的机会，他曾在该校做过研究助手，深知其实验设备简陋，他有心拒绝这一任命，只是顾念学术前程，才勉强接受。理论研究工作使他心烦意乱，继而绝望，仅一年后他自动放弃了这个教授职位，宁愿到亚琛技术学院去做一名实验助手。在讲究论资排辈、职位迁移与晋升按部就班的德国学术界，这一举动相当有悖于常理，反映出勒纳德不合群、走极端的性格。

当然勒纳德也有他的道理。这一选择合乎当时的实验物理学发展状况和他本人的具体情况。亚琛的实验条件使他中断近2年的阴极射线研究得以恢复，赫兹指点的研究思路很快被勒纳德具体化为著名的“勒纳德窗”的发明：在正对着阴极射线产生的放电管壁上留下了一个很小的孔，孔上覆盖着极薄的铝箔，射线可以顺利地由小孔透过铝箔照射到空气中，小孔成为“高纯净”的阴极射线源。勒纳德的设计是，小孔使射线得以射出，而铝箔的作用更为关键：它既不阻碍射线，又能顶住大气压力维持住放电管内的高真空。从此以后，人们就可以像研究普通光线那样来研究阴极射线，稍有不同的是需要用荧光物质来使不可见的阴极射线变成可见的。勒纳德指出，这一发明使得对阴极射线进行“彻底而纯粹的实验研究首次成为可能”。

基于这一发明，勒纳德率先对阴极射线进行了系统研究。他发现，从勒纳德窗射出的射线与放电管内的射线性质相同：能激发荧光物质，在磁场中偏转；进入空气中的射线还可以使照相底片感光，使空气电离导电或变成臭氧；阴极射线在真空管内能够无衰减地传播到极远，但是在气体中，射线会发生散射，散射程度随气体密度增大，射线的穿透本领或吸收率决定于气体的密度；阴极射线的速度可以慢至极小，也可以快到近于光速，这可以通过观察它在磁场中偏转情况推算出来。

受当时流行的特别是德国物理学界和赫兹的观点的影响，勒纳德认为阴极射线是以太中的振动波，这妨碍了他对阴极射线的本质做出进一步切实研究得出正确结论。

勒纳德窗的发明和他对阴极射线的研究在当时极为领先，他为随后进入该领域的佩兰、J.J.汤姆逊、维恩等人展开了全新的视野，提供了有效的研究手段；同时，勒纳德所获得的对阴极射线的认识也是当时最重要的理论进展——电子理论的坚实的基础。勒纳德因为发明“勒纳德窗”获得1905年诺贝尔物理学奖。

在亚琛期间，勒纳德获悉X射线的最早报道。他认定如果不是中断延误，他本来可以做出这项重大发现。令他特别恼火的是，伦琴本人曾就优质真空管的制备问题私下请教过他，他还向伦琴提供过一只“可靠的”阴极射线管，这无疑是发现X射线的关键性前提。但是伦琴从未透露过他是否采用勒纳德的阴极射线管做出他的发现，伦琴在他那篇著名的论文《关于射线的一种新方法》中，只字不曾提到过勒纳德。勒纳德对此终生耿耿于怀，甚至拒绝使用当时作为标准术语的伦琴射线一词，仅称之为“高频辐射”或“X射线”。

勒纳德在亚琛又只停留了不到一年。1896年10月，他接受海德堡大学的物理教授职位，上任前，他以特邀嘉宾身份到利物浦参加不列颠科学促进年会。勒纳德在此次会上的报告和演示引起英伦同行特别是J.J.汤姆逊的极大兴趣。汤姆逊被吸引到阴极射线领域中，他很快就以简洁的实验和优美的理论推导无可争辩地率先测定了阴极射线的荷质比，通常认为这是发现了电子本身。汤姆逊的工作使英国与德国两国物理学界关于阴极射线究竟是带电的粒子流还是以太波的争论以英方取胜而告终。在这个问题上，勒纳德自己也清楚，他本人与他的"勒纳德窗"固然于功有焉，但争夺电子的发现权总是理由不够充分。

在此值得一提的是，勒纳德发现阴极射线在空气中传播距离只有大约8厘米，他据此认为这种射线极为精细，与之相比，物质的分子和原子甚至也显得粗糙。在1906年的诺贝尔获奖演讲中，他明确地以此为根据，加上阴极射线带负电的事实，提出原子中存在着巨大的空间，如果原子的体积有1立方米，则其不可穿透的"真正体积"大约只有1立方毫米，而原子中的正电与质量也许全部集中在这微小的体积之上。无疑，至少在某种意义上讲，勒纳德是卢瑟福有核原子模型的先驱之一。

根据阴极射线在空气中的射程大胆推测原子的内部结构，可能是勒纳德平生最有想象力的"理论远足"了，由他的研究工作出发，可以"链接"到好几项轰动当时、名垂青史的重要科学发现，足以说明他当时的研究的重要与关键性地位。他的实验研究当时无疑是一流的，但是他并没有像伦琴那样幸运地得到扩大研究成果的机会，也没有充分的理论思维引导，做出像汤姆逊那样的发现。他十分幸运地得到赫兹的指点，挤入充满机遇酝酿着多项突破性发展的领域，但是人们有理由怀疑，他未必领会了赫兹的远见和对物理学的洞察。赫兹如果不是英年早逝，也许他本人或他的门生弟子们能够囊括所有那些重要的科学成就。实际上，勒纳德一生的研究都停留在现象描述和肤浅解释的水准上，他不擅长也不屑于做理论工作的弱点非常明显，却浑然不觉。与此同时，他又有着强烈的竞争意识，时刻不忘争夺优先权。

勒纳德在海德堡任教2年后，于1898年转任基尔大学物理教授，他开始研究阴极射线的新的产生机制。这项研究起始于考察光电效应，这是他的老师赫兹早在10年前验证电磁波的著名实验中就注意到的现象。赫兹发现，在紫外光照射下，他的谐振子更容易产生电火花。勒纳德在初期工作中发现，金属受到光线照射后会放射出初速极小的电子：仅仅几伏特的电压即足以迫使它们返回金属表面。勒纳德把这一成果发表在1898年10月号的《维也纳帝国科学院会议报告集》上。同年12月，J.J.汤姆逊在英国《哲学杂志》上也发表了相同结果。后来勒纳德坚称他曾给汤姆逊寄过一份论文备份，但是汤姆逊未曾提及此事。1903年，汤姆逊出版《气体导电》一书，引用了勒纳德的发表在1900年《物理学年鉴》上的再版文章。后来勒纳德在诺贝尔奖获奖演讲稿中特别用加注的方式提及此事，既暗示汤姆逊有剽窃之嫌，又借机申明优先权。在勒纳德看来，汤姆逊的做法正是他所谓的“英国研究方式”的典型表现。

勒纳德认为，利用光电效应释放电子创造出一种产生阴极射线的新方式，这个装置后来被他发展成一种在电子学和光电子学中得到极为广泛应用器件的原型。他在真空管中放置一块金属板，这块金属板可以通过一个特制窗口接受外部紫外光的照射，使金属放出电子。在管子的另一端有一个接通正高电压的阳极金属板，在阳极与发射电子的金属板之间又放置了一个带有小孔的接通负电压的阴极。光照产生的电子受到阳极正电压的加速形成阴极射线，但是阴极负电压和其上小孔的限制迫使射线成为一束很细的射线束穿过小孔直奔阳极。更重要的是，通过调整阴极上的负电压，能够十分方便地对射线的速度进行控制，勒纳德很容易就证明了这种射线与众所周知的阴极射线具有完全相同的性质。

熟悉电子技术特别是电子管、电视显像管原理的读者一定能注意到，勒纳德创造的这种新的射线管与稍晚发明的真空电子三极管以及至今仍广泛使用的电子显像管有着极为相似的结构，实际上它就是后来傲视全球长达半个多世纪、引领人类进入电子通信时代的电子放大管的前身，所不同的是电子流产生的方式不同，勒纳德用紫外光照射，而后来人们用电热丝加热电子管阴极（相当于勒纳德的受光金属板），获得了强大得多的电流。勒纳德发明更有价值的地方在他所谓的阴极上（在电子管中人们称之为控制栅极），它既能让电子通过，又能控制它的速度（电流），勒纳德的带孔金属板被发展成多圈的丝状控制栅极。这种控制栅极及其名目繁多的变异形式至今仍是占有绝对统治地位的一切放大器件（包括各种电子管和晶体管）的最基本创意。然而，勒纳德的原初创意也没有完全被抛弃，从他的管子中抽去带小孔的阴极金属板就是今天仍在广泛应用的光电倍增管的基型，今天的光电倍增管使用多阳极连续增压技术，可以使单个光子产生的电子流被放大上亿倍。当然，这些都是后话了。

在当时，勒纳德运用这种新器件对光电效应做出了重要研究。1902年，他发现光强只能增加金属表面逸出的电子的数目，而出射电子的速度（能量）则唯一地决定于入射光的频率。这一发现是自从赫兹以后人们对于光电效应所得到的最深刻的认识，勒纳德明确指出，这一现象完全不能用经典电磁理论加以解释。此外，勒纳德还研究了受到阴极射线照射的金属所产生的新的阴极射线，他称之为“二次辐射”。

很快，勒纳德发现他又一次为别人做了嫁衣裳。与当时所有物理学家一样，勒纳德远未能意识到他所得到的光电效应定量规律有着极为深刻的意义，蕴含着伟大的科学革命。1905年3月，爱因斯坦以勒纳德的实验结果为依据，引入普朗克的量子假设，仅用了极为简单的初等数学推导，就对经典电磁理论无法理解的光电效应做出了完美的解释。这项工作是爱因斯坦1905年著名的科学三部曲之一，也是他获得1921年诺贝尔物理学奖的主要原因。引入光量子假设是光电效应理论的核心，就是被爱因斯坦本人和科学界共同称之为“爱因斯坦定律”的公式。勒纳德对此极为愤慨，他终生不能原谅爱因斯坦，在以后的岁月里，他由憎恨爱因斯坦转而对相对论大张挞伐、继而仇视犹太人和国际科学界、最后投入纳粹的怀抱。

1907年，勒纳德自基尔返回海德堡，接替他过去的老师昆克任物理学教授和放射学实验室主任，他的科学生涯进入无创造性的晚期，实际上是在迅猛发展的新物理学大潮中落伍。此前，1906年5月，他赴斯德哥尔摩领取了诺贝尔基金会向他颁发的1905年物理学奖，并发表了题为“关于阴极射线”的长篇演讲。

致使勒纳德推迟领奖的原因是他当时正遭受周期性淋巴结肿大的严重困扰，这种疾病自幼年时代起就一直纠缠着他。1905年，基尔的一群庸医在对他行外科手术时出现失误，他的头部歪向一侧，耳朵总是紧贴着肩膀。海德堡的外科医生们纠正了这一错误，但是勒纳德自耳朵到前胸留下了一条很长的疤痕。出人意料的是，这位海德堡的小个子教授竟然奇迹般地迅速恢复过来，又活跃在讲台上，后来又登上了更大的社会舞台。

勒纳德是个极为出色的讲课者，他的讲稿和实验演示是精心准备好了的，他在讲台上总是显得精力充沛。他的演讲中充满历史故事，他想尽各种办法把自己的英雄崇拜有效地灌输到听众中去，把讲授物理课程变成“物理学牧师”在布道，这使他当时誉满德国全境。

从某种意义上讲，勒纳德的实验研究在当时有一定代表性，与他的研究风格和方式相似的有许多人，可以列举出H.贝克勒尔、伦琴、W.克鲁克斯等等，他们受19世纪科学研究传统影响至深，用狭隘的经验论原则指导科学活动，固守一块科学阵地，用“挖洞”式战术搞研究，虽然挖出一些宝藏，但是却不能对宝物进行有效的鉴定与甄别。他们大致都在20世纪初前后达到创造力的顶峰，在常规情况下，这些人的科学创造能力应当再延续一段时间，特别是在经典实验物理研究的范式和氛围中。但是突如其来的物理学革命导致他们迅速落伍，短短几年时间，他们曾十分熟悉和欣赏的自然图景与学术氛围变得面目全非，尽管他们本人都或多或少为这种变化做出过贡献，但是却完全不能适应新的形势。另一方面，对这些“老派的实验家”更致命的一点是，新兴的一代人不但在实验研究中引入新思想新概念，还引入了崭新的高度复杂精密的技术手段，这是老派实验家所不具备的，“火漆”“线绳”的时代一去不复返了。代之而起的，是创造且掌握新概念新理论的新锐大师，如玻尔、爱因斯坦、海森堡。即使是实验研究，代表着未来的，也是像昂内斯、劳厄、布拉格父子、巴克拉那样的人物，这几位都是1913年到1917年之间诺贝尔物理学奖的得主。到了这些人活跃的时代，勒纳德的科学工作，就像爱因斯坦在一封私人信件中指出的，“勒纳德必定是在许多方面‘非均衡发展’的，我认为他最近关于深奥的以太问题的演讲几近于幼稚。此外，他强迫（学生）所做的研究工作差不多与滑稽逗乐无异。”

三、劣迹斑斑的后半生

1914年，第一次世界大战爆发，勒纳德的排外情绪公开表露出来。在他看来，德国的主要敌人就是英国，应该在战场上狠揍英国人，因为他们自私卑鄙、唯利是图，拥有莎士比亚、牛顿和法拉第的昔日英国已经不复存在，今天的英国是下贱庸俗的小人横行，连像汤姆逊那样的所谓科学界的领军人物引用他的论文也都不遵守规范，甚至还剽窃。世界上唯有德国人自我奉献，品格高尚，对人类文明做出了最大贡献。勒纳德积极响应政府的号召戒烟，因为前线将士的烟草供应不足；他还在自己的私人实验室中制备军用仪器设备。大战期间，英国的封锁致使德国经济吃紧，民众生活困难，勒纳德的孩子患严重的营养不良，这更增加了他的仇英仇外情绪。他以浓厚兴趣阅读了张伯伦的《十九世纪的基础》一书，极为赞赏张伯伦的泛日耳曼主义和蔑视犹太人见解，勒纳德的种族主义思想由此萌发。

然而战场上的现实事与愿违。1918年11月，德国战败投降，勒纳德既失望又愤怒，他认为德皇威廉二世昏庸无能，在关键时刻背弃了臣民。紧接着，次年4月，巴伐利亚苏维埃起义，他认为这根本就是犹太人作祟，而起义者建立的魏玛共和国则无疑是《凡尔赛和约》所扶持起来的傀儡政权。勒纳德在一次讲课中，对他的学生这样说："我们的国家蒙受耻辱，因为我们是被解除了武装的国家，放弃抵抗的人一文不值，是谁叫我们受此奇耻大辱？是现在的当权者。大家好好地干吧，我相信你们会这样做的，这样到明年我们就将会有另外一个政府来领导。"

这回勒纳德倒是没有盼望太久，他很快就找到了他认为值得他崇拜的"真正的英雄"希特勒，10年多以后，令他满意的"另一个政府"终于上台了。

详细追述勒纳德在此后特别是第三帝国时期的活动，将会使本文过于冗长。以下仅列举出他在第三帝国兴起前后的一些重要活动。

反对相对论理论和迫害爱因斯坦

1919年5月，爱丁顿等人的日食观测首次为广义相对论理论提供关键性的经验验证，同年11月，这一观测结果公之于众。英国皇家学会会长J.J.汤姆逊宣称爱因斯坦的理论是"人类思想史中最伟大的成就之一"，相对论很快家喻户晓，爱因斯坦成为焦点新闻人物，他的一言一行都被新闻记者记录下来，以醒目字号见诸报端。

这一切令勒纳德极为不快。勒纳德几乎在一切方面都不喜欢爱因斯坦。在勒纳德看来，爱因斯坦是个半路出家的无名鼠辈，靠着杜撰出一种虚妄的理论哗众取宠，他认为关于相对论的经验证据漏洞百出，而德国的物理学家竟然根据英国人的观测结果对爱因斯坦的理论大肆吹捧，争先恐后地表示支持或信仰，可谓人心不古；爱因斯坦深邃的思想、机智的语言、坦荡的内心世界和近乎天真的表情赢得知识界和公众的普遍好感，但在勒纳德看来却是装模作样、逢场作戏。令勒纳德最不能容忍的是，爱因斯坦还是个公开的和平主义者，1914年大战之初，爱因斯坦就拒绝在《告文化界书》上签名（勒纳德是其中的签名者之一），却另行参与发起了一份《告欧洲人书》，公开反对并谴责战争，而且还是反战团体"新祖国同盟"中的积极分子。爱因斯坦还在私下场合表示过希望德国战败；他还热情支持魏玛共和国政府；最后，爱因斯坦还是个犹太人——这一点在当时还不是全部问题的关键，但已经足以令人生疑和产生不快。

1920年，国家社会主义党（纳粹）在德国各地兴起，该党党徒魏兰德发起一个名为“德国科学家保卫纯学术工作团”的法西斯组织。该组织有雄厚的资金支持，对爱因斯坦的人品和相对论理论发起猛烈攻击。此前，勒纳德对相对论的批评主要局限于学术讨论，尽管他的批评没有什么分量，反而暴露出对理论物理学的无知和偏见，但勒纳德拥有诺贝尔奖桂冠，当他欣然允许魏兰德等人及其组织援引他的名义对爱因斯坦大张挞伐时，事件的性质开始发生变化，超出了科学争论的范围。这一事件在当年8月下旬演变成激烈的对抗。

8月24日，魏兰德和一个物理讲师格尔克聚众于柏林音乐厅进行公开演讲，大肆谩骂侮辱爱因斯坦，爱因斯坦闻讯前往，在听众席中耳闻目睹了全过程。8月27日，爱因斯坦采取了异乎寻常的反击行动，他在《柏林日报》发表题为《我对反相对论公司的答复》的声明。爱因斯坦首先对魏兰德和格尔克及其“杂七杂八”的团体、对纳粹党人表示了蔑视，接着他援引“最杰出的理论物理学家”洛伦兹、普朗克、索末菲、劳厄、玻恩、拉莫、爱丁顿、朗之万等一长串名单，指出他们“都坚定地支持这个理论，而且他们自己也为它做出了有价值的贡献”，接着，爱因斯坦写道：

在有国际声望的物理学家中间，直言不讳地反对相对论的，我只能举出勒纳德的名字来。作为一位精通实验物理学的大师，我钦佩勒纳德，但是他在理论物理学中从未干过一点事，而且他反对广义相对论的意见如此肤浅，以至于到目前为止我都不认为有必要给它们详细回答。我现在打算纠正这种疏忽。

爱因斯坦向勒纳德发出挑战：

我注意到，在瑙海姆的科学家集会上，由于我的建议，已经安排了关于相对论的讨论。任何反对的人，都可以到那里去进行反对，把他的意见向一个适当的科学家集会提出来。

爱因斯坦的反应可谓在科学史上史无前例，似乎稍有正当防卫过当之嫌，他的一些挚友善意地批评他不该把科学界内部的争论见诸报端，爱因斯坦也很快在私下表示“也许不该写那篇东西”。然而多数科学家站出来支持爱因斯坦，第二天，《柏林日报》又刊出了劳厄、能斯特、鲁本斯的声明，坚定捍卫相对论的真理性和爱因斯坦的人品：

任何有幸亲近爱因斯坦的人都知道，在尊重别人的文化价值上，在为人的谦逊上，以及在对一切哗众取宠的厌恶上，从来没有人能超过他。

9月6日，德国文化部长也写信给爱因斯坦，对8月24日事件表示“深深的歉意”。索末菲也写信给爱因斯坦，表示“作为一个人和物理学会主席，我怀着真正的愤怒密切注视着柏林迫害您的事件”，坚决支持爱因斯坦“为自己郑重地辩护”。

勒纳德对爱因斯坦的声明报之以狂怒和仇恨，他决定接受挑战。

9月19日到25日，“德国自然科学家和医生学会”在瑙海姆温泉举行战后首次大规模科学家集会。由于相对论和爱因斯坦声誉正隆，勒纳德也有国际影响，他们之间的争论成为会议期间的压倒性主题。会前，德国物理学会主席索末菲在爱因斯坦和勒纳德之间进行斡旋调解，并提醒爱因斯坦，有人将对他发难，还有可能对他进行信任表决。爱因斯坦则希望将讨论限定在严格的科学水平上，并且表示后悔写了那篇“不幸的”声明。但勒纳德却粗暴地回答说海德堡方面决不道歉。由于魏兰德集团将结伙参加集会并密谋闹事，索末菲不得不请求当地警察到场维护秩序。会议中相对论讨论组主持人普朗克则运用权限，规定的议程中只安排交流科学论文，入选论文一律以假定相对论的基础问题已经获得证实为前提。为防范不测，普朗克把大部分时间用于会议发言，只留下很少时间进行讨论。

集会上发生了不可避免的正面交锋。这次大会的官方记录说爱因斯坦与勒纳德之间进行了“无用的、文明的辩论”。当时目击者回忆，爱因斯坦与勒纳德之间以及他们各自的支持者之间在涉及科学问题的对答上完全不处于相同的思想水平和理论水平上，因而争吵很热闹，但完全无助于明辨是非。据玻恩回忆，勒纳德用恶毒的、谩骂般的语言攻击爱因斯坦，明显地带有反犹情绪。爱因斯坦也寸步不让地进行还击。在会议现场，勒纳德的支持者人多势众，据埃伦哈夫特回忆：

爱因斯坦一次又一次地被尖叫和骚动所打断，显然是策划好了的。普朗克明白这一点，当他提高嗓门请听众保持肃静时，紧张得面如死灰。

这次交锋未能辩明结果，会上也没有发生更大的乱子，但是勒纳德明显地感受到在一阵阵支持自己的鼓噪声浪的背后，他在科学界特别是物理学家中十分孤立。他认为这是以索末菲为首把持着物理学会的一帮人捣鬼的结果，他决心另寻门径再争高下。纳粹势力对他的借重和支持，促使他无论是在心理上还是在利益的考虑上，都日益向纳粹靠拢。瑙海姆会议后，勒纳德对爱因斯坦的攻击日益远离学术规范，反犹情绪和种族主义言论一步步公开化。到1922年，在莱比锡"德国自然科学家和医生学会百年庆祝会"上，他终于放肆地直接攻击爱因斯坦的所谓"犹太佬秉性"，与此同时，他在科学界也更加孤立。

1922年11月，诺贝尔基金会宣布，因故推迟公布的1921年物理学奖授予爱因斯坦，以表彰他"在理论物理学方面的研究，特别是发现了光电效应定律"。这本来是众望所归，但勒纳德立即向诺贝尔基金会发电报，提出谴责和强烈抗议，并于次年2月把电文公诸于众。直到晚年，勒纳德还对相对论、爱因斯坦以及诺贝尔奖的事愤愤不平，他说相对论"纯属犹太佬的骗人把戏，透过它的哗众取宠，只要稍有种族知识，就可以把它一眼看穿，因为它的发明者爱因斯坦是个犹太人。然而物理学界绝大多数头面人物居然都或多或少地赞同这套犹太人的理论伎俩，我失望至深莫过于此。"

早在魏兰德等人大闹柏林音乐厅之前，爱因斯坦已经在认真考虑离开德国问题，他敏锐地察觉到一股强大的黑暗势力正在把德国席卷而去，法西斯的德国将不会令他有容身之处。是索末菲、普朗克等人一再亲切挽留，他才同意不离开德国。1933年初希特勒上台和"国会纵火案"之后，纳粹查抄没收了爱因斯坦在德国的财产，焚烧了他的著作，到9月份，纳粹更下达了对他的秘密追杀令，爱因斯坦不得不先后离开德国和欧洲远渡北美。在这一过程中，虽然勒纳德一方面由于未在德国科学界占据核心地位发挥关键作用，另一方面也由于已经年迈行将退休，无缘直接参与他所"崇敬"的纳粹"事业"，但是他曾积极反对相对论和爱因斯坦，所暴露出的不仅仅是科学上的无知，而更多的是他的反理性、反进步、反人类的阴暗心理。30年代德国科学界、文化界和全社会掀起一浪高过一浪的迫害犹太人和进步人士的恶潮中，勒纳德心甘情愿地沦为纳粹的意识形态工具，他的态度和活动被纳粹视为不可多得的"科学理由"，都使他负有不可推卸的沉重历史罪责。

拉特瑙事件

反相对论、反爱因斯坦，标志着勒纳德与魏玛初期的德国物理学界分道扬镳，由此他作为一流物理学家的良知、正义感和学术准则一步步丧失。1922年2月，他的儿子韦尔纳死于长期营养不良，勒纳德姓氏自此中断。另一方面，魏玛政府经济政策失败，致使物价飞涨，通货恶性膨胀，勒纳德的积蓄和他极为珍视的诺贝尔奖奖金变得一文不值，这更加剧了他的盲目仇恨情绪与心理变态。这一年，突如其来的拉特瑙事件把勒纳德也卷了进去，促使他一步跨入纳粹营垒。

拉特瑙是犹太人，是著名的社会活动家、和平主义者和国际主义者，时任魏玛共和国外交部长，在国际上享有很高声望，也是爱因斯坦的挚友。拉特瑙上任仅几个月就在1912年6月22日被极右势力种族主义分子暗杀，史称“拉特瑙事件”。这一事件带有爆炸性，它激化了战后德国本来已经十分尖锐的社会矛盾，迫使各方政治势力重新分化组合、站队亮相，爱因斯坦和许多进步人士纷纷发表声明、谈话，愤怒谴责这一暴行，而纳粹党则趁机煽动仇外排犹情绪并迅速扩张队伍。勒纳德认为，拉特瑙奉行和平主义外交政策，与苏联签订和平条约，这无异于叛卖国家，死有余辜。他毫不掩饰自己幸灾乐祸情绪和种族主义观点，公开对抗政府通告，拒绝在法定的1922年6月27日拉特瑙国葬日致哀。

那天清晨，左翼社会民主党学生会通过海德堡大学和市政当局要求勒纳德的放射学研究所休假一天并下半旗致哀，遭到勒纳德坚决拒绝。学生们迅速集合起来，与闻讯赶来的工会工人列队游行向研究所挺进。勒纳德下令关闭研究所建筑物大门，不许队伍进入。人群包围了大楼，高喊口号要勒纳德出面对话，勒纳德让人从二楼向人群泼洒冷水。楼外集聚的数百名学生和工人群情激愤，在学生领袖米伦多夫率领下砸开了研究所大门。人们冲进大楼抓住了勒纳德，把他押往工会总部，沿途不断有人呼喊把勒纳德扔进尼卡尔河里去。到达工会总部后，聚集的人更多了，要求惩处勒纳德的火药味也更浓了。地方检察官带着警察赶到现场，迅速控制了局势。该检察官回忆：

我们在二楼找到了大名鼎鼎的勒纳德，当时他行如唐·吉诃德，目光呆滞，显然根本不明白这一切怎么竟会发生在他这位世界著名的诺贝尔奖得主的身上。

警方对勒纳德采取了保护性拘禁，当日深夜就将他释放。勒纳德自始至终未受到肉体伤害，但深受惊吓。

这一事件轰动了全德国，勒纳德和左翼学生都各自赢得众多支持者。勒纳德受到不准进入研究所的处罚，他的学生们征集到600个签名才通过巴登州教育部将禁令撤销，而肇事的学生和工人也得到一位犹太裔律师的辩护和另一位犹太裔教授所主持的听证会的帮助，被开脱了罪责。

由于这一事件，勒纳德得以与右翼势力和纳粹组织建立起密切联系，他以受害者和殉道者自居，被纳粹党正式引为同道，后来在第三帝国时期成为他的重要政治资本。

追随希特勒

20世纪20年代初，勒纳德迅速倒向极右势力，他虽然在物理学界非常孤立，但也终于找到了一位与他“志同道合”的实验物理学家斯塔克。斯塔克在1919年获得诺贝尔物理学奖，素以与同事关系紧张而闻名。勒纳德与斯塔克一拍即合，斯塔克无条件支持勒纳德的排外反犹立场，在追随纳粹势力方面更加不遗余力，也可能由于他更年轻些，他的野心也更大。

1924年4月1日，希特勒因1923年11月9日在慕尼黑啤酒店发动暴动未遂，被判负有刑事罪入狱5年。纳粹势力在全德国范围内掀起一场声势浩大的所谓“救援”行动，勒纳德与斯塔克积极投身其中，他们还利用其特殊身份和名声，在《大德意志时代》报上联名发表声明颂扬希特勒：

我们在自己的研究工作中追求和向往着同样的精神，使工作臻于完善卓有成效——无止境的明晰，以及对外部世界和内在本质的诚实敬仰的精神；这种精神憎恶任何妥协，因为它是虚伪的。这同样的精神——一如我们的理想——我们曾在过去时代的伟大科学家身上，在伽利略、开普勒、牛顿和法拉第身上找到过并且崇敬不已。今天，我们在希特勒、鲁登道夫、佩纳和他们的同志们身上也找到了同样的精神并且同样崇敬不已。我们把他们视为最亲密的精神同伴。

有人会问，在我们身上引入这种精神意味着什么？这些人从来就不曾具有这种文明精神。的确，正是依赖于这种精神的活力，人类奋斗的内在崇高和那些使人类生活富于价值与美感的成就才得以实现。经验告诉我们，这种精神仅仅流淌在雅利安—日耳曼人的血液中，甚至在上述大科学家的体内也流淌着这种血液……

然而，现在有一种危险的异端种族精神在作祟。正是这同样的反动，它一如既往地由亚洲人煽动起来，是它把基督送上了十字架，把乔尔达诺·布鲁诺送上了火刑柱。还是它用机关枪向希特勒和鲁登道夫开火，把他们抛进监狱的大墙之后。这种黑暗精神反对光明使者的战争，目的在于从地球上驱逐后者……(希特勒)和他的同志们在抗争之中，他们是上帝在那漫漫长夜之前馈赠给我们的珍贵礼品，那时的种族依然纯净，人格依然伟岸，精神依然崇高。我们决不能让这礼品被抢夺走。我们必将以这样的信念紧紧团结起全民族人民为着伟大的目标而抗争：奉希特勒为'旗手'重建德国，不但使日耳曼不再历遭磨难，更要把它解救出牢笼。现状必须改变，那被囚禁的精神必须得到保护、关怀、照顾，开花结果并发扬光大于我们这个正在遭受卑劣精神奴役着的星球之上的人类生活之中。

今天的读者难以置信，这篇文字竟会出自两位一流的科学家之手，然而它与希特勒在一年多之后发表的《我的奋斗》颇有雷同之处，这也可以说明两位物理学家与"元首"之间心有灵犀。勒纳德还利用课堂宣传他的信念，称希特勒是"真正头脑清醒的哲学家"，盼望他早日出狱。(希特勒的确仅服刑9个月就出狱了)

1926年5月15日，勒纳德在64岁年纪时赶赴海尔布隆出席纳粹党集会，面晤希特勒。他们会谈了多次。

在爱因斯坦和许多科学家看来，希特勒只是个"智力有限并且不适宜做任何有益的工作"的人，他所有的只是"恶毒的仇恨和拼死冒险夺取权力的野心"。然而勒纳德却把希特勒奉若神明甚至更有过之，1928年，希特勒在海德堡发表演说后，与秘书海斯一同前往勒纳德家中拜访。据说他们只谈论了日耳曼宗教运动问题，但是勒纳德却把"元首"的这次"驾临"视为一生中最为荣耀的时刻。

勒纳德对纳粹"事业"的积极与忠诚，赢得第三帝国的慷慨回报，他享有"国师"般的待遇，先后被授予日耳曼帝国鹰徽勋章、被选为海德堡市自由人、被授予若干名誉博士学位头衔、被封为以他的名字命名的研究所所长和帝国研究协会执行委员会主席。勒纳德75岁寿辰时，纳粹当局为他举办了大型庆典，向他颁发了金质勋章。勒纳德为了得到这枚勋章，在事前匆忙地正式加入了纳粹党。

早在纳粹兴起之初，勒纳德就有意识地向自己的学生灌输排外、反犹、反对以相对论为代表的新物理学的思想，鼓吹“雅利安物理学”及其与“犹太物理学”的对立。海德堡菲利普·勒纳德研究所成立后，那里成为纳粹分子聚集的营垒。勒纳德还积极向第三帝国的科学和教育机构输出自己的学生，他的一个学生当上了希特勒的邮政部长。虽然他十分不情愿地超过了法定退休年龄正式退休，他仍利用自己的影响竭力参与和支持纳粹的各种法西斯活动。特别是，希特勒把勒纳德视为物理学权威和德国科学家的楷模，勒纳德则乘机向希特勒传授相对论与核物理学是犹太物理学的理念。勒纳德发明的雅利安物理学与犹太物理学相对立的种族斗争信条通过他与希特勒的信任关系直接影响了纳粹意识形态和第三帝国初期的科学政策与文化政策，这一信条还被野心更大的斯塔克进一步发展，引申出要抓科学界的“白色犹太人”“爱因斯坦的精神代理人”的口号。所有这些，一方面对纳粹的歧视、排斥和屠杀犹太人与犹太裔科学家的种族灭绝政策起到推波助澜助纣为虐的恶劣作用，另一方面也在德国科学界掀起阵阵意识形态和种族主义恶浪，搞得人人自危，早在二次大战之前就对德国的科学和文化特别是物理学产生毁灭性的影响。

日耳曼物理学

自莱比锡会议之后，勒纳德完全停止了前沿实验物理学研究，主要精力用于科学史著作写作和撰写评论文章，主旨是从物理学和科学中清除“犹太精神”，建立起“日耳曼物理学”。他的一系列努力与纳粹党的意识形态需要不谋而合。1927年初，纳粹御用种族学家贡特尔约请勒纳德研究“过去时代的伟大自然科学家”，其结果便是勒纳德在1929年出版的《科学大师评传》。

在这部冗长乏味的“科学史”著作中，毫无历史学与理论修养的勒纳德按可以称之为“勒纳德特征”的模式“重构”了科学的发展历史，一切知识都被说成是在实验研究中发现的，对自然的理论化认识是不能接受的。勒纳德甚至建议牛顿的名著《自然哲学之数学原理》应当称作《自然知识之数学原理》。在勒纳德看来，从希帕克斯到列奥纳多的千余年时间，科学历经了一个所谓“死寂时代”，原因是希腊种族的中断和亚里士多德与《圣经》的权威在政教合一中得到强化：这正是张伯伦的论调，也与纳粹意识形态权威罗森伯格观点相一致，罗森伯格在其《二十世纪之谜》一书中反复论证的中心观点是，基督教义是由保罗和众使徒验证的，因而与真正的日耳曼精神相抵触。勒纳德还在《科学大师评传》中收集了许多科学家肖像，肖像上的人物都显示出所谓的标准雅利安人面部特征。

在所有荣登“科学大师”光荣榜的科学家中，只有半个犹太人，那就是勒纳德的老师赫兹。勒纳德没有回避这一点。起初，他对此只是一笔带过，但是在该书的第三版以后，他“活用”种族理论，满意地“解决”了“赫兹困难”：赫兹具有人格分裂征象，他的出色的实验研究决定于来自他母亲给他的雅利安血统，而他的理论工作，特别是他的《力学原理》（我们还记得勒纳德本人为这本著作的出版出过不少力），则纯属犹太血统带来的怪胎。勒纳德甚至还运用罗森伯格的神学见解对普朗克作了一番种族血统解剖：普朗克之所以会坚定支持爱因斯坦及其相对论理论，关键在于普朗克的祖先中有许多人是神学家和本堂牧师，因而他的血统和精神受到了犹太精神污染!当然，这里头一定还有获得性遗传在作祟!

勒纳德还轻而易举地解决了“爱因斯坦”困难：相对论固然是犹太人的骗人把戏，但是其中的质能公式 $E=mc^2$ 却是在实验中不容置疑的，勒纳德承认这的确是一个重要发现，但是它并不属于犹太人爱因斯坦。勒纳德很干脆地从故纸堆里“发现”了质能公式的“真正先驱”，奥地利物理学家哈森努尔。勒纳德告诉人们，是这位战死于一次大战疆场的雅利安人的大量实验研究铺垫了质能公式的发现。质能公式的发现者血洒疆场之后，一个异种人（爱因斯坦）冒名顶替了他的发现。哈森努尔在按照年代编排的科学大师名录中列最后一位，最接近于我们这个时代。由于种族主义科学史家勒纳德的擢升，哈森努尔这位没有知名度的人物在死后多年终于成为与伽利略、牛顿、法拉第和达尔文等人齐名的当代最伟大的科学家。

这本《科学大师评传》于1932年勒纳德的70岁寿辰后在英国出版了英译本。英译本序言的作者是勒纳德20年前的葡萄牙裔学生安德拉德，这位也获得过诺贝尔奖物理学奖、自命种族高贵的科学家尽管也有强烈的种族意识，似乎也发现勒纳德书中所论不妥，提请读者顾念勒纳德“对正直品质的崇敬和高远理想的热爱”之情，原谅他的“强烈的个人判断”!

然而勒纳德并不觉得需要原谅。他在晚年回顾魏玛时期德国物理学时说：

那是个黑暗时代，物理学一落千丈。犹太人不择手段地窃取了权威地位，甚至把持着大学和学术机构要职。其结果是观察自然本身得不到支持，无人问津。对外部世界事物的知识被说成是以人脑中的观念为基础的，这些观念被冠以“理论”美名，然后得到实验家的“确证”。

犹太方面对自然科学的恶劣影响，以爱因斯坦先生为最显著之一例。他编造出一套数学“理论”大杂烩，把不存在的知识、个人偏见和各种无聊玩意掺合在一起。这套理论现在已经逐渐死亡，这正是背弃自然的必然命运。在这一事件中，学者们，甚至那些做出过真正成就的人们，都有不可饶恕的罪责，因为他们当初都为在德国树立起“相对论—犹太人”的地位而摇旗呐喊过。他们不曾看到（或不愿看到）即使从非学术角度，把这个犹太人特别认作“好德国人”是一件多么错误透顶的事。

勒纳德把从物理学和科学中清除犹太精神影响，建立日耳曼物理学视为己任。1933年勒纳德正式退休，但他不甘寂寞，这年3月21日，他上书希特勒，表示愿意做“元首”的科学事务私人顾问。他指出德国的大学体制必须改造，师资和员工的雇佣机制已经“糟透了”，教授岗位上有许多滥竽充数之辈，而纯种德国人中有足够多训练有素的人可以充任。他向“元首”请缨，他本人愿意为当局在任命科学职位之前进行“核验、评估和施加影响，必要时还可以加以否决或撤换”。“元首”把勒纳德的“奏请”批转第三帝国内务部处理，勒纳德因此得以与内务部长弗里克建立起联系。

勒纳德退休后至少在两个重要的物理学职位角逐中取得胜利：一是他顶住了来自物理学会和帝国物理和技术研究所方面的强大压力，让自己的学生贝克尔成为自己职位的继承人；另一次是把他的“亲密同伴”、人见人恨的斯塔克推上了帝国物理和技术研究所所长的宝座。于是，勒纳德心满意足地实现了他要让背离现代物理学传统的“物理学家”担当起建设“日耳曼物理学”重任的宏愿。

“日耳曼物理学？”有人会发问——是的，我还可以说雅利安人的物理学或北欧人的物理学，这才是实在的研究者的物理学，追求真理的人的物理学，建立起整个自然科学的人的物理学。——“科学是无国界的!”有人这样回答我，但是他错了。真正的科学，与人类所创造的一切同样都取决于种族，取决于血统。

这番宏论正是勒纳德在为他的4卷本《德意志物理学》所写的序言中的开头几句。

1933年到1937年间，勒纳德编写出版了这部“全新的”物理学教科书。这套教材以他过去的讲稿为基础，实际上是实验物理教程。它分为两大部分：物质的物理学（力学、声学和热学）和以太的物理学（光学、电学和磁学），把这两大部分联系在一起的是能量概念。这部教材既不成体系，也了无新意，只是它的序言部分确有“创见”。的确，在第三帝国时期，纳粹文人在对知识生活作人类学考究时常常引用勒纳德的这篇“精彩”序言。

勒纳德深谙学术政治学，他把这部《德意志物理学》题献给第三帝国和普鲁士内务部长弗里克，以为进身之阶，或借以取得政治支持。可惜不久后弗里克在与希姆莱争夺党卫军控制权的争斗中败北，“元首”把权力无边的党卫军划归希姆莱统辖，日耳曼物理学投错了主子。而还在这件事之前，1936年底，斯塔克在多次开罪于纳粹诸侯与大员之后，介入内务部权力斗争被击败，被迫辞去帝国物理和技术研究所所长职务。随后，斯塔克又被他一心要揪出来的“白色犹太人”劳厄和海森堡等人通过联手纳粹政治势力整垮，也被迫赋闲退休，致使勒纳德在第三帝国建立起日耳曼物理学乐园的宏愿受挫。在第二次世界大战期间，德国物理学界对勒纳德、斯塔克等人的势力进行了比较彻底的清算，早在第三帝国崩溃之前，日耳曼物理学就已经彻底破产。

第二次世界大战结束前夕，盟军占领了海德堡。勒纳德起初逃到郊外的一个村庄隐藏起来，后来他向占领军自首。盟军当局曾考虑把他送上反纳粹法庭，但是海德堡大学校长、化学家弗洛伊登堡说服当局，审判这位已经83岁高龄的老物理学家未必明智。勒纳德被免予起诉。他离开海德堡迁居一个名叫梅塞豪森的小村庄，于1947年5月20日死去。

阅读思考：科学家的学术贡献与其政治立场有无必然的关联?

吴健雄①

肖太陶

肖太陶，东南大学吴健雄纪念馆副教授，东南大学档案馆副馆长，研究员。吴健雄，是本组科学家传记中唯一选择的华人科学家，又是一位女性科学家。因为她的实验验证，才使得杨振宁和李政道关于弱相互作用中宇称不守恒的工作获得了诺贝尔奖。但吴健雄却与诺贝尔奖失之交臂。这篇传记，详细地介绍了吴健雄的生平和工作，并对有关她的评价中的不公和误解做了澄清。

吴健雄与李政道、杨振宁一起，促成了一个现代物理学上的重大发现。她对实验物理学有一系列重要贡献，堪与许多一流物理学家相媲美。她是华人数千年文明史上第一位产生重要世界影响的女性科学家，是同时代的华人女性科学家的优秀代表。

吴健雄是江苏太仓浏河人。她对20世纪的实验物理学有一系列的重大贡献。其中最为人称道的是1956年夏天至1957年1月完成的用钴60做β衰变的实验。这个实验发现了宇称在弱相互作用下的不守恒，推翻了一个被当时物理学界的绝大多数科学家视为不容置疑的“宇称守恒定律”，打开了物理学的新视野，奠定了她在物理学史上的不朽地位。

①《自然辩证法通讯》杂志社.科学精英：求解斯芬克斯之谜的人们[M].北京：世界图书出版公司，2015.

一、她与李政道、杨振宁一起，促成了一个现代物理学上的重大发现

1957年，对全世界的华人来说，是具有特殊意义的一年。两位华人物理学家——李政道、杨振宁以他们革命性的贡献得到了这一年的诺贝尔物理学奖。这是华人科学家首次获得这种奖励。

李政道、杨振宁获奖的原因是众所周知的。1954年至1956年间，在对最轻的奇异粒子（即后来称为K介子的粒子）衰变过程的研究中，人们发现，有一种粒子衰变成两个π介子，称为θ介子；另一种粒子衰变成三个ϖ介子，称为τ介子。精确的测量表明θ和τ具有相同的质量、寿命、电荷等性质，是同一种粒子。但是，从角动量和宇称守恒的要求看，θ与τ不可能是同一种粒子。一时间，这一疑难问题困扰着物理学界，称为热门的"$\theta-\tau$之谜"。大多数物理学家认为这是两个不同粒子，只是它们的怪异之处还无法解释。一直关注着这个问题的李政道、杨振宁到1956年春天想法有了突破。他们怀疑：是不是物理学家一直相信、也的确从来没有出现过困难的宇称守恒定律在弱作用下不一定管用？如果这个假定成立，那就可以把θ、τ看作是同一种粒子的两种不同的衰变模型，这样谜题就解开了。于是，他们从这一方面着手，检讨了大量的理论文献和实验资料。他们吃惊地发现，到那时为止，所有已经做过的实验都没有证明过弱相互作用中宇称是否守恒，都与弱作用下宇称是否守恒问题无关，而整个物理学界竟然没有人注意到这个情况。到6月，他们完成了关于这个问题的一篇论文。

李政道、杨振宁论文的题目是《弱相互作用中宇称守恒的探讨》，发表在1956年10月1日出版的《物理评论》第104卷第1期第254页至258页。编辑部标注的收稿日期是1956年6月22日。今天的读者，看不出有任何迹象表明编辑部特别重视这篇稿子。在这个由美国物理学会主办的大型刊物上，这个时期每年发表的论文和实验报告在1000篇以上，合订起来有五六千页（16开本），有关的作者多达两三千人（次）。李政道、杨振宁的这篇后来得了诺贝尔奖的论文排在这一期的45篇论文的倒数第2篇。

李政道、杨振宁论文共有五个页面，包括一个引言、六节正文和一个附录。引言交代了问题的背景和他们立论的核心意图，从这里可以清楚地看到，他们是如何从对新近的θ、τ实验数据的评述进入到对弱作用下宇称问题的思

考的，显示了杰出的理论物理学家所具有的敏锐的洞察力、出色的批判力和对于物理学普遍规律的执着关注。六节正文的题目分别是：现在的实验不涉及宇称不守恒，β 衰变中宇称守恒的探讨，β 衰变中宇称守恒的可能的实验测试，介子和超子衰变中宇称守恒的探讨，介子和超子衰变中宇称守恒的可能的实验测试，讨论等。附录是一个数学计算，说明“初看起来大量与 β 衰变有关的实验可以证明弱 β 作用中宇称是守恒的，但我们仔细检查之后发现事情并非如此。”整个论文的内容，就是极其简明的论文摘要概括了的两句话：“β 衰变和超子与介子衰变中的宇称守恒问题已被检查过。建议了在这些相互作用中可以测试宇称守恒的可能的实验。”

让李政道、杨振宁感到遗憾的是，响应他们的建议的物理学家不多。这并不奇怪，因为实验要求的条件很复杂，看起来又是针对这么一个众所周知“没有问题的问题”，也还没有人做过这样的实验，提供可以进一步思考或者辩驳的理由。他们高兴的是，吴健雄被他们说动了。吴健雄原本没有在意这个问题，李政道向她介绍了他与杨振宁的研究，引起了她的兴趣。在为李政道、杨振宁的构想提供参考意见的几次讨论后，她决定立即着手李政道、杨振宁建议的实验中的第一项实验。几个月之后，她和国家标准局的科学家安伯勒等合作的实验完成了，得到了明确的结果，从而肯定了李政道、杨振宁对弱作用中宇称是否守恒的质疑，探明了“宇称守恒定律”不适用的范围，促成了一场“对称性革命”。

吴健雄是少数几个最初看出了李政道、杨振宁宇称质疑的深刻意义的实验物理学家之一。物理学定律是不分左右的，这是自从近代物理学创立以来一直毫无疑问的“基本原理”。这样一种观念牢牢地占据了物理学家的头脑，宇称不守恒根本不能进入他们的视线。当时在物理学前沿有影响的物理学家，都不相信宇称会出现不守恒的情况。费曼、布洛赫、泡利对李政道、杨振宁质疑都很不以为然。在吴健雄之后接任美国物理学会会长的阮姆西当时曾想做这个实验，但经费曼一说，未能坚持。与吴健雄同在哥伦比亚大学物理系的低温物理学家加尔文在得知吴健雄的实验结果后，曾很快做出了李政道、杨振宁建议的另一组实验，当初吴健雄曾争取他的合作，但由于他并不看好这个课题，忙着他认为更重要的工作。

选择什么样的物理学实验是对实验物理学家眼力、品位和能力的检验。物理学杂志上有着各种各样的实验构想，实验物理学家既受到本身知识、经验的限制，又受到实验设备、实验经费等条件的牵扯，只有确信自己所要做的实验的意义，才能投入人力物力财力去做这项工作。杨振宁说："吴健雄的工作以精准著称于世，但是她的成功还有更重要的原因：1956年大家不肯做测试宇称守恒的实验，为什么她肯去做此困难的工作呢？因为她独具慧眼，认为宇称守恒即使不被推翻，此一基本定律也应被测试。这是她过人之处。"

现在的人们（包括许多物理学家和科学史专家）往往单说李政道、杨振宁"发现了弱相互作用下的宇称不守恒"，如果同时讲到李政道、杨振宁、吴健雄，则说李政道、杨振宁"发现"，吴健雄等"证明了李政道、杨振宁的发现"。在这些语境中，仿佛吴健雄等实验物理学家只是在场的目击者、旁观的证人。可以肯定地说，这两样说法都很有商榷的余地。实际上，李政道、杨振宁他们并没有发现宇称不守恒。杨振宁后来回忆当时的情况，说："在那个时候，我并没有押宝在宇称不守恒上，李政道也没有，我也不知道有任何押宝在宇称不守恒上。"对于杨振宁和李政道这样的话，人们似乎并没有给予应有的注意，以为他们因为吴健雄而在说客气话。不错，对于李政道、杨振宁赞赏吴健雄的话，人们有理由抱着更审慎的态度来对待，因为李政道、杨振宁得吴健雄之助一飞冲天，他们的说法中难免有感情的因素。但是，我们仔细研读李政道、杨振宁论文可以发现，杨振宁这话不过是他们论文引言第二自然段一个意思的另一种说法。在这里论文说，通过对已有的实验的检查表明，宇称守恒在强相互作用和电磁相互作用中是高度准确的，但弱作用（如介子和超子衰变中以及各种费米相互作用中）宇称守恒到目前为止只是没有实验证据支持的外推的假设，李政道、杨振宁特意用括号说明，或许有人以为 $\theta-\tau$ 之谜可以看作是宇称守恒在弱作用下被打破的一个指示。不过，由于我们现在有关奇异粒子性质的知识不足，这个论据还未可确信。它所提供的只是刺激宇称守恒的探索性实验。事实上，李政道、杨振宁全文没有一个地方说他们"发现"了弱作用中的宇称不守恒，无论是计算发现、推理发现还是实验解释发现。

还有一种相当流行的说法是："李政道、杨振宁提出了宇称在弱相互作用中不守恒的原理，吴健雄等的实验证明这个原理是正确的。"这种说法给人的错觉是，宇称不守恒似乎是通过计算推导出来的、通过分析从理论上确定下来的。事实上，在吴健雄等的实验完成之前，物理学理论和实验数据中没有任何资料可供用来支持宇称在弱作用中不守恒，李政道、杨振宁对究竟有没有这个现象并没有断定，他们只是分析了以往的实验为什么没有触及弱作用中的宇称问题，用什么实验能够检查弱作用中的宇称情况，以及如果弱作用中宇称不守恒，还可能会进一步发现什么。所谓“提出原理”这个说法，至少在“时间点”上是值得推敲的。

究竟应该怎样看待在这场物理学革命中由李政道、杨振宁与吴健雄分别代表的理论和实验两方面不同的贡献，是个值得从物理学史和科学进步过程的角度认真研究的问题。实际上，这里是“一系列过程”，这个“过程”中有几个重要的工作和时间节点，其中最关键的是两项紧密相关而又应该有所区别的发现。李政道、杨振宁从 $\theta-\tau$ 问题，深入到弱作用中的宇称问题，通过研究发现：弱作用中的宇称守恒没有证据。李政道、杨振宁在这件工作上的贡献在于：所有在物理学前沿的科学家中，没有人看出物理学大厦在这里存在问题，也没有人指出应该在这个方向集中力量做研究，而他们指出了值得研究的方向，提出了一套清晰的研究方案，从而指引了物理学研究的新领域。这是一个发现，发现了问题和解决问题的方向与途径。吴健雄率先组织实验探测弱作用中宇称情况，发现弱作用中宇称是不守恒的，跟着加尔文、泰勒格蒂等出了第二组、第三组实验结果，又有许多物理学家加入工作，遂使“弱作用中宇称不守恒”成为“铁案”。这是另一个发现，发现了人类从未见过、也从未检查过的自然现象（自然规律）。这两项紧密相关而又有所区别的发现，打开了物理学的新视野，促成了人对自然认识的一个根本性变革。我们是不是应该把宇称在弱相互作用中不守恒的发现称之为“李-杨-吴宇称发现”，这样或许对这场物理学史上堪称革命的事件在理论与实验两方面共同的贡献，更为公允和客观。

“李-杨-吴宇称发现”深刻地改变了我们原先对自然的看法，对物理学产生了重大而深远的影响。没有“李-杨-吴宇称发现”，就不会有弱矢量流守恒定律的发现，也就不会有弱作用与电磁作用统一的发现。这些都已为物理学后来的发展所证明。

“李-杨-吴宇称发现”是华人科学家第一次在纯科学中产生轰动世界的影响，它对于改变华人在世界科学发展史上的地位和形象，具有重大的历史意义。中华民族的历史，将永远记得他们的伟大贡献。

二、她未曾得到诺贝尔奖，令许多人惋惜与不解

李政道、杨振宁因指引宇称发现而获得了1957年诺贝尔奖，实际做出这个发现的吴健雄却被拒之于门外。不少人对此困惑不解，许多获得诺贝尔奖的同

行科学家为吴健雄鸣不平，除了李政道、杨振宁、丁肇中、李远哲这些华人科学家中的诺贝尔奖获得者，吴健雄在伯克利的老师奥本海默、塞格瑞，还有拉比、威尔逊、史坦伯格、莱德曼、拉姆西、西博格、莱因瓦特等等。著名科学报道专家江才健在1989年至1996年撰写吴健雄传时，曾经飞行48000千米，在欧洲、美国、加拿大访问了50多位相关人士，其中包括前述人物中仍然健在的人士，为我们提供了大量第一手材料。

首先是奥本海默，他在向吴健雄通报1957年诺贝尔奖评审结果的第一时间，即表示了惋惜。1957年10月，吴健雄在纽约州北部一个大学讲课，奥本海默突然打来电话，告诉她说，“李政道、杨振宁得到了今年的诺贝尔奖。”那时候还担任普林斯顿高等研究所所长、对李政道、杨振宁、吴健雄的工作都很了解的奥本海默，为此举行了一次晚宴，邀请吴健雄和李政道、杨振宁等人参加。他在晚宴前做了简短的讲话。表示这次宇称不守恒发现有三个人功劳最大，除了李政道、杨振宁之外就是吴健雄；他特别强调不可忽略吴健雄的贡献。在这一年诺贝尔奖颁奖之后，奥本海默又公开表示吴健雄也应该得到此项荣誉。他曾经特别指出，懂得如何做出宇称不守恒的β衰变效应的，只有吴健雄和在伯克利指导她的老师塞格瑞两人。塞格瑞在他的《从X射线到夸克——现代物理学家和他们的发现》一书中认为，宇称不守恒可能是战后最伟大的理论发现，它消除了一种偏见，这种偏见未经足够的实验验证，就曾被当成一条原理。而在这个发现中做出最大贡献的，是李政道、杨振宁、吴健雄三位华人科学家。

20世纪30年代主持哥伦比亚大学物理系，并将之发展成为美国最顶尖物理中心的拉比，1986年在一项公开聚会演讲中指出，“吴健雄应该得到诺贝尔奖。”吴健雄在伯克利时期的同学，曾经一手创建起位于芝加哥的费米国家实验室的威尔逊也说，吴健雄应该得诺贝尔奖。

在年轻时就和李政道、杨振宁相熟，和李政道、吴健雄同在哥伦比亚大学共事的史坦伯格以为，“当年颁奖没有把她包含进去这是个大遗憾，李政道和杨振宁提出理论构想，但是宇称不守恒毕竟是由她做实验发现的，我认为这是更重要的，而且在此之前，她已经在我们的领域有突出成就，我非常不能理解授奖委员会的决策。”1988年，史坦伯格得到诺贝尔奖之后，美国科学界有广泛影响力的《科学》杂志，刊出了一篇文章，报道他和莱德曼，以及当年哥大的物理学家，后来改行开电脑公司的施瓦茨。那篇文章说，史坦伯格和许多其他人都有相同的观点，认为吴健雄应该是1957年诺贝尔奖的共同得奖人。史坦伯格与奥本海默、吴健雄一样，也是李政道、杨振宁论文结尾处表示谢意的五个人中的一个，是参与这项工作的较小圈子中的一个，较早知道他们的研究，并给予过有益的建议。

和吴健雄研究领域相近，1989年诺贝尔物理奖得主拉姆西，以及早年与她同时在伯克利的加速器上做实验，1951年诺贝尔化学奖的得主西博格，也都认为吴健雄毫无问题是应该得诺贝尔奖的。

20世纪40年代到50年代时，曾经和吴健雄在哥伦比亚大学共事，并且合作进行实验，1975年诺贝尔物理奖得主莱因瓦特，在获知自己得奖后，打电话给吴健雄，认为她远比自己更有资格得奖。

20世纪50年代于吴健雄任教的哥大得到博士学位，后来成为杰出粒子物理学家，并担任了长岛布鲁克海汶国家实验室主任的沙缪斯的说法，代表了后辈科学家中不少人的看法。他说："我一直以为她已经得到了诺贝尔奖。在我看来，她是属于那个应该得诺贝尔奖圈子中的人。"

和吴健雄同行的著名科学家，曾经担任在日内瓦的欧洲最重要高能物理实验室（CERN）主任、欧洲和德国物理学会会长的夏帕认为，吴健雄绝对应该和李政道、杨振宁同时列名于诺贝尔奖之中，因为是她头一个做出实验结果的。

至于一般的科学家，我们可以举出福爱·阿珍堡·舍勘的看法作一个代表。福爱是美国屈指可数的女性物理学家和女性参与科学的推动者，她和她丈夫对大气中原子弹试验造成的放射性危害的研究，促进了在大气中试验原子武器的停止。这位极有个性、好打抱不平的女物理学家，在她的自传体回忆录中，不止一次地说到吴健雄。她为吴健雄辩护，说："吴健雄应该与李政道、杨振宁共享1957年诺贝尔物理学奖，李政道、杨振宁做的是理论方面的工作，而她用极其漂亮的实验证明他们是正确的。"

有物理学背景的科学报道专家、不列颠百科全书物理学作者和编辑夏龙·比·麦格瑞，通过大量采访后撰写了《诺贝尔科学奖中的女性》一书，其中用专章介绍了吴健雄的工作。这部书一共介绍了14位科学女性，其中9位是得到了诺贝尔奖的，包括吴健雄在内的另5位没有得到诺贝尔奖，但作者认为她们"在获得诺贝尔奖的项目中起了决定性的作用"。作者认为："这些女性在大学作为学生寻求得到科学教育和从事她们心爱的科学研究与发现事业，都遇到了严酷的歧视。"这是代表科学报道界和评论界的一种看法。

考察一下诺贝尔物理学奖的授奖情形。1901年至1956年，有66位得奖者。其中主要从事实验、实验技术或者实验分析和研究并获得重要发现、发明或测量结果而获奖的，有51位，约占77%。理论性的贡献或基本上是属于理论研究的有15位，约占23%。1957年至吴健雄去世的1997年，有88位得奖人。其中主要从事实验、实验技术或者实验分析和研究并获得重要发现、发明或测量结果而获奖的，有54位，约占61%。理论性的贡献或基本上属于理论研究的有33位，约占39%。大体上前50年更重视实验类结果，后50年更重视理论类贡献。偏重实验结果，以致爱因斯坦不能以他最为重要的相对论而得奖，而只能以光电效应理论这样似乎更实际的工作获奖；偏重理论方面，以致有吴健雄实验发现宇称在弱相互作用下的不守恒没有给奖。在前后相继的两个50年中，诺贝尔物理学奖趣味的微妙变化，或许是吴健雄不能获奖的一部分原因。但是总的来说，诺贝尔物理学奖是很重视实验成果的，得奖者中实验与理论占有的比重是68.8%对31.2%，而不是一半对一半。在这样的总体背景上，宇称在弱相互作用下不守恒的重大发现，只给予理论方面的奖励而未给予实验方面的奖励，是不符合诺贝尔奖的一贯精神的。何况，就吴健雄来说，其贡献并不只在宇称不守恒上的发现。

三、她的贡献，可以与许多一流物理学家相比较

我们可以比较几个与吴健雄有些类似的实验物理学家，或与吴健雄的工作类似的实验物理学项目。

其一是密立根（1868—1953）。密立根的名字中国科学界并不陌生，他是李耀邦、颜任光等中国最早一批物理学博士的老师，为中国培养了周培源、赵忠尧、钱学森、钱伟长、谈家桢、卢嘉锡等现代科学的先驱或中坚。密立根荣获1923年诺贝尔物理学奖。其主要贡献是1910年发明了油滴法，精密测定电子电荷，证实电荷有最小单位，1916年，又用实验证实了爱因斯坦光电效应方程的有效性。物理学史著作和著名科学家传记对他的这些贡献都有具体介绍。

吴健雄的贡献与密立根的有不少类似。吴健雄一生的工作主要在β衰变上。她使β衰变成为“最敏感、最实际和最有力的”“研究弱相互作用的探测手段”，“一次又一次地对研究弱相互作用起了重要作用。”她有十五项重要的科学工作，包括：①关于韧致辐射和核裂变研究（1938）；②β谱的形状

(1946);③宇称不守恒;④矢量流守恒假设(1962—1964);⑤ 双β 衰变和轻子守恒(1970);⑥第二类流CVC理论(1977);⑦放射性和能级图;⑧奇特原子;⑨穆斯堡尔谱学及其应用;⑩湮没量子的本征宇称;⑪康普顿散射湮没光子的角作用和隐变量;⑫血红蛋白;⑬正电子偶;⑭粒子探测和仪器;⑮超低温核物理,等等。吴健雄时代与密立根时代有一个很大的不同,密立根时代的物理学发现,大都可以很容易让公众明白,并且其中不少能很快转化为公众的常识,而吴健雄时代的物理学发现,即使是高级知识分子,如果不做物理学研究,也所知不多,就是想了解,也不那么容易。所以对于吴健雄的物理学贡献,一般人是没有什么概念的。根据我国著名物理学家陆埮院士的看法,这其中最主要的贡献也有三项,一个物理学家做成这三项中的任何一项,就可以名垂青史了。

除了本文第一节中已经说过的首次发现弱作用宇称不守恒这一项,另两项是:β 衰变理论检验。β 衰变是放射性的三种形式之一。这个过程的产生是在一个大原子的核子发射出超高速的电子和中微子,而使此元素在此过程中转变成另一种元素。β 衰变是三种放射性现象中最神奇、最微妙的一种,它是核物理中的一种典型弱作用过程。通常而言,电子是围绕在原子之外,并不存在核子之中。不过,在β 衰变的过程中,核子里的中子会分裂形成一个质子、一个电子和一个中微子。电子和中微子以极高的速度从核子迸出,会使核子失去极多的能量。而质子仍留在较为稳定的新核子之中。在吴健雄开始研究β 衰变时,人们已经知道费米在中微子假设基础上提出的β 衰变理论,但是这个理论还没有被证实,中微子也还没有被发现。费米理论所预言的β 能谱包括有允许谱以及各级禁戒谱。那时人们的实验结果甚至与最简单的允许谱也不相符合。特别是其低能端有过剩电子。吴健雄与艾伯特合作,将放射源做得足够均匀、足够薄,对Co的β 谱进行了仔细的测量,消除了低能电子过剩,得到的结果与费米理论预言的允许谱符合得非常好。这个结果很快得到了许多人的证实。为了对费米理论进行彻底检验,还必须对各种禁戒谱进行测量。吴健雄与她的合作者进行了一系列的实验,对禁戒谱(特别是唯一禁戒谱)的测量,也支持了费米的β 衰变理论。吴健雄的这些工作澄清了当时存在的许多严重分歧,对于β 衰变机制的确立起了关键性的作用。加州理工学院的诺贝尔奖获得者福勒观察后说:“她的β 衰变研究最重要的是不可思议的精密度,我们的实验室也做同一领域的研究,她比我们做得好……那些想重复她的实验以及与她竞争的人,发现她总是对的。”

首次证明弱作用的矢量流守恒。在宇称不守恒被发现以后，弱作用的正确形式很快确定了下来，它是由矢量流和轴矢量流产生的。电磁作用是由电流与电磁势相耦合产生的。电流是一种矢量流，这种流是守恒的（即电荷守恒）。最早，葛尔希坦和泽尔多维奇于1955年就提出了弱矢量流也守恒的可能性，但那时人们甚至还不知道弱作用中是否有矢量流参与。只有到宇称不守恒被确立以后，人们才知道弱流由矢量流和轴矢量流组成（所谓的V–A理论）。1958年，费曼和益尔曼才第一次提出弱矢量流守恒的假设。1963年，吴健雄和她的合作者对^{12}B和^{12}N衰变β能谱进行了细致的测量，比较了它们的形状修正因子。虽然已有人做过这种实验，但终未获确切结论。吴健雄和她的合作者首次成功地完成了这个实验，确证了弱矢量流守恒。1977年，吴健雄等又仔细分析了1963年的实验，用更好的β^+衰变费米函数以及分支比和ft等参数的新值，重新作了计算，再一次确认了弱矢量流守恒的结论。这个实验意义非常深刻，不仅建立了一条新的守恒定律，而且也为弱作用和电磁作用的统一成功地铺设了第一块里程碑。

第二个可以比较的例子，实验发现“反粒子”。狄拉克在对亚原子的粒子的性质进行了数学分析后，认为每个粒子必定有一个“反粒子”，这才符合相对论波动方程逻辑推理的一贯性。他据此预言了“反电子”“反质子”的存在。狄拉克在1930年提出这个理论。1932年，C.D.安德逊发现，高能宇宙线穿过威尔逊云雾室中放置的铅板时，从铅原子中击出一些粒子，其中有一个粒子的轨迹和电子的轨迹完全一样，但弯曲的方向却相反！这就是说，这种粒子与电子质量相同，而电荷相反。这样，他从实验中发现了狄拉克的“反电子”，他称之为“正电子”。1955年，张伯伦和吴健雄的老师塞格瑞用千兆电子伏高能加速器，加速质子轰击铜靶以后，终于找到了反质子。安德逊、张伯伦和塞格瑞都因上述业绩，而分别获得1936年、1959年诺贝尔奖。狄拉克则早在1933年因1927年提出的电磁场二次量子化理论而得到诺贝尔奖。在这一项“反粒子”的发现中，狄拉克的贡献是理论方面的，而安德逊、张伯伦、塞格瑞的贡献是实验方面的。从实验的手段、难度和结果的意义诸方面来看，都很难说在吴健雄的宇称实验之上。

第三个相似的例子，实验发现粒子的波动性。1923年，法国物理学家德布罗意为了解释光的波动性和微粒性的矛盾，受到光具有波粒二象性的启发，提出像电子这一类公认为粒子的物质也应具有波的性质。1927年在纽约贝尔电话实验室工作的G.J.戴维逊和助手革末，在一次偶然机会中获得一张电子在晶体中的衍射照片。英国的物理学家，G.P.汤姆逊也以类似方法得到了电子衍射照片。衍射是波动性的典型性质，只有波在经过小孔时才能以小孔为中心形成衍射图像。电子波的存在证实了德布罗意的设想，他因此而获得1929年诺贝尔物理学奖。戴维逊和G.P.汤姆逊因用实验证实了德布罗意波，证实了电子的波粒二象性，而共享1937年诺贝尔物理学奖。戴维逊和G.P.汤姆逊的发现，与吴健雄对费米β衰变理论的系统证明、弱相互作用中的宇称发现或矢量流守恒定律的证明比起来，也很难说更重要或者更困难。

与吴健雄类似的还有弗兰克、赫兹、鲍威尔等。德国物理学家弗兰克和赫兹在1914年做电子轰击原子实验时，证实了玻尔的量子能级的跃迁理论，获得了1925年诺贝尔物理学奖。英国人鲍威尔1947年在升入高空的气球中，用特殊摄影技术，观察到宇宙射线中的介子，证明了日本物理学家汤川秀树1934年提出的介子理论，鲍威尔在1950年因此而获得了诺贝尔物理学奖。

如果我们跳出20世纪物理学的范围来比较，吴健雄的工作同样是物理学史中不可忽略的里程碑。不过这会涉及太多的人物和事件，我们暂且略而不论。

四、在对她评价中的种种不公和误解，应该予以澄清

由于诺贝尔奖的巨大影响力，它反过来成为公众评判一个科学家的水准的世界性尺度。获得诺贝尔奖的科学家被人们看作是一流科学家，而没有获得诺贝尔奖则是没有达到一流的水平，虽然这在实际上和逻辑上都没有根据。因为吴健雄没有得到诺贝尔奖，不仅社会上一般人对她没有应该有的认识，甚至物理学界或科学史界专家，也往往人云亦云，对她没有应该有的评价。

关于在实验中做出宇称不守恒发现的优先权问题

有人以为吴健雄的宇称发现并不是最先做出的，与她同时甚至比她还早的另有其人。因为加尔文、L.M.莱德曼、M.维因里希等人合作的实验报告与吴健雄等的实验报告发表在同一期《物理评论》上，并且编辑部的收稿日期标明都是1957年1月15日，这使有的人做出了上述结论。例如，“莱德曼……最早在$\pi-\mu-e$衰变过程对李–杨宇称不守恒原理做出实验检验。和吴健雄的钴–60实

验同一天向《物理评论》提交论文。"事实上，虽然这两篇报告同时向《物理评论》提交，同时发表，但他们的实验却不是同时进行、同时完成的。在加尔文等人的报告中，明确写道，他们是在得知吴健雄等实验的初步结果后才决定开始做这个实验的。在这篇总共两个页面的报告中，有三个地方提到"吴健雄等的工作"。一个地方是报告前头，说明他们决定做这个实验是在吴健雄等用定向核β衰变得到初步结果之后。原话是："Confirmation of this proposal in the form of preliminary results on β decay of oriented nuclei by Wu et al.reached us before this experiment was begun."一个地方是报告正文的结束部分，作者感谢李政道教授给他们阐明李政道、杨振宁论文，同时"归功"于吴健雄教授在他们这个实验之前在哥伦比亚大学讨论会上做的有关钴-60实验的初步结果的"至关重要的报告"。第三个地方是尾注6，标明他们所指的吴健雄等的工作，就是排在他们的文章前面的吴健雄等的《在β衰变中宇称守恒的实验检测》。可以推想，《物理评论》编辑部在收到这两篇内容相关的报告后，向作者做了详细了解。否则，加尔文等如何知道他们的报告正好排在吴健雄等的报告的后面呢？编辑部的这个细心而又负责的做法，消灭了日后在这项发现问题上任何关于优先权争论的余地。所以，如同陆埮先生所说，吴健雄在这个问题上的首创性是没有任何疑问的。无论开始参与者有多少，后来加入工作者有多少，吴健雄的第一位是无人能够取代的，也无人可与之并肩而立。

吴健雄与国家标准局合作者的主从关系问题

有一种观点认为，吴健雄的宇称发现是与国家标准局的科学家一起完成的，实验设备是国家标准局的，人力也主要是他们的。没有国家标准局科学家发展的低温原子核极化技术，这个实验根本做不起来。和安伯勒等人有合作关系的泰默，在宇称实验做完后不久，就在一份杂志中写了一篇文章，指出这个实验如果没有国家标准局是做不成的。英国牛津大学的科学家，安伯勒和哈德森两人的老师，英国牛津低温物理实验先驱柯提，1958年3月，在美国物理学会出版的《今日物理》，刊出了一篇文章，题目是《原子核定向和原子核冷却》。文章除了交代这种技术发展经过和重要性之外，特别指出在宇称不守恒实验中，低温物理学家不可或缺而且关键性的角色。他为他们的重要性被忽视而不平。泰默和柯提针对当时舆论中普遍认为"哥伦比亚大学推翻了宇称定律"，不知道这项贡献与国家标准局的关系，没有给予国家标准局的低温物理学家应有的荣誉，站出来为他们辩护，无可厚非（李政道、吴健雄、加尔文、莱德曼等都是哥大人，哥大又通过新闻发布会等形式大力宣传）。但由此导向抹杀吴健雄在这个实验中组织者、设计者、主导者的作用，则同样是不公平的。

对于吴健雄在β衰变方面的权威地位，国家标准局的科学家是相当尊敬的。他们承认，如果不是吴健雄来提议开始这个实验，他们是绝对不会，也不能进行这个实验的。在他们共同具名发表的实验报告结尾，有一句“衷心感谢李政道和杨振宁教授和我们中的一人（吴健雄）所作的激发灵感的讨论”，也表明了他们是承认吴健雄在这项实验中的核心地位与源头作用的。我们对这几位科学家的科学成就整个情况所知甚少，无从评价，但有一个资料或可作为参考。1966年出版的15卷的《麦格罗希尔科技百科全书》，其中有一卷《麦格罗希尔现代科学人》，介绍了1940年以来426位当代科学中的领军人物。其中有包括吴健雄在内的7位女性科学家，而未见有安伯勒等的事迹，由此可见，吴健雄在科学上的成就，无论是在那个时候，或者是在那之前、之后，和这项实验中的其他4名合作者都不是在同一个等级上的。

吴健雄等的宇称实验的灵巧性问题

虽然有很多实验物理学家和理论物理学称赞吴健雄的实验为物理学史上“最漂亮的实验”或“最美的实验”之一，但也有人认为吴健雄的实验虽说精准，效率却不高。她的实验组用几个月时间完成的实验，后来人们只用几天就完成了。吴健雄的实验不算灵巧。

吴健雄生前对此批评似有回应。她曾经说，如果早知道实验观测到的不对称效应会是这么大的话，也许可以免去许多如此细密的查验工作。但是，一向以细致、谨慎著称的她还是认为，周全的准备总是值得尽全力去做的。

更为值得注意的是，在李政道、杨振宁提出问题的时候，除她以外没有人愿意投入巨大的精力来对待这个问题。尽管用加速器产生的μ介子比她用β衰变能够远为容易地解决这个问题，但这也是后来才知道的。在不解确信会有如此重大的发现前，没有人相信，也没有人愿意做这样的尝试！科学发现在当时是困难的，知道谜底以后的实验则较为容易。创造性的实验好比赫尔姆霍兹说的登山，“前面没有现成的路可以遵循，只能缓慢而又艰难地攀登，经常因为在前进的道路上遇到障碍而被迫折回，有时依靠判断，有时凭着运气，一小段一小段地探索前进，当他终于到达了预期的目的地时，却沮丧地发现原来另有捷径，只是他在开始时没有找到正确的出发点。”吴健雄等的宇称实验把低温核极化技术和粒子计数技术两项尖端技术结合在一起（这本身也有独特的意义），又在两个不同的单位合作，本身就是一种实验方法和实验组织的创造，研究过程的困难是异乎寻常的，成功与否难以预料。其间经历多次失败，才逐渐接近正确的方向，获得可靠的结果。何况，如此重大的科学实验，几个月的时间也根本不算长。

对于这种只能在探索中前进的开创性工作，杨振宁也有类似的心得。他在回顾1956年的心路历程时说，研究像 θ 和 τ 之谜这样一个问题，一个人完全不知道到哪里去找答案，因此就很难集中在任何一个单一方向上去做研究。一旦一个人得到了解答的线索之后，他就能集中他所有的力量在求解答的工作之上。但是在那之前，他的思想总是在不同的地方停留，无法清楚确定任何事情。

五、她是同时代华人女性科学家的杰出代表，中华民族永远的骄傲

女性接受科学方面的高等教育并进入到学术界，在世界历史上都是比较晚的事情。法国在1861年，英国在1878年，意大利在1885年，开始允许女性进入大学学习。但直到19世纪末20世纪初，女性进入高等教育仍有很大困难。很能说明问题的一个例子是，艾米·诺特尔——一个帮爱因斯坦相对论和抽象代数学建立了数学基础的伟大的女数学家，她坚持读完了大学，并取得了博士学位。但是她仍然不能谋到任何一种学术职位。非常赏识诺特尔的大卫·希尔伯特（爱因斯坦的引力理论的作用量的发现者），在1915年邀请她加入他们在哥廷根的工作。他试图为她争取到无偿讲课的权利，但没有成功。开课的申请被当局以“与法律不相宜的要求”为由而拒绝了。在1908年通过的一项条例规定，只有男人才有开课的权利。在教务会上，希尔伯特愤怒地责问：“这是大学，还是澡堂？”1918年，妇女的法律地位得到改善，经过教务会组织的口试，诺特尔终于获得讲课的权利。

在中国，女性受教育的权利是在19世纪末被提上日程的。1897年，梁启超作《倡设女学堂启》指出，办女学堂使女子接受教育，这样“上可相夫，下可教子，近可宜家，远可善种。妇道既昌，千室良善”。整整10年后，梁启超作《学部奏定女子师范学堂章程折》，向朝廷报告说：“京外臣工条奏请办女学堂者，

不止一人一次……且近来京外官商士民创立女学堂，所在多有。"提出制定章程加以规范。辛亥革命以后，女子教育随着整个国民教育事业的发展而发展，但总量和相对数量都还很小，女子高等教育则差不多仍是空白。根据国民政府1918年发布的1915年8月至1916年7月教育统计，全国在接受初、中、高等教育的男学生是4113302人，女学生是180949人，女与男之比，1：20还不到。全国没有一所女子大学或专门学校，也没有一位女子在大学或专门学校接受高等教育。1919年3月，国民政府教育部发布的《全国教育计划书》提出，在北京筹设一所女子高等师范学校，以应时势之需，以后再在各省择要增设。1920年夏，南京高等师范学校在中国大学历史上首开女禁，招收正式女生8名、旁听生50名，与男生同堂学习，引起社会轰动。从这里可以看到，单就时间来说，在中国，女性进入高等教育领域比西方晚不了多少。但是，由于实际的社会发展程度、经济发展程度的落后，女性受教育的普遍程度与西方相比，有非常大的差距。

对于华人来说，产生世界性的科学影响是以接受西方科学教育为前提的。华人女性出国留学到20世纪初始有记录。吴健雄1930年进入国立中央大学（南高师是其前身）读书，1934年毕业。正是在这个中国现代女子高等教育的重要发源地之一，她得到了当时国内最好的高等教育。毕业以后，先到浙江大学，做了一年助教；后到上海，进入设在亚尔培路的中央研究院物理研究所，在我国第一代海外留学归来的女博士顾静徽女士领导下从事光谱学研究。1936年，吴健雄赴美留学，她应该算作华人女子向海外求学的第二代了。

女子海外求学的第一代人中除了物理学家顾静徽，还有革命家秋瑾，文学家陈衡哲（1921年时的东南大学的第一位、也是全国唯一一位华人女教授）等。第一代女子在海外接受了高等教育，回到国内，或投身革命，推动了中国社会的进步；或进入了大学和学术界，起了传播薪火的作用。在吴健雄这一代华人女性科学家中，产生了一批有影响的物理学人物。其中有代表性的，可以举出王明贞（1906—2010）、何泽慧（1914—2011）、王承书（1912—1994）、周如松（1912—2005）、陆士嘉（1911—1986）、林兰英（1918—2003）、谢希德（1921—2000）等。与她们同时代或稍晚些的其他领域的女科学家，有化学家黄量（1920—2013），地质学家池际尚（1917—1994），地层古生物学家郝诒纯（1920—2001），天文学家叶叔华（1927— ），计算机科学家夏培肃（1923—2014）。在妇幼卫生科学领域，则有"我国妇幼卫生事业的拓荒者"杨崇瑞（1891—1983），护理事业的开拓者聂毓禅（1903—1998），世界著名妇产科学家林巧稚（1901—1983），儿童少年卫生学家、医学教育家叶恭绍（1908—1998），等等。这些女性科学家的成就是相当出色的，例如，王明贞曾在著名物理学家乌伦贝克的指导下，对玻尔兹曼方程作了许多研究，其博士论文"玻尔兹曼方程不同解法的研究"首次独立地从福克—普朗克方程和克雷默方程中推导出自由粒子和简单谐振子的布朗运动。她与乌伦贝克1945年合作的有关布朗运动理论的研究结果，在近几十年的时间内一直作为了解布朗运动的最主要文章之一，据《新清华》网络版介绍，至2002年王明贞95岁华诞时，已有1 278次引用。何泽慧与钱三强合作，1946年研究并发现了核裂变的三分裂现象；她还首先观察到四分裂现象等等。

与这些杰出女性相比，吴健雄的贡献和影响更具有世界性质，因为她长期工作在20世纪的世界科学中心。当1936年吴健雄赴美留学时，奥本海默等一批美国青年学者从欧洲学成归国，科学的重心开始向美国转移。随后，由于第二次世界大战对欧洲的影响，爱因斯坦、费米等一大批欧洲科学家移居美国，正式确立了美国在世界科学中的中心地位。在这一个过程中，吴健雄开疆拓土，独领一方。20世纪40年代她即成为β衰变实验方面享有国际声誉的一流专家。50年代她与李政道、杨振宁完成了宇称发现。60年代她组织了矢量流守恒实验。70年代她当选为美国物理学会会长，与密立根、康普顿、奥本海默、拉比、费米等一样成为物理学的一代旗手。由于吴健雄的出色的物理学工作，她被普林斯顿大学和哈佛大学等20多所著名高校授予荣誉博士学位或聘为荣誉教授，获得了包括美国国家科学勋章和沃尔夫奖在内的几十项奖励，与居里夫人、丽丝·迈特纳等科学女性一道，被物理学界公认为是人类历史上最杰出的女性物理学家。

在中华民族的历史上，有许多杰出的女性，相对说来，女科学家比较少，而产生世界性影响的女科学家更少，产生重大世界性影响的女科学家则少之又少。吴健雄是华人女性中第一位有重大世界性影响的女科学家，是华人女性的杰出代表，值得我们自豪和纪念。

阅读思考：吴健雄最重要的科学贡献是什么？其重要意义是什么？

情有独钟[①]

凯　勒

凯勒，美国科学史家，女性主义科学史研究先驱。美国女性遗传学家麦克林托克，长期从事玉米遗传学，其研究成果推动和促进了细胞遗传学这一遗传学分支学科的建立，尤其是因其对玉米中可移动基因——转座基因的研究而闻名，并获得1983年的诺贝尔奖。此文选自女性主义科学史家凯勒在其获奖前为之撰写的传记《情有独钟》，这也是一部女性主义科学史的经典著作。在此文中，作者从女性主义的视角总结了麦克林托克的科学研究的独特风格和特点。

有两个同样危险的极端——拒理智于门外和引入不存在的东西。

——帕斯卡尔[②]

如果说巴巴拉·麦克林托克的故事说明了科学也难免有错，但同时也是科学事业兴旺的见证。最后她被证明为正确的一事说明了科学的力量终究克服了它本身的近视；它提醒我们，科学的局限性并不总是增强科学本身的。它们特有的方法论迫使科学家们不断地遭遇到即使以最完美的理论也不能自圆其说的种种现象。从另一个角度来看——在特定阶段，偏见严重地妨碍着科学和自然沟通。但有些渠道依然敞开；通过这些渠道，自然找到了再表现本身的方法。

麦克林托克对生物学贡献的故事还有较难理解的另一方面：在个人与自然的关系中，究竟是什么使科学家有远见卓识而最后发表了那么丰富的论著的呢？是

① [美]伊芙林·凯勒.情有独钟[M].赵台安，赵振尧，译.北京：生活·读书·新知三联书店，1987.

② 帕斯卡尔(1623—1662)，法国哲学家和数学家。

什么使麦克林托克对遗传学的奥秘比她的同事们了解得更透彻更深入呢？

麦克林托克的回答很简单。她一再告诫我们每一个人必须有时间去看、有耐性去“听材料对你说话”，敞开大门“让材料进来”，但最主要的是一个人必须对生物有特别的感情——“情有独钟”。

他必须了解“生物如何生长；了解它的各部分；了解它什么时候会出毛病。（一个生物）不是一块塑料，在生长过程中，它不断地受环境的影响，不断地显示特征或受到伤残。你得意识到这一切……你得对植物了如指掌，如果发生了变化……你（能）一看植物立即知道伤害——擦伤、咬伤或风刮伤的由来”。你得对每一棵植物有一种情有独钟。

“没有两棵植物是完全相同的，它们全然不同。重要的是你必须知道这些不同所在”，她解释说，“我从苗期就着眼观察一直不离开它。如果我不是自始至终地观察植物，我就不认为我真正知道了它们的历史。因此我对田里的每一棵植物都了解。我熟悉它们，我把了解它们当作最大的乐趣。”

麦克林托克多年来悉心进行研究，使她有可能非常熟悉生物。这是她卓越的理解力颖悟的前提。“我曾研究了那么多的玉米植物，以致当我一看到那东西我就能立即对（它们）作出解释。”从文字和图形两方面，她“对生物的钟情”都拓展了她的想象力。与此同时，那种独钟之情支持了麦克林托克终身作单枪匹马的努力，由于那钟情，甚至她从事的职业对于她都是丰富多彩的，更不用说她得到人们亲切的安慰了。

没有科学家方面深厚的感情上的投资，就不可能有真正的科学。正是这感情上的投资为持续的紧张、经常的劳累提供了推动力。爱因斯坦写道：“牛顿和开普勒急切地渴望了解这个世界所揭示的哪怕是最微不足道的道理，这就是他们能够长期孤独地去解决天体结构机理的原因吗？”而麦克林托克对生物的钟情不仅是渴望去掌握“世界所揭示的道理”，她渴望着从本质上通过推理站在远处去看这个世界。

对麦克林托克来说，推理（至少按照这个词的惯例含义）是不足以说明生命形态的千变万化及其奥秘的。生物有其本身的生活和秩序，科学家们仅能了解一部分。我们不可能发明一种能具有和生物的巨大能力相类似的模式，这种能力使生物能作出种种适当的处理，以保证让自身能生存下去。相反地，“凡是你能想象得出的任何事情，你都能够发现。”与大自然的精巧相比较，我们的科学知识就相形见绌了。

对麦克林托克来说，发现转座首先是找到了探索复杂的遗传结构的线索——将细胞质膜和DNA合并到一个单一的机构中的精妙指示器中去。正是这综合的机构（和谐得像管弦乐曲一样）使生物能够在许多方面以令人惊诧不已的方式应付本身不管是怎样的需要。这种令人惊诧的能力给予麦克林托克以巨大的喜悦。例如，她回忆起二次大战刚结束时对果蝇辐射效应的研究，“结果，经过恒量辐射能处理的果蝇比标准情况下的果蝇更为健壮。是这样，它们更加乱蹦乱跳，这是和早先设想的情况绝对相反的。我认为这是非常可笑的，我高兴极了。用滴滴涕做实验，结果也相同。人们曾以为喷洒滴滴涕可能立即杀死这些昆虫，但昆虫正开始对你加诸于它们的做法而蔑视你呢。”

我们之所以惊诧是由于我们倾向于低估有生命生物的韧性。植物的适应能力特别不被理解。“动物能到处走动，但植物不得不待在原地用精巧的机制做同样的事。……植物是非常特别的。例如，你捏一下植物的叶子，就会引起电脉冲。你不可能碰了植物而不引起电脉冲……。毫无疑问，植物具有各种感受性。它们对周围环境做出大量反应。它们几乎能够做出你能想象到的所有事情。但由于它们固定在那里，任何在路上散步的人都把它们当作是一块看得到的塑料场地，（就好像）它们并不真活着似的。”

一个细心的观察者会知道得更多。在任何时候，对任何植物，只要观察者有足够的耐性和兴趣，就能看到乍一看所忽视的无数生命的迹象。“夏天，当你在路上散步时，你会看到郁金香叶，如天气炎热，叶子自行转过去背向太阳。你可以看到什么地方太阳照射到了，什么地方没照射到……（事实上）在叶子生长着的有限的地域内，它们大幅度地转动着。”这些生物“大大地出乎我们的意料”。

对我们所有的人来说，首先正是学术上的需要和兴趣，才使得我们的能力不断增长。一个有明确目的的观察者所具备的才能，是一个漫不经心的旁观者永远想不到的。多年来，麦克林托克心中滋长着一种特殊的、和谐的理解能力，这提高了她的识别能力。直到最后，她所研究的目标客体凭其本身而成为主体。它们要求她关心它们，我们大部分人只有在人与人的关系中才经历过这种情况。对麦克林托克来说，“生物”一词是一种名词——它不光是一种植物或动物（“生物的每一组成就像是每一其他部分的生物一样”）——而是一种有生命形式的名字、一种反客为主的名字。她毫不夸张地补充说：“每次在草地上散步时，我感到很抱歉，因为我知道小草正冲着我尖叫。”

这也许略带诗意，但麦克林托克可不是一个诗人。她是一个科学家。那标志着她对有生命形式的根本秩序有坚定不移的信心。她使用了科学装置获得秩序的入门。她使她的洞察力进入了共同的科学语言——即使是在这样做时需要改变那种语言也罢。现在，分子生物学家在DNA的结构和性质方面揭示了不规则和令人惊诧之处。但那并不表明要打破(生命形式)的秩序，而只是表明面对大自然实际状况的千姿百态，我们的模式不相适应罢了。细胞，还有生物有它们自己的结构，这一切并非随机的。

总之，麦克林托克同其他自然科学家们所共同信奉的是：自然是有规律的，献身于这项工作就是阐明那些规律。此外，她还意识到：推理和实验虽然被称为是进行这一探索的主要方法。但却是不够的。在这里，再引用一次爱因斯坦的话："……只有直觉，以和谐的理解力为依据，才能得出(这些规律)……日常的努力并非来自深思熟虑的打算和计划，而是直接来自内心。"

对自然深切的敬畏，对已知的进行综合的能力——这些反映了与纯理性事业的形象不同的科学的形象。然而这两种形象在整个历史中是共存的。我们熟悉神秘主义的形式(信奉经验的统一、自然的完整、自然规律的根本奥秘等)都在科学发现的进程中起了必要的作用。爱因斯坦管它叫作"对宇宙的虔诚"。而创造性洞察力的经验反过来又支持了这些信奉，并培育了科学方法有其局限性的这样一种意识和正确评价由其他途径得到知识的方法。麦克林托克对这些思想兼收并蓄，并无例外。但例外的是她表达的直率——她以其所掌握的、以其所说的、以其和我们已习惯的科学思想背道而驰的态度而自豪。在她的心目中，我们称之为科学的方法的本身不能给予我们以"真正的理解"。"科学方法为我们提供的关系是有用和正确的；在技术上是惊人的；然而它们还不是真理。"而且它决不是获得知识唯一的途径。

麦克林托克坚定不移的信念是：除了科学上所采纳的常规方法之外，还有其他正确的方法可以认识。她从毕生的经验中得出：科学告诉我们的绝无仅有。她宁愿丢下一个玉米单颗籽粒的模式也不能弃这些方法于不顾。或许正是由于麦克林托克坚守她本身的经验原则，才使她在异乎寻常的信念方面比大多数其他科学家更为开诚布公。相应地，她向其他人公开她非正统的观点，不管她是否同意他们。例如，她回忆说，在40年代末，一位来自华盛顿卡耐基学院的物理学家迪克·罗伯茨在冷泉港作了一次题为超感官感觉的演讲。虽然当时她在城外，但当她听到她同事们抱有敌意的反应时，她被激怒了。"如果他们对这课题同我一样无知，他们就没有理由抱怨。”

多年来，她对西方人所不习惯的学习方法保持着兴趣。她曾特别努力学习西藏佛教徒的知识：“他们的训练方法和结果使我吃惊，致使我相信我们是在用我们称之为科学的方法来束缚自己。”

有两种西藏的专门知识使她特别感兴趣。一种是“奔跑喇嘛”的奔跑。据记载这些人连续奔跑数小时而毫无倦意。在她看来这种情形正同她幼时秘密练习做不费力的浮动一样。

一些西藏人养成的调节体温的能力也同样给她留下了印象：“我们是科学家，我们对如何控制我们的体温根本一无所知。可是西藏人却学会了只穿一件小棉袈裟而活下去。在那里不管寒冬酷暑他们都外出，当他们要通过这一学业时，他们得进行某种测验。其中的一项是拿一条湿毯子盖在身上，在最冷的天气里用体温烘干它，他们居然把它烘干了。”

他们是怎样能够干这些事情的呢？他们要获得这类“知识”需要干些什么呢？麦克林托克开始考虑周围的一些现象：“催眠也有一种很异乎寻常的潜能。”她开始相信不仅人的体温，而且人的循环以及许多一般认为是自发的人体生理活动过程，能在意志的影响之下进行。她相信催眠实验所表明的、被西藏人所实践的精神控制的潜能是一些能够学到的东西。“你能掌握它，它是能传授的。”她开始自学。远在“生物反馈”这个词发明之前，麦克林托克就实验用各种方法控制她自己的体温和血液流动，直到她取得某种感觉时为止。

但是这些兴趣是一般人所不接受的。“当时我不能告诉别人，因为那是违反科学方法的……在我们的医学生理学中，这一类的知识恰恰是我们所不碰的，而它与我们称之为唯一方法的知识全然不同。”我们贴上科学知识标签的是“一大堆不能相信的东西，你得到的是一大堆相互关系，但你却得不到真理……事物要比科学方法允许我们想象的不可思议得多。”

我们自己的方法能告诉我们一些事情，但不能告诉我们另一些事情——例如，麦克林托克说，它不能告诉“那种使我有可能用未知的方法做出创造的事情。为什么你会知道？为什么你如此肯定的某些事情而你却不能告人？你不以自负的方式予以肯定……你以我称之为完全固有的方式予以肯定……你要做的是将方法纳入它们的框框。无论何处进入你的框框以后，你得将它纳入它们的框框。这样，在你了解之后，你得用所谓“科学方法”将它纳入它们的框框。哦，问题在于你是怎样了解它的？我认为西藏人懂得这个“你是怎样了解它的”。

麦克林托克不是唯一指望以东方纠正西方科学局限性的科学家。她所评论的她自己和她研究的想象之间的关系，特别使人想起许多物理学家从发现原子物理学所涉取的教训。例如，欧文·施勒丁盖尔写道：“……我们的科学——希腊科学——是基于客观上的……但是我相信，正是在这一点上我们现在的思想方法需要修正，或许要从东方思想中输一些血。”“量子力学之父”尼尔斯·波耳在这个问题上甚至更为率直。他写道：“为了得出一个类似于原子理论的教训……当我们试图在生存的大戏剧里，把我们既是观众又是演员的地位协调一下，一定要转向那种思想家，如佛陀和老子，曾经遇到过的认识论的问题。罗伯特·奥本海默持有相似的观点：“关于人的认识总的意见……那已由原子物理学的发现所说明。在性质上它们并非全部不熟悉的，并非全部闻所未闻的，或者是新的。”他又写道：“即使在我们的文化中，他们也有历史的地位。在佛教和印度教思想里更处于值得重视和中心的位置。”确实，在过去十年里，由于大量的通俗报道的问世，现代物理学和东方思想间的一致之处看来已很平常了。但在生物学家中间，这些兴趣并不普遍。麦克林托克正确地认为他们和她自己都有点古怪。在这方面和其他方面一样，她以与众不同而感到自豪。她以被人称为一个“神秘者”而感到骄傲。

首先，作为一个科学家，她为她有能力在她的工作中能吸收这些另外的方法而自豪。对她来说，正是这种自豪使她对科学的生命如此的深感满意——有时甚至是入迷。“什么是入迷？ 我不知道，但我喜欢它，我就入了迷。非常入迷。”

莫名其妙地，连她自己也不知道，她常对独特的事物具有一种“非常强烈的感情”。“说到底，每样事物都是一体的。你不能在事物间划一条界线。我们通常所做的只是将它们细分罢了。但那并不是现实的情况。我们的教育制度充满了人为的划分，不应让其长此存在。我认为诗人可能（虽然我不读诗）对此有些了解。”对艺术家和科学家两者来说，最终的说明工作是：人们应对看到的东西“赋予灵魂”，认为那属于它们生命所有。人们是通过鉴定来学习的。

关于这方面已写得很多了。但菲利斯·格里纳克，一位终生献身于艺术创造原动力研究的精神分析学家，他的评论特别接近于我们在此涉及的问题的关键。在克里纳克看来，巨大的才能或天才之花的必要条件是：在幼儿中发展她称之为“对世界的强烈爱好”。虽然克里纳克相信一种特殊范围和强度的神经反应可能是潜在的艺术家与生俱来的，她也认为在适当的环境下，这种特殊的敏感推进了一种同自然的早期关系。那好像实际上可能替代了较为老一套对孩子个人的亲密关系。自然的形式和对象提供了克里纳克称之为“集体挑选”，把孩子拉到“集体的强烈爱好”中去。

克里纳克的观察原是打算描述年轻的艺术家的童年。而这些观察可能恰恰描述了麦克林托克的青少年时代。据她自己说，甚至当她还是一个小女孩时，在她的个人关系中，她也没有感到需要任何人有感情上的亲密。自然世界为她提供了克里纳克艺术家的“集体挑选”，这成了她智力和感情上活力的主要中心。通过阅读自然教科书，麦克林托克获得了其他人从个人的亲密交往中所得到的某种了解和满足。总之，她“对生物的钟情”是她创造力的主要源泉。这既推动了她，又因她进行深入联系而推动了所有的生物形式——关于细胞、关于生物体、关于生态系。

麦克林托克的信念是：她并不认为事物是完整的，科学给予我们的至多只是自然的片段，而较经常的则是几小片自然。正像掷硬币，只能看到其中的一面一样。按照麦克林托克的观点，过分局限于依赖科学方法论，总是会把我们引入困境。我们把环境可怕地糟蹋了，我们还自以为是对的，因为我们在利用科学的技术。之后技术就会变成工艺。而工艺正在一耳光将我们打回头，因为我们通盘思考到得出结论。我们作出了我们无权作出的假定。从全部事物实际上如何运行这一点出发，我们就会懂得它的部分是如何运行的……我们甚至不调查，甚至不看看其余的部分是如何进行的。所有这些另外的事物都正在发生之中，但我们却视而不见。

她引述了洛夫运河的悲剧作为一个例子，阿迪朗达克湖的酸化作为另一个例子。“我们没有通盘思考到得出结论……如果你乘火车去纽黑文……而风向东南，你会发现纽约的烟雾正吹向纽黑文……我们就是没有通盘思考到得出结论，而只是想把它推出去……工艺是好的，但是科学家们和工程师只是部分地思考问题。他们解决了某些方面，但并没有全盘解决。结果是，问题用一个响亮的耳光把我们打回头。”

巴巴拉·麦克林托克属于科学家中罕见的那种类型。根据现代生物学实验室现状和趋向的短期观点来看，她的实验室属于可能被淘汰的那一类。最近，在哈佛大学生物系作了公开演讲后，麦克林托克非正式地会见了一群研究生和博士生。他们遵从她的告诫“花时间去看”，但他们也遇到了困难。他们哪里有时间去看去想呢？他们争辩说分子生物学的新工艺学是自我推进的，它并没有为他们留下时间，总是有下一次实验、下一次顺序要做。流行的研究步子看来已排除了这样一种沉思姿态。麦克林托克对他们表示同情，但是她在谈话中提醒他们，“隐藏着的复杂性”继续在貌似最简单的体系中潜伏着。她本人是走运的，她以落后的工艺研究一种缓慢生长的生物。即使在旧时玉米也不得人心，因为你永远不可能在一年之中收获两次以上。但是过了一阵子，她发现像玉米这样生长缓慢的植物，一年两熟也太快了。如果她真要分析所看到的一切，一熟就够她全力去处理的了。

当然，总是有一些生物学家能够证明是这种“对生物的钟情”使麦克林托克能如此多产，无论在科学方面还是在个人方面，但是他们中间的一些人要这样做的困难似乎以指数幂增长。一位麦克林托克同时代的人说，麦克林托克自己也进行过这样的研究，“如果你真正想懂得肿瘤，你就得成为一个肿瘤，”她甚至说，“在科学中到处在谈论着成功者、专利权、压力、钱、缺钱、剧烈的竞争、命运，事物是这样的相同，我不复知道我究竟可以被列为一个现代科学家还是一种濒临灭绝的野生动物。”

麦克林托克具有较为长远的眼光。她自信自然是站在像她本人那样的科学家一边的。证据是，她所指出的生物学革命现已发生。按照她的观点，传统的科学未能阐明的不仅是你“怎样”知道，还有你知道了“什么”。看来麦克林托克已进一步证实了有必要以她自己的，以及其他人的发现来扩展我们的科学概念。生物学的“分子”革命是以经典物理学为代表的科学的胜利。现在看来必须采取的下一步是由自然科学家来探讨的再结合——这种探讨不是把诱导性的问题强加于自然，而是耐心地研究千变万化的生物。遗传的不稳定性和复杂性的发现，迫使我们承认细胞作用完美的一体化——而那种一体化是“我们的旧式思想所难以置信的”。正像麦克林托克所看到的那样，我们正处在一场大革命之中，这场革命“将重新组织我们看待事物的方法，我们进行研究的方法”。她进一步说：“我不能等待了。因为我认为它将是不可思议的，全然是不可思议的。我们对事物的相互关系将会有一个全新的认识。”

阅读思考：科学研究与性别有关吗？